成舍我 先生文集

大陸篇・新聞事業

舍我 紀念館
Cheng She-Wo Institute
for Chinese Journalism

序一
居安思危的報人情懷

成思危

在父親成舍我逝世二十二週年之際，他所創辦的台灣世新大學決定出版《成舍我先生文集：大陸篇》，現任董事長嘉玲妹邀我儘快為其中的〈新聞事業〉作序。儘管我對新聞專業所知寥寥，但出於人子之責和兄妹之情，只能勉為其難地倉促命筆。

本集內主要包括父親於 1925 至 1949 年間在祖國大陸時，所發表有關新聞事業的文章及演講。這一時期的父親正值壯年，雄心勃勃，壯志滿懷。1924 年 4 月，他憑著僅有的 200 元大洋，在北平創辦獨立於軍閥豪門之外的《世界晚報》，此後他以自強不息的精神，篳路藍縷，披荊斬棘，陸續在北平創辦《世界日報》（1925 年 2 月）、《世界畫報》（1925 年 10 月）和「北平新聞專科學校」（1933 年 4 月），在南京創辦《民生報》（1927 年 4 月），在上海創辦《立報》（1935 年 9 月）。可以說我誕生的 1935 年是父親的新聞事業達到頂峰的一年，但當時他已經預感到日寇的狼子野心，國難臨近，遂以「居安思危」之意為我命名。1937 年抗日戰爭爆發以後，他毅然決然地拋棄了十多年來艱苦創業的成果，投身於抗日的洪流之中。1938 年 5 月，他發表著名的〈紙彈亦可殲敵〉一文，提出「抗戰宣傳應與軍事並重，動員民眾應先使報紙到鄉村去」，愛國之心溢於言表。

讀過這本文集後可以感到，父親不僅是一名優秀的新聞專才，也是一位善於創業的新聞企業家，還是一個熱心育才的新聞教育家。作為一名優秀的新聞專才，父親不僅思維敏銳，文筆犀利，而且一直執著地堅持自己對新聞事業的理念。我於 1999 年 9 月 2 日在昆明會見「第五屆海峽兩岸及港澳新聞研討會」人員時的講話中，曾根據父親的新聞理念提出對新聞工作者的四點期望。

一是振聾發聵。父親一貫主張報紙的大眾化和平民化，要讓大眾買得起、看得懂，使報紙真正走到民間去，才能發揮報紙喚起民眾的作用。他在 1935 年 11 月 14 日發表的〈報紙救國〉一文中指出：「我們必須藉著報紙的力量使每一個中國人，都知道國家和個人，是一而二，二而一……。至於國家領土，若是遇到異族的侵略，那麼，佔去了國家的一寸土，就等於各人自己的一間屋、一畝田被人霸佔了一樣，只要有一分力量，子子孫孫，總不肯善罷甘休。人人如果都有這樣國事等於家事的精神，豈但目前的內憂外患，不成問題，就是整個中華民國被人家征服了，我們也自有光復舊物，還我河山的一天。」

二是棄舊圖新。父親一方面非常重視研究吸收國際新聞事業發展中的好經驗，並結合中國的實際加以選擇和運用。從本文集中可以看到，他不僅認真地考察英國、法國、比利時和美國的新聞事業，還研究過德國新聞事業的情況，並提出自己的見解。另一方面，父親也非常重視科學技術在新聞事業中的作用。他在 1932 年 4 月 29 日所做的〈中國報紙的未來〉的演講中，指出無線電、飛機、電傳寫真等新技術在新聞事業中應用的前景，並預言歐美在十年左右，中國在三、五十年內就可以實現。

三是抑惡揚善。儘管父親曾因反暴政而被軍閥張宗昌抓補，差點就落得與邵飄萍、林白水一樣被槍斃的下場；也曾因反貪汙而得罪過汪精衛，被投入監獄 40 天，這些經歷也未能改變他剛直不阿、嫉惡如仇的性格。但是他對於反對軍閥段祺瑞的學生運動則大力支持，對於英年早逝的戈公振，他寫了一篇情真意切的悼念文章，稱戈公振為「一個真正的報人」。

四是務實求真。父親強調新聞記者的第一個信條就是「忠於職守」，保證報導的真實性。他曾多次訓誡記者在採訪時：「與其信用耳朵，不如信用眼睛。」對於捏造和歪曲事實的記者，他輕者嚴詞訓斥，眾者堅決開除。

作為一位善於創業的新聞企業家，父親用實踐證明他的經營管理能力，登上當時中國個人辦報成就的頂峰。他所提出的新聞企業經營管理的理念，有以下幾點值得稱道。

一是職工共有。父親在〈中國報紙之未來〉中提出，私人經營的報紙「其資本，惟以在報館工作者為限，自社長以至工人，均為主權者，均有分擔報館責任、分享報館利益之權，非工作人員不得坐分紅利。」

二是平等合作。父親提出：「應該設法使一個報館，成一個合作的集團。由排字工人，到社長止，都應該忠誠合作，全成報紙的主人，不但要消滅資本勞動兩階級的對立，並且要鎔和勞心勞力，使他們平等的成為一個報館的生產者，只應從他們的勞動時間和效率，去區別他們的報酬，而不應該從勞心勞力上有所歧視。」

三是言論獨立。父親堅決反對報紙受大資本家控制而主導言論為其利益服務，也反對報紙為追求銷路而過分地商業化，追求奇聞軼事，甚至誨淫誨盜。他主張「報紙在營業方面雖然還可以商業化，但編輯方面，卻應該絕對獨立，不受商業化絲毫的影響。」

四是精心管理。父親在新聞企業的管理上非常精心認真，不僅對每個崗位都嚴格要求，而且每天都要看當天出版的報紙，發現錯誤後嚴加批評和處置。在支出上嚴格控制成本，精打細算，以致有人譏笑他「小器」，但是他在購買設備上卻極力求新求優，顯得非常大方。

作為一個熱心育才的新聞教育家，他創辦《北平新聞專科學校》，並不斷探索實現其新聞教育理念的道路。

一是人才為本，父親認為新聞事業的發展，人才的準備尤為必要。他最初曾經設想在北平大學內設立新聞學系，但感到在大學中實驗他的新聞教育理念困難很多，而且直接招收大學生來訓練，不從根本著手將來也恐怕難見成效。於是他下決心自費創辦一所以合乎實用，循序漸進的新聞專科學校。即使在抗戰期間極為困難的條件下，他還曾於 1942 年在桂林恢復「北平新聞專科學校」（桂林分校），為大後方的新聞事業培養人才。

二是手腦並用。在 1935 年 4 月 11 日發表的〈我所理想的新聞教育〉一文中，他說：「我的原意，是想替今後中國新聞事業訓練一些手腦並用的小朋友⋯⋯，他們將來的技能，是一方面穿上長衫，做經理，當編輯，一方面也可以換上短衣，到印刷工廠

中，去排字，鑄版，館機器。」

　　三是創新學制。他提出試驗的學制分為三個階段，第一階段為初級職業班，目的是培養印刷工人；第二階段是高級職業班，目的是培養中級管理人員；第三階段為本科，目的是培養高級管理人員。第一、二兩階段，各為兩年，第三階段三年。第一、二兩階段的畢業生可以升入下一階段深造，或直接參加工作。這樣的學制在當時確實是一種創新，即使在今天看來也有一定的參考價值。

　　四是學生辦報。父親主張在學校中創辦一個大眾化的報紙，各種職務均由學生自己擔任，給學生以實習的機會。

　　父親在 1933 年 4 月發表的〈如何使報紙向民間去〉一文明確昭示，他的理想就是要改革中國的新聞事業。但是由於客觀環境的限制，未能實現他的雄心壯志，他所提出的有些改革思路在逝世前也未能實現。但我深信他在這本文集中留下的寶貴思想和經驗，不僅進一步證明他在中國新聞事業中的歷史地位，在今天仍然會給人們以有益的參考和啟迪。

成思危

2013 年 7 月 16 日於北京

序二
歷久而彌新

成嘉玲

父親的辦報生涯始於 1924 年在北平創辦《世界晚報》，至 1988 年再以 91 歲高齡創辦台灣《立報》，前後兩份報紙相距超過一甲子的時間，他為新聞工作所付出的時間與精神，不但是中國近代史的唯一，衡諸世界各國恐怕也少見。但自 1952 年抵臺定居後，受限於法令，父親辦報的志向即難以施展，只能將心力投注於新聞人才的培育，在臺灣創辦當時唯一一所，集合民間人士而獨立經營的新聞學校。這段期間，若有餘力為文著述，也多以時局趨勢或教育政策為題，直到解嚴前後，才又闡述自己的新聞理念以及報業發展的藍圖。

父親生前常感嘆由於戰亂頻仍，早年所發表與新聞事業有關的文章已散佚難尋，許多當年被視為荒誕不經的識見：如 1930 年代即預言將來新聞採訪與報紙運輸勢必仰賴飛機，又如斷言「電傳寫真」（television）將改寫新聞工作的面貌等等，事後不但證明所言不虛，甚至早被當做了無新意般的老生常談。現在希望透過這本文集的出版，能夠稍稍彌補父親生前的遺憾。集子收錄的文章，以 1949 年前父親發表與新聞事業相關的文章為主，這是父親以報人身分縱橫大江南北、奔走廟堂草莽間的所思所想。這些文章不但具體呈現父親的新聞理念，也反映處於起步階段的中國

報業所面對的問題，更投射出一位深受五四思潮影響的知識份子，如何在各種極端思想：國族主義與自由主義、集體主義與個人主義之間，取得平衡的思想歷程，這當中尤以言論自由的討論最為明顯。

　　文集中最早一篇探討言論自由的文章發表於 1925 年，針對北京《晨報》遭民眾焚毀事件的社評。待北伐成功、全國統一繼而發生九一八事變後，國民政府以新聞統制之名行新聞檢查，箝制言論自由之舉，更多所批評。倘若僅著眼於此，就忽略父親在〈報學瑣談〉、〈新聞史料評述〉等專欄中，對一戰時期英美各國新聞管制政策的贊同。轉變的關鍵在中國的特殊國情，特別是大敵當前的嚴峻情勢下之不得不然，但這樣的贊同也並非毫無保留的。父親認為對新聞出版的檢查必須依法明文規定，更提醒政府必須審慎為之。這一立場，可以在對《新聞記者法》、《出版法》的評論中看到，乃至後來父親在臺灣以立法委員身分，對龔德柏、馬乘風、雷震等案的質詢，以及兩次反對《出版法》修正案的發言，也都是秉持此一立場，堅定地捍衛言論自由。對言論自由的堅持，替父親的一生招惹不少麻煩，不但因而多次入獄，更差點遭張宗昌毒手而遇害，報館不但屢被勒令休刊，停刊撤照的境遇更比比皆是。這些為文賈禍的經過：南京《民生報》是如何開罪汪兆銘、上海《立報》如何與日本軍國主義鬥爭，也可在文集所收錄的文章中一窺事件梗概。

　　在此一艱困情勢中，父親仍不斷地思考報紙該如何有助於國家發展，如何扮演大眾讀物、啟迪民智，而政府又該如何健全報業體制、鞏固民主。對這些問題的思考，早在 1930 年父親與程滄

波先生赴歐考察郵寄回國的稿件中，即可略見端倪。父親始終期待一份能夠監督政府、反映民意，但又不因資本利益而煽動、蠱惑的大眾報紙。當所有報紙都付之一炬，此一念頭依舊縈繞於心，並且提出：「資本家出錢，專家辦報，老百姓說話，政府認真扶助、依法管制」的制度設計。這個超越自由主義與威權主義的報業體制構思，比之於 1947 年美國新聞自由委員會（The Commission on Freedom of Press）在《自由且負責的報刊》一書中所提出的「社會責任論」，也毫不遜色。此一制度設計，終究因為戰亂而無法實現，但若思及當前臺灣混沌不明的傳媒環境與亂象，這個在半世紀前即提出的理想，或許仍舊有些參考價值。這些年世新大學的老師們，在台灣各中小學推動媒體素養，積極地教育民眾、縮短資訊落差；台灣《立報》與《四方報》對弱勢群體權益的維護與發聲，無非是延續老人家半世紀之前的遠見。

嘉玲有幸在父親友人與諸多前輩的信任下，接下世新大學這個棒子，因而對文集中談論新聞教育的文章特別有感。雖說現在世新大學的歷史起於 1956 年，但 1933 年於北京創辦的「北平新聞專科學校」更可視為世新的前身。父親當年在開學典禮上有這麼一段話：

> 世界上任何事情，都是新陳代謝，在座的諸位同學，雖然都還很年青，將來長大了都可以成一個完全手腦並用的新聞記者，或新聞事業的支配者。我們的事業將來就會要讓給你們去作。所以各位的希望和責任，都是重大而無窮的。

　　我這後人將這棒子接的是好或壞，只能留待他人評述，但對任何一位世新的同學與老師來說，無疑地也都是世新這歷史傳統的繼承人。如何將「德智兼修、手腦並用」的校訓身體力行，如何堅持理想、改革媒體環境，也是我們必須時刻思考與反省的課題。

　　這本文集從規劃、執行到出版，露茜妹在生前付出不少心力。2006 年出版港臺篇文集後，露茜妹就著手進行大陸篇的蒐集工作，北京人民大學的方漢奇教授、曹晶晶女士、唐志宏先生，都為這本文集的前期蒐集籌備工作做出不少貢獻。羅曉南教授在露茜離去後，義無反顧地接手露茜遺留的工作，帶領紀念館同仁讓文集的編輯工作得以持續，同樣功不可沒。還有其他許多幫助找尋散佚各處文章的學界同仁，在此一併致謝。

成嘉玲

2013 年 9 月 6 日台北木柵

編輯凡例

■ 本文集主要收錄成舍我先生於 1949 年前在中國大陸時，針對新聞事業相關議題，所發表的文章為收錄範圍。由於成舍我先生筆名浩繁，輯錄文字，僅以署名「舍我」、「百憂」或「成舍我」等，由成露茜博士生前所確認之筆名為限。

■ 文章來源係根據成舍我先生刊載於自辦報紙：北平《世界晚報》、北平《世界日報》、南京《民生報》、上海與香港《立報》上所發表的文章為主。部分文章曾先後刊載於其他刊物上，但文集中仍以上述四份報刊所刊載之版本與時間為主要依據，方便研究者利用世新大學舍我紀念館「舍我先生報業數位典藏」（http://newsmeta.shu.edu.tw/shewo/index.html）資料庫系統檢索核對。

■ 附錄收錄成舍我先生生平事蹟之重要文獻，以便研究者參考引用：〈安福與強盜〉為成舍我先生記者生涯首次為文賈禍的時事評論，依據《報海生涯：成舍我百年誕辰紀念文集》所輯錄之版本收錄。〈世界報社附設報童工讀學校章程〉為成舍我先生首次籌辦新聞教育機構之規劃。〈成舍我在比國報界公會之演說〉為 1930 ～ 31 年間旅行歐美時之報導。〈就算是我的感想〉為 1930 ～ 31 年遊歷歐美後，對國內外政治與經濟情勢的考察心得。〈先考行狀〉由成舍我先生自撰，概述家族及本人早年事蹟。〈成彭案昨辯論終結〉為彭學沛控告成舍我之法庭紀實，此案間接導致日後南京《民生報》被迫停刊。〈我們

的宣言〉為上海《立報》創刊宣言，是成舍我先生於大陸辦報經歷中，現今唯一可考的辦報說明文獻。〈世界日報何以要申請在臺出版〉，於 1960 年 8 月發表於臺北《文星》雜誌，文中多處提及 1949 年中共查封北平《世界日報》始末，此前未為港臺篇所收錄，現收錄於此。

■ 編輯工作除更正顯著之錯字或現今不適用之標點符號外，仍保留原文樣貌未予更動。部分用字更改為現今通用方式，如：很（狠）、並（并）、寧（甯）、法朗（佛朗）、鎊（磅）、卻（却）等。但文章中顯著可辨之引用，或於原始報章上即以粗體、不同字體或分段等方式凸顯之文字段落，以標楷體、左右內縮兩字方式呈現。部分文字因原始文件即模糊難辨，以□表示。

■ 文章中所提及之通訊社、報刊、書籍、法律，依現行學術通例使用《》，單一文章使用〈〉。文中所提及之外國人名、事件、報刊等翻譯，依照原始中譯；若文中未附原文，則以編者註方式標示說明。

■ 文集中除〈新聞記者法應速設法補救〉一文，為原文即有之註釋外，其他註釋皆為編者註，以隨頁註方式呈現。註釋原則為說明文章中所提及之人物與事件。人物註釋資料，主要根據台灣《國史館現藏民國人物傳記史料彙編》，以及北京中華書局出版之《中華民國史·人物傳》，改寫而成。為方便研究者掌握成舍我先生與民國新聞報業發展脈絡，對文中所涉及之報業狀況另參考其他資料補充說明。

目 錄 CONTENTS

圖片目錄 ILLUSTRATIONS

願愛國諸君深長思之

諸君固積極主導人民應有言論自由權矣
——焚燬《晨報》——非摧殘言論自由歟

舍我

原載：1925 年 11 月 30 日，北平《世界日報》，〈社評〉，第 2 版

　　連日北京數萬民眾，以愛國為標幟，對賣國奸黨，採直接之懲罰。雖舉動稍嫌越軌，然吾人痛連年政變，國民受禍最烈，而千百權奸，依附軍閥，得勢固賣國營私，無所不至，失勢則腰纏百萬，徜徉自去，國家守既往不咎之義，亦任其漏網，再一二年，又或依附其他軍閥，再得勢矣，如此遞衍，政變無窮，所苦者惟吾民耳。今北京民眾，乃能直接予此輩以懲罰，後來奸黨，或可稍示懲罰，連日北京民眾之所為，吾人在良心上，不能十分皆議其非者，蓋即在此。惟昨晚焚燬《晨報》館[1] 一事，與前述懲罰奸黨，情節不同，吾人縱欲為焚燬者曲諒，亦終覺其道無由已。

---

[1] 北京《晨報》，前身為《晨鐘報》，由梁啟超、湯化龍、蒲殿俊與孫洪伊等人，於 1916 年 8 月 15 日在北京宣武門外丞相胡同創辦（管翼賢，1943：298）。1918 年 9 月遭段祺瑞下令封報，之後於 1918 年 11 月改名《晨報》重新出版發行（朱傳譽，1989a：267）。在李大釗擔任《晨報》主編期間，《晨報》在宣傳社會主義思想上發揮一定的影響力，例如瞿秋白即曾擔任該報特派員，赴莫斯科考察十月革命，並發表大量的採訪報導（王檜林、朱漢國，1992：82）。創刊之初，《晨報》即在第七版刊載小說、詩歌、散文小品和文學演講記錄，1921 年 10 月 12 日將藝文稿件移至第四版，採單張印行，並定名為〈晨報副刊〉（瘂弦，1997：iii）。孫伏園擔任主編時，於 1921 年 12 月 4 日起連載魯迅《阿 Q 正傳》。〈晨報副刊〉與上海《時事新報》的〈學燈〉、上海《民國日報》的〈覺悟〉、北京《京報》的〈京報副刊〉，並稱

何以言其然也。今之從事於民眾運動者，其所標榜之目的，非要求各種自由，而言論自由亦居其一歟？夫既要求言論自由矣，則《晨報》言論，縱有失檢之處，似亦可本此原則，予以諒解。今覺一舉而焚燬之，□□太□，吾人常□□政府，謂其箝制輿論，然歷來政府□以□□□論者，輕則懲罰，重則不過封禁而已。其結果較一言不合，即予焚燬者，程度相去為何如？縱火諸君，深長思之，恐亦將無以自答矣。如諸君者，得無有子矛盾之嫌歟？

本報之於《晨報》，其感情惡劣，固世所共見也。最近一年中，當中山先生之死，無論敵我，舉國同悲，獨《晨報》則為文訕笑之。章士釗劉百昭痛打學生，人神公憤，而《晨報》獨發□章之論。凡此種種，頗似別有肺肝，本報且時為文以糾正之矣。然民眾果認其言論惡劣，過拂民意，則制裁之法，僅同盟罷閱，即已足矣，實無舉火焚燬之必要。愚不能不屏除意氣，為《晨報》聲不平者，蓋在此耳。

抑愚尤有不能已於言者。民眾運動之權威，民眾當目皆惜之。前昨兩日，此種權威，亦可謂發揮盡致矣，若再繼續不已，將不免陷於濫用。又北京民眾運動，非曾一再為北京政府所摧殘壓抑歟，今稍獲自由，即縱放奔馳，彼向以摧殘壓抑為事者，得毋撫掌竊笑於其旁？且足使尊重民眾運動而不加摧殘者，因以寒心。愛國諸君，其亦不河漢余言耶？

五四新文化運動時期四大副刊。1925 年由徐志摩等人接辦，於 1928 年 6 月 5 日停刊。據方漢奇（2000：1042）《中國新聞事業編年史》所載：「1925 年 11 月 29 日，北京《晨報》被四五十名暴徒縱火，部分房屋和紙張被燒毀，該報被迫停刊一週，於 12 月 7 日復刊。復刊日報紙送閱並贈報一張。12 月 10 日出版的《嚮導》週報第 140 期發表了趙世炎所寫的《北京通信》，對這次事件作了介紹：『焚毀晨報館時，左派群眾並未參加，完全是右派的把戲，他們當晚送登的新聞反誣是共產黨所為。』

歡迎我們的同業：
《京報》

建設方殷，吾道不孤

舍我

原載：1928 年 4 月 1 日，南京《民生報》，〈社論〉，第 2 版

　　南京為國府首都所在，顧文化衰歇，百業具廢，不但未能與各國首都，較論榮枯，即我國各重要省會，如廣州武昌，亦有望塵莫及之感。吾人苟欲篤奉總理遺教，以南京為國府永久之首都，則經營締構，正吾人共有之責，急起直追不容旁貸者也。

　　在各種建設事業之中，於國民革命之進展，及政治文化，關係最大，而現今最感缺乏者，以愚所見，則新聞事業為第一。就革命言，軍政時期，宣傳主義，與掃除障碍，本等量齊觀，無容偏倚。宣傳主義之唯一利器，則新聞紙也。就政治言，新聞紙一方以政府之方策，傳達於民眾，一方以民眾之願望，獻替於政府，俾一國上下，掬誠相見，直言無隱，疎隔不生。昔人以羅馬帝國之滅亡，歸咎於當局者束縛言論，忽視宣傳，自今以思，能無憬悟。就文化言，新聞紙者，固時代思潮之先驅，一切文化所由出，覘一國之文野，於新聞紙之發達與否，恆可以測其大半。總此以觀，則新聞事業，居國府首都所在之地，其應比意同力，共策繁榮，夫何待言。然自國府定都南京以來，新聞事業之凋零停滯，無異疇昔，不特宣揚黨義，改革政治，促進文化，吾人自念，在

南京《民生報》，《民生報》1928 年
11 月 8 日 1 版

過去一年中，未嘗稍盡職責，即靈敏確實，供給消息之普通原則，亦復因循苟且，多所違戾。甚或阿諛權要，側媚取容。民生疾苦不敢言，時政得失不敢論，國民黨政綱所許予吾人之完全言論自由，且將自甘暴棄，消失殆盡。此不僅吾儕業新聞者之羞，而在國府統治之下，所謂宣傳與軍事並重者，其新聞事業乃低劣至此，國民黨人，能不同深慚愧耶？

本報同人，固嘗力自奮勉，冀與首都同業，共滌前恥，顧以時短才拙，已往之成績，與吾人所期望者，乃百不及一。今幸舉國翹望之《京報》[1]，已於今日發刊，其人才之盛，規模之大，具見報載，無庸稱譽。自今已往，於發揚黨義，改革政治，促進文化，其必有以副國人之望，殆可預斷。異日事業進展，豈僅樹首都之楷模，全國新聞事業，或且以是為新紀元矣。當此新聞事業，凋零停滯之時，而得一偉大猛進之同業，空谷足音，其足令吾人掬誠歡呼，寧待言喻。建設伊始，吾道不孤，本報同人，所當與首都同業共同慶祝已。

---

[1] 南京《京報》由陳立夫以私人名義，於 1928 年 4 月 1 日在南京所創。陳立夫擔任社長、蕭吉珊為副社長，吳醒亞為總編輯，喻血輪為主任編輯，石信嘉為經理，梁鼎銘為藝術編輯，林振鏞為經濟編輯。該年冬，中國統一，《京報》人事變動。總編輯吳醒亞出任安徽省民政廳長，陳立夫兼任總政治部副主任，因主任戴季陶在廣東未上任，實際由陳立夫主持總政治部，因而無暇顧及業務，1929 年初《京報》即自動停刊（喻血輪，1979）。

言論自由與南京市黨部

舍我

原載：1928 年 7 月 3 日，南京《民生報》，〈社論〉，第 1、2 版

　　南京市黨部，近來的種種舉動，都很合正軌，很值得我們的贊美。而對於一般人認為「無足輕重」「不值一顧」的新聞界。表示尊重，尤能使我們新聞界，有空谷足音之感，不過就新聞界言，我們還希望市黨部有更滿意，更徹底的主張。市黨部在招待新聞記者席上，某委員演說，我們認為各方的主張不要太多，以免紛歧，所以我們近來的一切主張，很希望新聞界能和我們一致，他的意思，就是：新聞界應該贊助市黨部的主張，自然，在黨治之下，新聞界對於此種希望，應該絕對無條件的接受。但從另一方面說，我們新聞界，也應有同一的請求。就是，市黨部的主張，我們很希望能和新聞界——指純正而合於黨義者言——一致。因為純正的輿論，是代表全國國民的，他的主張，似乎有請黨部重視的必要。又市黨部最近決議，請求中央，將滬寧各地，軍事機關，《檢查報紙辦法》取消，另訂《取締條例》云云。這種決議，當然是根據國民黨「尊重人民完全的言論自由」的政綱而來。惟□□《取締條例》云云，在中央未決定以前，我們卻認為尚須商討。因為取締報紙，在戒嚴時代，有《戒嚴法》（據《首都衛戍條例》，及《平津衛戍條例》，均允許衛戍□司令依《戒嚴法》，有檢查及停止一切報紙之權），在平時，違反黨義，有《反革命治罪法》（按《反革命治罪法》第六條，凡宣傳與三民主義不相

北平公安局宣布停止新聞檢查，《世界日報》
1928 年 7 月 4 日 7 版

容之主義及不利於國民革命之主張者處有期徒刑），造謠誹謗，有普通《刑法》，都很能精密詳審，不會使報紙有反動或越軌之虞，實在用不著再另訂一種特別取締報紙的法律。袁世凱《報紙條例》[2]，固然早被言論自由的高潮，消滅得乾乾淨淨，就是延長了十年命運的《出版法》，在賣國的段祺瑞政府下，也不得已，容納我們的主張，宣布取消。難道，尊重言論自由，而特別注重於「完全」兩字的國民黨，卻反要另訂條例，來取締報紙嗎？我們深信南京市黨部，能奉行國民黨的主義和政綱，所以我們就不能不希望他能更徹底更滿意，容納新聞界純正的主張，尊重人民完全的言論自由權。

首都的「口令」

首都的警衛，應當十分嚴密，這本是天經地義，理所當然，但是一方面力求嚴密，一方面也要顧慮到人民的便利。我們所感

---

[1] 1914 年 4 月 2 日，由時任大總統的袁世凱簽署、國務總理孫寶琦副署，公布共 35 條的《報紙條例》。主要規範事項有：發行報紙，須經該管警察官署認可，並繳納保證金一百至三百元；禁止報紙刊登以下文字：淆亂政體者、妨害治安者、敗壞風俗者、外交軍事之秘密及其他政務經該管官署禁止登載者；預審未經公判之案，及訴訟之禁止旁聽者（方漢奇，2000：741-742）。

到於警衛毫無關係，於人民極感苦痛的一件事，就是在夜間十時以後，各機關對於走路的人，都要一個一個的盤問口令。走路要口令，惟在戒嚴或有特殊情形時有之，現在首都並沒戒嚴，當然無此必要。即退一步言，為力求謹慎起見，軍事機關的附近，或許還要盤問，然其餘於軍事無關的衛署，應該可以免除。現在不問大小機關，只要門口有衛兵站崗的，從他門口經過，就必須受他盤問，這實在沒有道理。鼓樓附近的工商部，為下關到南城的交通孔道，一過夜間十時即有行不得也之歎。「口令」！「口令」！不絕於耳。我們報館隔壁的最高法院也是如此，我們是身受痛苦的，所以知之最悉。我真不知道，「工商部」、「最高法院」有什麼理由，應如此戒備森嚴。況且人家是過路，並不是走到他們的衙門裡面去，他們的桌子板凳，也絕不會發生被人暴掠的危險，徒然剝奪人家行路的自由，這是何苦？

有人說：盤問口令，並沒有何種不便，你儘管不知道口令，只要答稱「老百姓」三字，就可走過，這話本大體不錯（但有時衛兵故意留難，不許通過），果盡如此，又何必多此一問？並且這個訣竅，只有久住首都的人知道，我有一個朋友，從北方來，夜間來看我，走過某部門前，衛兵問他口令，他一時不知所答，那衛兵就故意扳弄槍機，大聲喝嚇，幸虧那朋友膽大，和他說明住址，身分，才算無事。你想，假如一個初來首都的鄉下老，在此槍機霍霍之下，豈不要被他嚇死！首都夜市的蕭條這未嘗不是一個重大的原因。

大家搶官做

　　北平、天津克復以後，各報的平津專電，最先最多，最惹人注目的，就是各首領，各機關，爭委大批人員。其間笑話百出，在同一時間，同一衙署，此委一人，彼委一人，如是，某稅關有新任監督若干，某路局有新任局長若干，被委者既各不相下，各衙署下級人員，無所適從，糾紛擾攘，政務反因此停滯。此種情形，到現在仍沒有完全消滅。民國十五年，奉逆襲據北平，當時有幾個衙署，因為奉軍、魯軍，各自爭奪，所謂雙料局長，雙料監督，宣稱一時傳為笑柄。不料國民革命之下，亦復有此種現象，這是何等痛心，失望的事。我們所唯一自解自慰的，只有說：過渡時間，勢所不免，然而國民政府的威信，已因此受損不少了。唉！

敬告白雲梯先生

勿重視軍權輕視黨權 勿利用軍人摧殘輿論

舍我

原載：1928 年 7 月 9 日，南京《民生報》，〈社論〉，第 2 版

　　中央委員，兼蒙藏委員會常務委員白雲梯[1]先生，最近因北平《世界日報》，刊布〈內蒙將服從國民政府之新聞一則〉，謂其並非事實，特致電閻總司令錫山，請轉飭更正，查究來源，並警告此後不得有類此記載。原電措詞，異常嚴重，業由《蒙藏通訊社》發表，茲錄《蒙藏社》原稿如左：

　　【蒙藏社】北平《世界日報》，六月廿二日第一版標題「內蒙古國民黨決設立內蒙古政府」，大致謂內蒙民黨，以白雲梯為中心，在張家口與蒙古王族代表協議，建設內蒙古大革命之計劃，協議結果，（一）多倫設內蒙政府，（二）受國府命令，（三）廢止王家，（四）王族及其他

---

[1] 白雲梯（1894～1980），字巨川，內蒙古卓索圖喀喇沁中旗人。1912 年進入蒙藏專門學校法制經濟科第一班就讀，加入中國同盟會。1920 年擔任國民黨內蒙古、熱河、察哈爾、綏遠黨務特派員。1921 年任內蒙古國民革命軍總司令，1924 年中國國民黨第一次全國代表大會當選為候補中央委員奉命於內蒙古另行組織內蒙古國民黨。1928 年內蒙古國民黨併入中國國民黨，奉派為蒙藏委員會籌備處主任委員，1934 年擔任蒙古地方自治政務委員會委員。1946 年在制憲國民大會提出「請補訂中華民國憲法草案修正案」，對維護蒙古民族地位平等、蒙古地方自治權益者多所爭取。1948 年擔任蒙藏委員會委員長。1980 年 8 月 2 日病逝於台北（薛化元，2004a）。

皆為平民，一切權利平等，（五）網羅全內蒙民族，組織大國民黨，（六）聯絡綏遠及古北口一帶奉軍（按此處所指之奉軍，當係指已反正者言），以武力維持內蒙政府，（七）全蒙懸青天白日旗各情。查三民主義之廣大宣傳，及指導內蒙民眾，改懸青天白日旗二事，白雲梯君，曾電寧夏內蒙黨部，轉知各黨員，努力辦理，以期普遍，該報所載，尚屬有因，其餘各條，完全捏造。（中略）白君現已電請閻總司令，轉飭主管各機關，根究新聞來源，令飭更正，一面警告該報館，此後登載，務須格外慎重，原電於左：

萬急北平閻總司令百川同志兄勛□：六月廿三日北平《世界日報》載內蒙「國民黨」，決設立內蒙古政府一段，深為詫異，弟未出國門，已逾半載，且蒙藏委員會，不日成立，後□□內蒙黨務政治，當由敝會承受中央黨部及國府指導，逐漸推行，庶幾正軌可循，不致歧異，此等新聞，全非事實，實足以淆惑視聽，影響內蒙治安，懇請轉飭主管機關，根究該新聞來歷，令飭更正，一面警告該報館，此後登載，務須格外慎重，公誼私交，同深感紉，弟白雲梯叩魚印。

據上所述，吾人深知白先生對此誤會甚深，為解釋誤會及糾正白先生重視軍權、輕視黨權之謬見以前，謹略述北平《世界日報》之歷史，及愚與該報之關係。北平《世界日報》，實包括《世界日報》、《世界晚報》、《世界畫報》之三種，愚忝為社員之一。發刊於民國十三年四月，正直系全盛之時，該報以全力反對

直系，卒於同年十月，為吳佩孚封禁，愚幸漏綱，至國民軍班師，
始獲恢復。繼直系而握政權者，為段祺瑞，該報又力攻之，段及
其黨徒章士釗等百計羅織，拘捕懲罰，幾無虛日，該報終不為屈。
且同時對於惡積禍盈之奉逆，亦揖擊不遺餘力，奉逆入關，愚與
邵飄萍[2]，林白水二君[3]，先後被捕，已判死刑，賴孫寶琦先生奔
走營救，始脫險南下。其後雖在奉逆威嚇利誘，統一輿論之下，
而該報同人，仍能繼續努力，凡有利於國民政府之消息，苟能倖
逃於檢查員之雙目者，均無不設法披露。此種無條件，無報酬始
終為國民革命而奮鬥之事實，凡在北平之國民黨員，無不知之。
明乎此，則白先生或可諒解《世界日報》之記載該項新聞，並非
有意捏造，更非有意破壞國民政府之統一。而愚之論述，乃不至

---

[2] 邵飄萍（1884～1926），浙江金華人，原名鏡清、振青，字飄萍。1905 年
畢業於浙江高等學堂，1912 年與友人合辦《漢民日報》，1914 年被禁，逃
往日本創辦《東京通訊社》。1916 年回國，歷任上海《申報》、《時報》、《時
事新報》等報主筆。1918 年 7 月創辦北京第一家通訊社《北京通訊社》，10
月創辦北京《京報》。後因揭露段祺瑞政府弊端，先赴上海、再轉日本，擔
任大阪《朝日新聞》特約記者。1920 年 7 月回國，恢復北京《京報》，1926
年 4 月 26 日，奉系軍閥以「勾結赤俄，宣傳赤化」為由殺害。著有：《實
際應用新聞學》、《新聞學總論》（王檜林、朱漢國，1992：457）。

[3] 林白水（1874～1926），福建閩侯人，原名獬，又名萬里，字少泉，號退
室學者，晚號白水。曾留學日本早稻田大學，早年參與革命，1901 年於上海
與蔡元培、章太炎及劉申叔創辦「愛國女校」。1902 年創辦《杭州白話報》，
強調報紙應大眾化，使用大眾語言。之後，參與或獨力創辦一連串報紙：《俄
事警聞》、《警鐘日報》、《中國白話報》、《和平日報》、《社會日報》（賴
光臨，1981：77）。據成舍我（1969）採訪所得，林白水所以遇害乃因 1926
年 8 月 5 日，《社會日報》刊載譏弄張宗昌心腹潘復的文章而招致報復，以「通
敵有證」為名於 8 月 6 日遇害。林白水與邵飄萍兩人遇害相距僅百餘日，故
當時有「萍水相逢百日間」之語。林白水遇害後，北平《世界日報》獨家刊
載該則新聞，社長成舍我也於 8 月 7 日遭拘捕，經友人營救於 8 月 10 日獲釋。

被疑為巧說強辯。

北平《世界日報》所載，〈內蒙服從國民政府〉之新聞，如謂「白雲梯赴張家口」云云，其為錯誤，誠不待言。然蒙藏地處邊陲，交通阻隔，各種消息，大抵由外人通信社傳出。各報館為使國人注意邊事起見，故對於此種消息，每不惜盡量揭載。夫以外人宣傳機關，而報告關係中國國防之情事，其或有意捏造，抑無意誤傳，自所不免。前項新聞之原文如何，吾人雖一時未獲親讀，第就《蒙藏社》所引據者，若：「內蒙民黨，以白雲梯為中心」等文句，則吾人固可推定，此新聞之來源，非《東方社》，即《電通社》，蓋其語氣文義，固純然一日本式也。《世界日報》，對於此項不符事實之新聞，未能辨識明確，遽予刊載，誠屬遺憾，惟查稿中所云，一則曰：網羅全內蒙民族，組織大國民黨，再則曰：全蒙懸青天白日旗服從國民政府，是其內容，尚無不利於國民政府之處。在《世界日報》之意，或尚以為，此項新聞，正足以證實國民黨之權威與三民主義之信仰，已遠及內蒙，全國統一，行即在邇，初無其他惡意，存在其間，更非對白先生有何不滿。若白先生恐其淆亂觀聽，有切實更正，或查究來源之必要，則儘可逕電該報，請其照辦。倘「更正」「查究」，猶嫌未足，必須附以警告，使此後登載，特別慎重，事關黨國，白先生亦未嘗不可於電中嚴重聲述，要以必行。白先生身為中央委員，兼蒙藏委員會常務委員，此項新聞又事涉白先生個人，其有權逕電該報，理所固然。以《世界日報》過去之歷史，其對於此項請求，必能全部承諾自可預斷。即使白先生對於本人之身分德望，有所懷疑，而欲借用本身以外之力量，以達到前項「更正」「查究」「警告」之目的，為白先生計，亦尚可致電北平市黨部請其代為進行。蓋

依中央黨部第一四六次常會所議決：各地報紙，如有失當之處，取締之權，屬於黨部。吾人雖不認此項取締，在不違反三民主義，及破壞國民革命以外，尚含有任何暴力摧殘之意義，然在共同致力於國民革命之下，善意的「糾正」與「勸告」，固亦吾人所容許。今白先生均不出此，即忘其中央委員，蒙藏委員會常務委員，及該項新聞當事人之地位，不逕向報館交涉，又不遵照中央決議，請北平市黨部代為取締，乃竟直電與此事毫不相關之閻總司令錫山，豈以閻氏手握重兵，惟數十萬槍炮，始足以威嚇報館耶？使閻氏果如所請，白先生固有重視軍權，輕視黨權之嫌，而閻氏以軍人干涉輿論，亦足為盛德之累，白先生縱自不愛惜，其如導閻氏以同陷違法何（按《平津衛戍司令條例》第十條第一款雖有權禁止新聞發行，然明白規定指戒嚴時期或雖非戒嚴而情勢迫切有反革命事實之新聞而言，白氏所請當然不在此例）？

　　夫利用軍警之暴力，以壓迫報紙，此在軍閥或賣國賊時代則然，國民革命之下，實絕對不應有此。猶憶民國八年，段系執政，時五四運動勃發，愚與潘雲超先生，共執筆於北平《益世報》。余等痛擊段系略不瞻顧，段系乃屢唆令所謂京師警察廳者，轉飭更正，或查究，取締，余等愈憤。潘君著〈警察廳與報館〉一文，力言如報紙記載失實，應由當事人直向報館交涉，或向司法機關告訴，不應轉乞警廳，越俎代謀，愚則著〈安福與強盛〉一文，卒至報館被封，愚倖逃而潘君下獄，然吾人之此等主張，則固至今猶然也。以軍閥，賣國賊時代所優為之謬舉，何白先生竟亦毫不為異踽蹈其覆？當茲北洋軍閥，依次掃除之時，本黨同志，正宜努力裁制軍人，提高黨權，一方使軍人擅然存「思不出位」之戒懼，一方使舉國上下，共知一切權力，集中於黨，一掃積年累

月，軍人萬能之傳統謬想。愚固知白先生之一電，不足損北平《世界日報》之毫末，然吾人深恐此種舉動，起重視軍權，輕視黨權，及摧殘輿論之漸，固不得不略貢所見，倘亦白先生之所樂許歟？

在倫敦所見英國報界之新活動[1]

舍我

原載：1930 年 11 月 17、18 日、1931 年 1 月 14 日，北平《世界日報》
1930 年 11 月 20～22 日、1931 年 1 月 17 日，南京《民生報》

近代報紙之發祥地，首推英國，雖其組織、設備，在某種觀點上，或尚有不及新大陸之宏大壯麗。然大部份報紙，體制謹嚴，持論平允，在相當限度內，尚能維持最低的新聞道德標準。且在政治上，具有特殊勢力，此則任何國家，所不能與之抗顏並論者。愚來倫敦，關於此間報業之狀況，其有系統的介紹，已另撰專文，將揭載於國立北平研究院院務彙報。茲僅就最近一月間，英國報界之各種新活動，擇其關係較重要者，為述數事如次。此種活動，雖發動於報界，然影響所及，實不僅報界本身而已，關心英國政治，及世界大勢者，亦未嘗不可資以參證也。

所謂最近報界之新活動，至此函付郵時，計得四事，（一）英國報界兩巨頭與最近政潮，（二）帝國會議與英報界，（三）倫敦市長在廣告大會之演說，（四）故北巖爵士之銅像落成禮。

---

[1] 本文為成舍我先生旅歐期間，於 1930 年 10 月 27 日及 1930 年 12 月 24 日郵寄回國之稿件。

（一）英國報界兩巨頭與最近政潮

英國報紙，在政治上具有特殊勢力，已如前述。吾人固嘗熟聞，英國選舉之勝負，與其內閣之成敗，每操於各重要報紙之手，此雖稍涉誇大，然在事實上，亦未嘗不具有若干的可能性，蓋任何報紙，無論其主張如何，苟其動機，發於公眾福利之點，則必有若干國民，為其後援。在相當限度內，英國國民之意志，確可以支配政治，亦即英國報紙之態度，在相當限度內，確足使英國政治，資以轉移，初不如吾國報紙，其控制之形勢，適與此成一反比也。而在英帝國會議開幕後，最近報界兩大巨頭之活躍，尤足予上述一最好之例證。但在報告彼等活動事實以前，應先將英國報界概況為一簡單之說明。

英國報紙，受現代資本主義之涵育，及至近年，已純然為一資本主義之產物。凡由個人經營者，已逐漸轉移於資本的集團。如倫敦《泰晤士》（*The Times*）即其一例。《泰晤士》發刊於一千七百八十五年一月一日，由一印刷店主人名韋德（John Walter）者創辦，原名《每日紀聞》（*Daily Universal Register*）至一千七百八十八年，始改今名。經繼續發展及迭相轉移之結果，今已成一大規模股份公司，非如昔日，為一姓一人所專有。《泰晤士》如此，其餘各重要報紙，大抵亦不能外此公例。故今日英國報紙，已形成五個不同的資本集團。換言之，即五個不同的報業系統[2]。計，（1）羅賽邁組（Rothermere Group），（2）柏

---

[2] 北巖與羅賽邁辦報事蹟如正文所述，但兩人另有一位弟弟，漢斯渥斯爵士（Sir Lester Harmsworth），在英格蘭西南部擁有一個報紙集團。三兄弟所控制的報紙，發行量加總超過 600 萬份。畢維槃所擁有的三份報紙，在 1937 年的合計發行量達到 410 萬份（Curran and Seaton, 1997 ／魏玓、劉昌德譯，2001：75-77）。至 1937 年，英國報業即由此五大報業集團為代表，控制當時英國報業市場的 43%(Murdock & Golding, 1978:135)。

利組（Berry Group），（3）畢維樸組（Beaverbrook Group），
（4）每日記事組（Daily Chronicle），（5）史泰來組（Starner
Group），此五組中，每組均擁有巨額的資本，其所控制之報紙，
恆自數種至數十種，其每日銷行之總額，恆自百萬，至千萬以上，
規模最大者為羅賽邁組，而政治方面，畢維樸氏，最稱活躍。彼
等自身為資本家，又受投資新聞事業者之信託，故得領袖一資本
的新聞集團，於英國新聞事業，具有特殊偉大不可思議之勢力。

羅賽邁氏[3]（Lord Rothermere）為已故北巖爵士（Lord
Northcliffe）之弟。一八六八生，今年六十二。一九一七至
一九一八，曾入內閣，任航空部長。現任貴族院職員。北巖逝世，
大部分新聞事業，由羅承繼，如北巖手創之《每日郵報》，今即
在羅氏控制之下。在羅氏系統內之報紙，又分為三個組織。計：

（1）聯合報紙股份有限公司（*Associated Newspaper Ltd.*），包括
《每日郵報》（*Daily Mail*）、《晚報》（*Evening News*）、
《星期快報》（*Sunday Dispatch*）、《海外郵報》（*Overseas
Mail*）等，共資本三百三十五萬鎊。

（2）《每日鏡報》股份有限公司（*Daily Mirror Newspaper Ltd.*）
資本二百萬鎊。

（3）《星期畫報》股份有限公司（*Sunday Pictorical Ltd.*）資本
二百萬鎊。

以上共資本七百三十五萬鎊，以現在匯兌價格計算，約合華
幣一萬萬二千五百萬元。

---

[3] 羅賽邁（1868～1940），原名為 Harold Sydney Harmsworth，1919 年受封
為勛爵。

　　至畢維樸氏[4]（Lord Beaverbrook），其系統內之報紙及資本，雖數量遠遜於羅賽邁氏，然三分之二以上股份，固畢氏個人所有。又所控制之報館，如《每日快報》（*Daily Express*）、《星期快報》（*Sunday Express*）、《每夕正報》（*Evening Standard*）。就中《每日快報》，銷行之廣，幾將駕《每日郵報》，而奪取倫敦之第一位。畢氏富於政治之興趣，英國之政治風雲，每次幾均有此君參與，彼所挾最有力之武器，即其操縱自如之《每日快報》。羅氏與畢，私交甚洽，其政治主張，每多依畢氏為從違，故論英國報業者，言資本雄偉，則畢不如羅，言政治權威，則羅不如畢。

　　畢生於一千八百七十九年，今五十一歲，少羅氏十一歲，精神體質，亦較羅為壯健。彼居加拿大凡二十年，現有資產，多彼時經商所得。彼於英國自治殖民地有關之事，最所注意。彼之投身新聞事業，實始於一九一七年《每日快報》之購得。《每日快報》發刊於一千九百年，創辦者為已故裴松爵士（Sir C. Arthur Pearson），後以喪明，改組股份公司，旋脫離關係，大戰末期，報館營業，日漸退衰，幾將不支，乃由畢氏以一萬七千五百鎊，取得報館管理權。其時每日銷數，尚不足四十萬，廣告收入，亦得微薄，經畢氏繼續投入鉅額之資本，並種種之努力，至一九二〇年，即超過七十萬份，今則已在一百五十萬份左右，居倫敦日報之第二位。——第一位為《每日郵報》，至《泰晤士報》，則讀者僅知識階級，雖報紙價值在英國為第一，而銷路則尚在第五位以下，畢氏嘗自述發達經過，其最饒趣味者，厥為一九二〇年，由日銷四十萬，突增至七十萬，惟一原因，僅為一賽馬記者，

---

[4] 畢維樸（1879～1964），原名為 William Maxwell Max Aitken，1917 年受封為勛爵。

由是年一月一日起，至月抄止，逐日預測每次賽馬之結果，此項預測，竟十九與結果吻合，購馬票者，以其預測為標準，無不利市十倍，因是一月之間，銷數突增二十萬。其後則以種種巧妙計劃，及政治主張，獲得讀者同情，遂雄飛猛進，以至今日。倫敦報紙，在十年前，其第一頁封面，專登廣告，今則除《泰晤士報》，仍保持其傳統的習慣外，大部份報紙，其重要新聞，均刊登第一頁，此項排列之改革，實創自《每日快報》，倫敦報界，乃錫此種排列一特別之名詞，曰：商店之窗（The Shop Window），蓋精美商品，每陳列於臨街之玻璃窗，藉以吸引顧客也。總之《每日快報》，其營業及編輯方法，一方面受美國報紙之影響，一方面冀與故北巖爵士之《每日郵報》競爭，而其最使人注意者，則尤為畢氏政治之活動。

英國報紙雖比較的能守平允謹嚴之原則，然事實上每一報紙幾均有一政黨為背景。即如《泰晤士報》，彼於其報紙之政策，雖有種種如何力求公正之信條，第吾人一加披覽，則固無處不有保守主義之色彩。此由於英國人民，對政治，大多數均有一定傾向，保守，自由，勞動，非此即彼，讀報者，各自擇其臭味相投之報，而所謂「中立」「不黨」之報紙，在英國反幾至無人問津，社會並不以報紙之盛談政治為可憎，在總選舉或政治上有某重大問題發生，任何報紙，例須標示其鮮明確切之見解，初不似吾國報紙，一方面環境壓迫，不能為自由之表白，一方面報紙自身，亦樂以模稜游移之說，博「中立」「不黨」之美名也。而英國報紙之能有特殊勢力，影響於一般政治者，亦即在此，惟英國報紙，如畢氏之特感興味於政治問題之搏戰，則尚不多見，彼自投身新聞事業後，與歷屆政府，迭有衝突，由一九一八至一九二五，期

間最顯著者，如主張取消加拿大肉類入口禁令、土希戰爭、反對魯意喬治[5] 援助希臘，主張允許愛爾蘭獨立等，均獲得最後之勝利，內閣總理往往於其報紙主張發表後，約與晤談，或冀其諒解，或共商辦法，而取消加拿大肉類入口禁令一事，魯意喬治且一方則特由政府組織一委員會，調查此事，以結果提交國會公決，畢氏嘗自詡符離街（Fleet Street，英國各報館多在此，略似我國上海之留平街）與唐寧街（Downing Street，英首相住宅所在地）之勢力在英國得一均衡者，實彼與故北巖爵士努力所致。此雖迹近誇張，然英國政治當局，不能不重視重要報紙之主張，於此可見一斑已。

以上所述，於英國報業概況，及此兩大報界巨頭——羅賽邁與畢維樸之事略，已盡其大要。今將進述最近英國政局與此兩大巨頭之關係。英國自工黨執政後，因在下院未占有絕過多數，保守黨倒閣運動，時時有實現之可能。然工黨政府，至今仍未顛覆，一方由於自由黨之維繫，一方則保守黨內部，意見紛歧，鮑爾溫[6] 漸有不能完全統御之傾向。此種不能統一之原因，即由於羅賽邁與畢維樸，對鮑氏反對甚烈。羅畢原隸保守黨，畢與保守黨已故前領袖步乃勞[7]，交誼極深，鮑氏在保守黨得露頭角，尚由於畢之推荐，鮑第一次任步乃勞之國會秘書，即畢所推拔——則畢在該黨之資歷，當非膚泛。在鮑氏迭次執政時期，畢氏對彼，雖多

---

[5] 魯意喬治（David Lloyd George，1863～1945），現多譯為勞合喬治，英國自由黨政治人物，於 1916 年 12 月至 1922 年 10 月間擔任英國首相。

[6] 鮑爾溫（Stanley Baldwin，1867～1947），英國保守黨政治人物，曾於1923～1937 年間，三度擔任英國首相。

[7] 步乃勞（Arthur James Balfour，1848～1930），英國保守黨政治人物，於1902～1905 年間擔任英國首相。

維護，第以政見不同之故，
《每日快報》，亦時有反鮑
之言論。

及至今春，畢以某種主
張，與鮑氏根本衝突，乃與
羅氏，同時退出保守黨。畢
另組一帝國十字軍（Empire

張伯倫抨擊新聯合帝國黨，《世界日報》1930 年 2
月 22 日 3 版

Crusade），羅則組帝國統一黨（United Empire）。此兩黨名稱各
殊，精神則實趨一致。保守黨內，贊助彼等主張者，頗不乏人，
鮑爾溫之領袖地位，屢形動搖。最近英帝國會議開幕（Imperial
Conference），自治殖民地，有帝國特惠關稅之提議（Imperial
Preference），所謂帝國特惠關稅者，即在英帝國範圍以內，彼此
撤去關稅之壁障。蓋帝國本部關稅，所施於各自治殖民地者，初
無異施於其他各國。自治殖民地，欲使帝國本部，提高對其他各
國稅率（最大目的，尤在抵制俄國食品之輸入）而以特惠稅率，
予自治殖民地，藉以發展自治殖民地之貿易，此種主張，在帝國
範圍內，為自由貿易，而在世界市場，則不啻為變相之保護政
策。精神上，與保守黨之傳統的保護政策相近，而與工黨之自由
貿易，則根本不能相容。故此項提議，工黨政府頗難接受，而鮑
爾溫氏，初曾宣言贊助，嗣以某種原因，忽另建議創一「哥達制」
（Quota），主張帝國範圍內，為有限制之自由貿易，將每年由自
治殖民地輸入帝國本部之貨物，定一標準，在此範圍內者，適用
特惠稅率，過此則仍採普通稅率。此種建議，今正在帝國會議討
論中，但畢維樸及羅賽邁，則堅決反對，以為自治殖民地之提議，
保守黨應無條件承受，藉此可脅迫工黨政府，無法反抗，蓋保守

黨態度，若能與殖民地完全一致，則工黨政府，外慮殖民地之離貳，內懼倒閣風潮之擴大，自不能不俯首就範也。本月三十日倫敦之拔丁通區（Paddington）[8] 舉行補選，除工黨保守黨各推出本黨候選人外，畢氏之帝國十字軍，羅之帝國統一黨亦參加競選，其競選之演說。均以上述帝國自由貿易為中心。四黨候選人，原為：

保守黨李德 Sir Herbert Lidiard

工黨伊文思女士 Miss Dorothy Evans

帝國十字軍邰樂將軍 Vice-Admiral Ernest A. Taylor

帝國統一黨雷奇生夫人 Mrs. Neil Stewart-Richardson

乃羅賽邁氏，於統一黨候選公表以後，本月二十一日，忽致函統一黨黨員，謂彼不願見同一主張帝國自由貿易者之選舉票，自相分裂，故彼對於拔丁通之補選，希望統一黨黨員，一致贊助帝國十字軍之候選人邰樂將軍云云。羅氏此種表示，即證明彼與畢氏，毫無歧貳，以彼等向來關係，本不足異。惟雷奇生夫人，本由拔丁通黨部推出候選者，驟受此意外打擊，自極憤慨。因在選區演說大會宣言，彼決不因報閥態度之變更，而放棄其競選之

---

[8] 拔丁通區補選。於 1930 年 10 月 30 日舉行投票，結果為邰樂將軍當選。稍後的東伊斯靈頓（East Islington）的選舉，受帝國統一黨提出候選人影響，保守黨候選人落至第三位，引發保守黨倒閣風潮。保守黨魁亦為首相的鮑爾溫，以西敏聖喬治區（Westminster St. George's）的選舉為賭注，將先前的自由貿易問題，轉移為批評羅賽邁與畢維樸等報業勳爵之不可信賴的爭論，最終贏得選戰並保有首相職位（Curran & Seaton, 1997 ／魏玓、劉昌德譯，2001：90）。對報業勳爵將報紙視為宣傳機器，用以滿足個人政治野心的企圖，鮑爾溫曾有如下評論：「擁有這些報紙的目的就是權力，而且是有權無責的權。」（Curran & Seaton, 1997 ／魏玓、劉昌德譯，2001：73）

資格。彼將以個人信譽，博取最後勝利，雖其夫百端慰勸，亦無
以阻其奮鬥之決心。該區選民，男一萬九千七百六十八，女三萬
一千三百五十四，工黨之伊文思女士，資望不及雷夫人，雷頗信
多數女選民，將予本人以熱烈之援助。此超過男性幾將一倍之女
選民，果能多數如雷所期望，則雷之當選，自不困難。惟據一般
推測，事實上恐難如此。但因彼之不肯放棄競選，帝國十字軍之
邰樂將軍，其選票勢將一部份為彼所分割。結果或將使保守黨坐
收漁人之利。連日帝國十字軍及帝國統一黨，正向雷疏通，一方
畢維樸氏，則幾以全力，援助邰樂。畢及羅氏之報紙，無日不長
篇巨幅，為邰樂宣傳。畢本人曾屢次出席於拔丁通演說大會，闡
揚本黨帝國自由貿易之主張，而痛斥鮑爾溫氏。本月二十日，彼
演說有云：

> 帝國自治殖民地首相，向帝國政府特惠稅率之提議，
> 此於帝國前途之繁榮，關係極巨。鮑爾溫氏，始本贊成，
> 繼復反對，而另提所謂哥達制度，此種制度，必非自治殖
> 民地所願承受，亦即本黨及贊成帝國自由貿易者，所一致
> 反對。即保守黨黨員，當亦有十分之九不能同情於鮑氏。
> 假使鮑氏不欲將整個的保守黨，長此破碎，則惟一出路，
> 惟有請其即將所謂哥達制之提議，斷然取消，無條件的接
> 受自治殖民地首相之提議。

畢氏演說時，雖有保守黨員，在場指斥，然結果，在場選民，
仍通過信任帝國十字軍候選人邰樂將軍案，次日，鮑爾溫致函畢
氏對其演說，有如下之答辯：

　　余於報端，讀君在拔丁通之演講，余於發展帝國統一的經濟之目的，其熱烈無異於君，惟保守黨今並未握有帝國政治之全權，故不得不有一可使各方滿意之計劃。余深信哥達制度，一方確可以保護帝國之貿易，一方亦可抵制蘇俄空前之大賤賣（Dumping）。假使此種計劃，不為自治殖民地所贊同，則儘可另商辦法。余敢代表保守黨宣言，如保守黨握有帝國政治全權，其於自治殖民地各首相之提議，自樂於接受討論，故今尚非其時，但余深信此種機會，其蒞臨已甚迫近。余更準備歡迎君之翩然歸來也。

　　但畢氏接函後，並未置答，僅於後此數日，在拔丁通某次演說，聲稱彼對鮑氏所云，未握帝國政權，認係一種無誠意之狡辯。政黨領袖，當表示堅決政見，請國民批評、認識，不當問此時是否握政。彼在此種形勢下，決難與鮑氏合作。希望帝國十字軍，及帝國統一黨，黨員堅持奮鬥，而拔丁通投票結果，即將為第一步成功之表現云云。至愚此函付郵時（二十七日），距投票揭曉尚有四日，畢等能否勝利，固難預測，然此兩大報界巨頭，忽參加於英國實際政治挾無數報紙之勢力為其武器，其足予英國固有之政治家以重大煩悶，蓋可知也。

鮑爾溫與畢維樸不合已解決，《世界日報》1931 年 3 月 31 日 3 版

　　愚所述英國報界兩巨頭與最近政潮之關係如此，畢維樸昨晚
告人彼與羅賽邁及其所控制之各報，反對工黨政府，反對鮑爾溫
一部份政策，其動機及目的，均在增進帝國人民之福利。彼等一
方面顧慮共產思想之侵入，一方面深恐自治屬地之分崩，故彼等
主要政綱，在斷絕對俄關係，及完成帝國與各屬地之密切合作，
此外絕無個人私利存在其間。彼等深信工黨政府，瞬將崩潰，鮑
爾溫如不屈服於彼等之主張，則保守黨內部，亦必即有劇烈之改
革云云。畢等最近行動，倫敦之一般輿論，毀譽參半。吾人專就
新聞事業之立場而論，此種思想保守，出身貴族，坐擁巨資之報
界巨頭，雖彼等自身宣稱，其挾報紙以控制政治，均出於公共福
利之一念，即使確係事實，然可倖存於保守性質之英國者，而在
民治潮流，日見發皇之今日，新聞事業，本代表多數國民，如彼
等特殊階級之人物，決不足當領導平民的無產階級的新聞事業之
任，愚尤不願未來的新興的中國新聞事業中，將有類此之人物出
現，惟愚所樂為稱道英國新聞事業者，報紙對任何政治問題均有
迅速明確之批評，而政府當局，及各黨領袖，亦能虛心考量，不
至以「反動」或「廢話」目之，吾人固不欲贊美英國之報界巨頭，
然此種符離街（報館）支配唐寧街（政府）之精神，在詞典上無「言
論自由」之吾輩中國記者視之，自不能不悠然神往耳。

（二）帝國會議與英報界

　　英國報紙，對一九三〇帝國會議之結果，多表不滿，其理由
即以此次會議，直可謂毫無成績，其關係最大、急待解決之經濟
合作問題，亦並未有一切實可行之具體辦法，《泰晤士報》，及
保守黨之《晨報》，抨擊尤力，當會議正在進行時，英國報界，

英帝國會議，《世界日報》1930 年 11 月 23 日 3 版

曾提出關於自身之兩問題，請會議注意，一為帝國報界公會，要求在英帝國範圍內，所有一切新聞，予各報以盡量傳播之最大便利，所謂最大便利，當然含有減低電報費用，及取消若干特種限制之意義在內，公會呈文有云，欲求帝國各部間睦誼之增進，則使各地消息，為迅速豐富之傳播，實為最要，一為英國廣告公會，因各自治殖民地，對於帝國本部之日報雜誌，在其境內銷行時，其報紙內之廣告部份每加以種種限制或課以特種捐稅，要求由會議決定，將此種限制，一律取消，帝國會議，接受此兩種請求後，關於後者竟擱置未加可否，前者亦僅由交通委員會，於其報告書中，承認帝國各部間消息，有加速廣播之必要而已，帝國會議，於整個經濟問題之成績如彼，於報界請求之漠視復如此，宜為英國報紙所失望，至此兩大問題，今後能否另闢途徑，得一圓滿之解決，則尚難預卜也。

（三）倫敦市長在廣告大會之演說

英國廣告博覽大會第三屆年會，今年在倫敦符離街《每日電報》社（*Daily Telegragh*）舉行，愚曾往參觀，開幕日，倫敦市長華得祿爵士（Sir William Waterlow）曾親臨致詞，彼認帝國經濟之發展，及失業問題之解決，「廣告」關係最為重大，其尊視「廣

告」為「國家經濟政策」之一，頗為一般英國報紙所歡迎，華氏云：

> 廣告為發展商業之利器，其地位異常重要，此次廣告
> 大會，對於帝國經濟偉大之前途，所關甚大，殆可斷言，
> 最近數十年間，新聞事業，突飛猛進，一日千里，其最
> 有力之支持者，亦在廣告，雖近代「廣告戰爭」，足使資
> 本方面，蒙重大之損耗，然成功之工商業家，決不因矜惜
> 此一方面之損耗，而甘使其聲譽或銷路，坐致低落，蓋惟
> 能獲「廣告戰爭」之最後勝利，其聲譽與銷路，乃得與日
> 俱進也。

> 今帝國經濟，及一切貿易，正陷極端苦悶之地位，政
> 治家，思想家，及全體國民，方勞心苦慮，為商品覓市場，
> 為工人覓工作，在此全國一致努力之進程中，負有歷史上
> 世界榮譽先進之英國民族，余不信其聰明之子孫，乃不能
> 覓得一解決目前困難之方法，余更深信，廣告大會，必將
> 指示一光明途徑，俾此種方法，能早日發現。

上項演詞，雖為政治家激勵聽眾應有之詞令，然其重視廣告
之價值，實多少超出於一般意義以上，廣告家，新聞家，工商業
家，對此自能引起相當之興奮，反觀吾國，不但多數政治家從未
嘗夢想「廣告」與「國家經濟政策」此二名詞間，能發生任何聯
及關係，即一般商人，亦不過認廣告為一種點綴，北方商人，且
有寧可關門，不願登廣告者，彼輩視廣告，既不足推廣銷路，甚
且因此將自貶其過去多年之聲價，以自夷於彼所謂新式滑頭商店
之列，中西商人「認識」「思想」之不同如此，宜中國商戰之日

趨敗退，然中國之未走入資本國家的途徑，或亦幸而有此等思想，為之阻格歟？

今願藉此一述英國廣告與其新聞事業之關係。英國報紙，在一八五〇年前，其對於廣告價值，亦極輕視，重要報紙，多不願以多量篇幅，及顯要地位，刊載廣告，嗣因工商業之發展，及廣告稅之取消，此種態度，逐漸轉移，一八五三，《泰晤士報》，平均每日，已有廣告一千五百則，至一八九〇，廣告戰爭，突趨激烈，自北巖爵士之《每日郵報》出版，廣告收入，乃進為報紙唯一之生命[9]，迄至今日，多數主人，其辦報目的，已不在政治或其他社會關係，終日勾心鬥角，苦思焦慮者，惟在如何增加廣告收入。雖各報廣告收入之確數，今尚未有一完全精當之統計，然據倫敦《經濟雜誌》之推測，彼所假定一倫敦廉價報紙（Cheap Paper），按倫敦日報，分售價兩辨士，一辨士兩大類，如《泰晤士報》等，每份售兩辨士，《每日郵報》等則售一辨士，人恆呼售一辨士者為廉價報）之收支概算，則一報紙因廣告所獲之利益，殊有足令人驚詫失色者，茲錄其概算表如左：

某廉價報紙收支概算

假定此報日印二百十五萬份，實銷二百萬份，平均每日出版二十三面（約五大張半），強其概算如左：

---

[9] 英國廣告稅於 1853 年廢除，1886 年《每日電訊報》（*Daily Telegraph*）有近 61% 的版面為廣告，《泰晤士報》的廣告版面約為 49%(Lee, 1978:119)。北巖勳爵打破英國報紙頭版僅登分類廣告的傳統，《每日郵報》是第一家接受刊登整版廣告的報紙。北巖勳爵更引進發行數字，依據發行量決定廣告價位，並公告在報紙頭版以吸引廣告商 (Murdock & Golding, 1978:131)。1931 年英國出版商同意廣告商稽核實際銷售量的要求，成立發行公信會（Audited Bureau of Circulation, ABC）(Curran, 1980:79)。

收入	報費	1,550,000
	廣告費	3,000,000
	以上共	4,550,000

支出	紙費	1,700,000
	火車及運送費	40,000
	印刷部	700,000
	編輯部包括各種稿費電費	200,000
	廣告部	150,000
	發行部	75,000
	雜用	175,000
	以上共	3,400,000

收支兩抵，獲利共一百一十五萬鎊，以現在匯兌價格計算，約合華幣一千九百五十五萬元[10]。

上項概算，雖為一種推測，但據英國多數新聞業者之批評，均謂大致與實際相去不遠，就此表以觀察英國新聞事業，則報費收入，且不敵紙之消耗，其惟一利源，僅在廣告，不特紙之損失，取償於此，除供給一切開支以外，且能獲此巨額之盈餘，固無怪報館主人，惟日夕孳孳求之惟恐或後也，至編輯部費用，吾人平日震於英國記者，酬報如何豐厚，電報，稿費，如何不惜巨資，

---

[10] 北巖勳爵在 1896 年創辦《每日郵報》時估計，機器、廠房、編採辦公室與其他基本設施的最初成本，不包括每日人力薪資支出，就需要 50 萬英鎊。到畢維樸於 1912 年創辦《週日快報》時，在損益平衡前就已經投資超過 200 萬英鎊，發行量必須超過 25 萬份（Curran & Seaton, 1997 ／魏玓、劉昌德譯，2001：52-54）。

今執此表觀之，編輯部支出總額，尚不及全部支出十五分之一，僅資本家之唾餘而已，假使報館主人，更能重視報紙與社會文化之關係，此項支出，似尚應不僅止此耳。

（四）故北巖爵士之銅像落成禮

　　故北巖爵士，自一九二二，環遊世界歸國，不及數月，即□疾逝世，彼在新聞事業之成就，雖論者毀譽參半，然近代報紙，實受彼強烈之影響，舉世皆然，固不僅英國已也，彼為近四十年來世界新聞事業中之一怪傑，殆可斷言，其生平事蹟，凡從事新聞事業者，幾皆能舉其大凡，固無待愚之贅述。彼生於一八六五，十三歲時，即在所受業之學校中，主編校刊，十六歲，開始為投稿賣文之生活，後此能終身從事於新聞事業，殆多少出於天性之嗜愛，自一八八八自創《答問報》（*Answers*），三十年間，所先後購入，或自創之報紙，如《倫敦晚報》（*London Evening News*），《每日郵報》（*Daily Mail*），《每日鏡報》（*Daily Mirror*），皆能以最短之時期，收最大之奇蹟，即名滿世界之《泰晤士報》，亦一度入其掌握，彼在英國報界之勢力，實為英國自有報紙以來所未有，今距彼謝世之日，已逾八稔，最近英國新聞界——印刷業者及報紙販賣業者亦一致參加，追念其在英國報業偉大之貢獻，特共同議決，即在報館集中之倫敦符離街（Fleet Street）為彼建立銅像，英國新聞記者，身後建立銅像，且在符離街者，此舉似為首創，吾人今由滑鐵盧橋過符離街，即可見此風靡一世報界怪傑之遺影，矗立於西聖丹士教堂之門外。此地為倫敦報業中心，亦即北巖生時日夕必經之路，而彼畢生精力所萃之事業，如《每日郵報》等——則正環拱其鄰右，吾人見其

雙目凝視，因涉想及其手創之事業，似猶欲精靈守護，惟恐有一萎靡頹落者，銅像揭幕日，英國聞人，及報界同業，親往致敬者，不下千人，英國報界公會會長李德（Riddell）所致之開幕詞，於北巖生平，固多溢美，第其稱引北巖辦報之主旨與策略，則頗能深入勝理，李德云：

　　北巖爵士成功之途徑，自其努力創造，及永不疲勞的勤勉言，實可為一切成功者模範，彼以其天才，造成近代報紙之革命，其冒險奮鬥之精神，已影響及於新聞事業之全體，甚且及於全體國民，彼辦報最大主旨，在活潑而有生氣，沉悶呆板，彼所最惡，彼無日不欲使讀者，有驚心動魄之感，事無巨細，皆不能逃其注意，若遇一最有興趣之問題，在彼認為重要者，即盡其所能用之方法，必使此問題之揭載，能使讀者至十分滿意為止，此種超出英國報紙尋常習慣的方法，頗引起無數嚴酷之批評，實則此為時代進步必然之結果，假使吾人不認輪轉機為報紙之戕賊，則此種批評，即無法就為公允，彼之報紙，多少已造成一新的英國國民心理，其所供獻於英國國民者，實非淺鮮，至彼在大戰時之各種努力，想英國國民，今尚能完全回憶，吾知英國之一切新聞記者，對彼必有深切之感謝，因彼曾特別增進記者在報館中之經濟待遇，並努力提高新聞職業在社會之地位，彼認新聞之採訪與傳播，為一種高貴的職業，無時不設法欲保障記者之地位與權利，尤其為彼服務者，經其優遇與鼓勵，殆無不有身分頓高之感，至其自身如好學不倦及對於一切問題，勇於批評，此種精神，

亦應為吾人所敬佩，今此紀念塑像，樹立於彼畢生最愛之場所，此不僅為紀念一名人而已，實將藉此使我無數之新聞業者，日夕過此，知所激勵，更增進新聞事業之努力與價值也。

上項演詞，於北巖成功原因，實已盡其大要，北巖生平最受一部份人攻擊處，即在將其《每日郵報》之政策施於《泰晤士報》，如注重興趣，減低售價等，英國之富於保守思想者，多認北巖此舉，不啻欲毀滅英國國家之尊榮，蓋彼輩因認《泰晤士報》之持論謹嚴，行文典雅，售價特昂，大足以代表英國之尊榮也，李德所云，多半指此，平心而論，北巖之「興趣」「廉價」政策，誠足以貶損報紙之價值，然二十世紀之報紙，其目的絕非僅止於供給一部份知識階級，欲求報紙銷行於一般市民，自非淺顯生動之文字，及最低之售價，不能奏效，所惜者，即此種政策，有時行之過當，且其大部份動機，多半出於資本家獲利之一念，而非欲供給一般平民以何種善良之知識，此則吾人所不能為北巖諱也，英人狄百里（Dibblee）批評北巖之辦報政策，謂反對北巖者，應一念及，凡欲適合於多數讀者之嗜好，即甚難使有限之知識階級，一致欣賞，此與李德演說，正可互相發明，而近代「高貴報紙」與「通俗報紙」之所以不能並冶一爐亦於此可見已。

北巖身後，其一切新聞事業，除《泰晤士報》，仍返還原主外，即最初創辦者 John Walter 之後裔，餘均由其弟羅賽邁承繼，雖才具不及北巖，亦尚能篤守舊業，今年十一月二十四日，《每日郵報》股東大會羅氏報告，謂在此世界經濟，一致衰落，英國商業，影響最烈之時，《每日郵報》，獨仍能獲巨大之利益，實為英國

一切企業所罕有云云，博得全體股東一致之歡呼祝賀，愚一週前
晤該報記者某君，據稱最近銷路，已近二百萬，其前途之發展似
猶方興未艾也。

英法報紙之比較：我所見之巴黎各報[1]

舍我

原載：1931 年 1 月 19、20 日，北平《世界日報》
　　　1931 年 1 月 25、26 日，南京《民生報》

　　西方之制度文物，「英美」「大陸」常成一對立之名稱，報紙亦然，大陸報紙，以法國為最盛，余於訪問倫敦巴黎兩地重要報紙之後，嘗與國際報界聯合會秘書長華洛（Stephan Valot），研討其異同，余等所得之結論：

（一）英報多已由個人經營，移轉於公司組織，規模宏大，資本雄厚，法報則大多數雖具公司之形式，實則仍在個人統治之下，資本，及一切規模，亦不如英報遠甚。

（二）英國工商業發達，廣告收入甚豐，法為農業國，且廣告競爭，不如英國之熱烈，故法報營業利益，遠遜於英，在物質方面，此為法報不能與英美報紙抗爭之一最重要原因。

（三）英報多已成「托拉斯」組織，為營業利益計，在同一「托拉斯」內，往往有此報歸併他報之事，如一九一〇年，英倫三島，共有報二千三百三十一種，一九二八，則僅有二千一百五十種。此十八年中，社會上其他事物，大抵皆有數量之增進，獨報紙不然，即「彼此歸併」之結果，在

---

[1] 本文為成舍我先生旅歐期間，於 1930 年 12 月 31 日於巴黎郵寄回國之稿件。

法國，則此種現象絕少。

（四）英報篇幅豐贍，平均每日每報，必在四大張以上，法報則
大多數僅日刊一大張半，最多無過兩大張半者。

（五）英記者薪俸及稿費，較法報為優厚，英記者撰文多不署名，
法報則署名者居多數。

（六）英報多直接定閱，或商店販賣，法報則定閱極少，沿街叫
賣，頗佔發行額之一重要部份。

此雖為英法兩國報紙之比較，實亦未嘗不可執為「英美」「大
陸」兩系報紙之縮影，要而言之，英美商業發達，廣告既多，篇
幅必增，收入既豐，一切編輯人員之待遇，亦即隨以改進，物質
方面之差別，皆不過資本主義程度不同之反映而已，然吾人絕不
能執此即謂法國報紙，一切均遠遜英國，平心而論，法報之物質
設備，不如英國，誠如上述，第就其精神方面言，則在某種觀點
上，固尚有突過英報者，而重視文學、藝術及科學發明，似尤為
大多數法報之特點，至新聞方面，敏捷詳速，亦往往不在英下，
如最近我國四中全會，及一部份部長更迭消息，法報恆有較英報
早登者，即其一例，法國新聞史上，外勤記者最饒趣味之一頁，
至今尚膾炙人口，認法國之新聞競爭，不讓英美者，當法國大文
學家左拉（Emile Zola）[2]閉戶潛思，從事其驚人之著述時，各
報記者，均渴望能與晤談，顧左氏厭見記者，不論何人，均被謝
絕，獨一青年外勤記者，一日造左氏寓廬，詭稱郭白（Francois

---

[2] Emile Zola（1840～1902），19世紀後期法國批判現實主義的重要文學家，
自然主義創始人和自然主義文學派領袖。主張以科學實驗方法從事文學創
作，強調深入體察社會，大量掌握生活素材，代表作有《娜娜》。1898年針
對德雷福斯事件發表〈我控訴〉一文，為西方批判知識份子傳統的關鍵文獻。

Coppee）病危，遣彼來告，請閣者轉陳主人，郭白為左氏至友，聞耗，匆遽出見，此記者既諗知為左，乃謝罪，白其來意，左敬其忠於所職，不僅絕無嗔怒，且盡答此記者所欲問之事，及談話揭佈，各報莫不驚詫，而此青年記者之智能與毅力，遂為法國報界所稱許，數十年前之法國外勤記者，其較英美已無遜色，及至今日，其他方面，亦大抵可以類推也。

　　法國報紙，集中巴黎，外省如《里昂進步報》（*Progres de Leyon*）、《多魯士快報》（*Depedede Toulouse*）等，雖亦有相當規模，但讀者多限於本埠，求如英國之 *Manchester Guardian* 類。能銷行全國者，則實所罕見，巴黎各報，大抵可別為兩類，（一）營業報，（二）政治報，前者目的，專在營業，對政治方面，雖亦有相當主張，但時依環境轉移，無一定黨派關係，至政治報則每一報幾皆有某一政黨之背景，或即某一政黨之正式機關，彼等以宣傳本黨政策為目的，與營業報絕然不同，營業報最重要者，就早報言，在巴黎有五大之稱：

> 《小巴黎人報》*Le Petit Parisien*
> 《晨報》*Le Matin*
> 《日報》*Le Journal*
> 《小日報》*Le Petit Journal*
> 《巴黎回聲報》*L'Echo De Paris*

　　《小巴黎人報》，最近銷路，為一百五十萬，《晨報》、《日報》，約各自六十萬至八十萬，餘僅四十萬左右，政治報，因法國小黨林立故此種報紙，數量亦特較他國為多，最著者如《時報》（*Le Temps*）、《平民》（*Le Populaire*）、《民眾》（*Le Peuple*）等，

其最左，有共產黨之《人道》（*L'Humanite*），最右有保皇黨之《活動》（*L'Action Francaise*），銷數皆不如營業報，惟《時報》則以文字優美，印刷精良之故，在法國幾有「法國泰晤士」之稱，此則政治報中最特出者。

茲再合此兩類之報紙，就其另一方面之特點，加以分析，在巴黎，創刊最早者，為《辯論》（*Journal Des DeBats*），銷數最多者《小巴黎人》，設備最新者《無敵》（*L'Intransigeant*），體製謹嚴，售價特昂，雖銷數不廣，然足以代表法國一部份之外交政策者，為《時報》，此四報余皆曾分別訪問，特略述其內容如后。

《小巴黎人報》

《小巴黎人報》，創刊於一八七六，距今已五十五年，最初經營者為朱璧伊（F. Dupny）除此報外，尚兼營一《畫報》（*Fxcelsior*），彼死乃分由二子主持，畢愛爾（Piere）主《小巴黎人》，卜爾（Paul）主《畫報》，卜爾謝世後，《畫報》由卜爾夫人繼續經營，雖亦有相當銷路，然不逮《小巴黎人》遠甚，《小巴黎人》在一九〇三時，與《小日報》，曾有空前之競爭，其時《小巴黎人》，曾一度突過二百五十萬份，為法國報紙自來所未有，惟各種不合理之競爭，無法持續，未幾，即跌至一百二十萬左右，據其編輯主任波哀（Pois）告余，現可銷一百八十萬，報紙封面，尚大書「世界第一」（Le Plus Fort Tirage Des Jonrnaux Du Monde Eutier）字樣，實際調查，則僅一百五十萬，然在法國固尚不失為銷路最多之報紙，此報日刊一大張半，封面刊銅版時事圖片甚多，排列生動，易引人注意，全部職員工人，約兩千，排字部份，有女工十二，工人分日夜兩班，每班工作六小時半，

日班工資，每日六十五法朗，夜班七十法朗，除有特殊技能外，大部份工人，工資劃一，無多少之差，輪轉印機共大小十部，最舊最小者，為一九一三美國造之兩部，最大最新者為一九三〇英國造之一部，此機共六出口，每小時，一出口可印報四萬份，共可印二十四萬。余參觀時，正在裝置，定來年元旦，開始使用，此機值法幣六百萬法朗，約我國八十五萬元，至所用報紙，在法國郎戴爾（Nanterre），有自設紙廠，然亦有時向北歐採購。

余請波氏導觀圖書館，彼含笑語余，君自英倫來，已遍觀英倫報紙之設備，則此間圖書館，恐不足當君之一顧，實告君，吾報之特點，惟在新聞記載，及紙面排列之如何生動優美，引人入勝，至如英倫《泰晤士》、《每日電報》等圖書館之設備，則殊無此需要也，余知其意，乃止，又詢以對政治上之主張，彼謂此報宗旨，惟在維持各派之均衡，換言之，殆即吾國所謂「中立派」歟？此報，在巴黎有門房報（*Journal De Coneierge*）之稱，極為知識階級所鄙棄，但普通社會，吾人所呼為販夫走卒，引車賣漿者，則幾乎人手一編，此所以能銷行最廣，其在一般社會之勢力，殊非任何法國報紙，所能抗顏並爭也。

《辯論報》

此報在法國，有悠久光榮之歷史，其產生時期，適當一七八九大革命勃發之際。創辦者鮑多安（Baudouin），旋售於白丹（Bertin），白在拿破崙統治之下，曾推銷此報，至三萬二千份，此為十八世紀世界報紙，所不易達到之數字，其在當時之聲譽與勢力，殆可想見，旋以言論為拿氏所不滿，多方干涉，凡非政府許可之記載，概禁刊布，並令其改名《帝國日報》（*Journal* de L'Empire），至拿氏失敗後，一八一五，始恢復原名，以迄今日，此報在初出版時，惟注重政治文藝之論戰，新聞甚少，余得其主者允許，得盡觀其庋藏可貴之舊報，自第一年第一號起，至本年（第一百四十二年）止，均完好無缺，英倫最古之《晨報》（Morning Post），發刊於一七七二，早《泰晤士》十三年，然其一號至十三號，大英博物館，至今尚遍求未獲，今得讀此法國現存最古之報，庶可補余在英之缺憾，殊一快事，此報歷史既久，政治家文學家之出身於此者，不可勝數，其編輯室中，除創辦人鮑多安塑像外，尚有一圖，聚繪歷在此報服務之著名人物，有一椅，據云，已歷百年，出身此報之政治家文學家，固嘗伏案據此，以抒寫其驚人之見解，編輯室陳設極破舊，一大菜台，上敷白布，朱墨狼籍，全部屋宇，幽暗頹敗，一種衰落凌亂之象，幾不可以言語形容，蓋自近代商業化報紙產生以後，此報既困於經濟，復以主持者，守其傳統的「高貴」政策，文字力求古雅，售價較一般報紙，多五生丁，內容仍注重於政治藝術之批評，凡商業化報紙之特質，在此報幾全不採取，銷路低落，日甚一日，其印刷機，原有兩部，當余訪問時，則一部已封置不用，下餘一部，每小時可出報八千，僅三小時即可印畢，其低落程度，殆可想見。然在政治文藝方面，固仍有其不磨之價值，特吾人回想其一百四十二年之歷史，殊不能無今昔盛衰之感耳。

《無敵報》

　　巴黎報紙，物質方面之設備，以此報為最新式，亦最完好。發刊於一八七九，距今已五十一年，其新社址，係一九二四落成，逐年增修，迄余參觀時，尚有數處，在翻造中，建築計劃，與最

近落成之英倫《每日電報》，頗可擬似，地面共樓六層，一層為發行廣告會計，二層為總理室及總管理處，三層為編輯部及排字房，四層為直接定報部及遊藝室等，五六兩層，為職員宿舍，地下為印刷部。

此報置排字房於編輯部之側，完全毗連，編輯常直接赴排字房接洽，為余在其他報館所未經見，蓋英法報社，其編輯部與排字房大抵皆相隔甚遠也，據編輯某君告余，所以如此，完全為節省時間起見，因兩部份應接洽之事甚多，隔離過遠，殊感不便，排字房有一電梯，直達地底之機器間，版既排好，即由梯輪往製版付印，自改用此種方法後，出版時間，較前提早不少，近代報紙，時間為最主要之競爭，不意此一小事，亦竟能收此非常之效果也。

直接定報處，其寄報簽條，逐日以一種特製之機器排印，既省時間，又便稽考，又各部間稿件傳送，概用氣壓傳送機，此在英倫為常見，巴黎各報，則尚少採用者，機器間有印機八架，皆德國造，此報為一晚刊，每日出版三次，第一次，下午零時三十分，專寄外埠，二次，二時三十分，三次，五時三十分，均本埠，在五時三十分前，遇有重要新聞，可隨時增入，有汽車三十五部，專為運送報紙至郵局及其他代派處之用，

此報創辦者為羅時佛（Rochefort），一九〇八為現主人白爾璧（Bailby）購得，白常自撰社論，以資本家，而兼為實際之記者，在巴黎似尚不多見也。

《時報》

《時報》亦一晚刊，創刊一八六一，日出一大張半，惟篇輯

面積，較一般報紙為大，紙張特好，印刷優美，為巴黎各報所未有，每份售四十生丁，較其他各報售價，幾多至二分之一以上，每日有社論，其對外態度，與政府外交方針，幾可謂完全一致，外間謂該報記者，在撰一外交問題之論文時，其有重要關係者，多須先徵外部之同意，雖未必即係事實，然各國政府，固常以此報論調，測法政府之態度，其地位有時類似英國之《泰晤士》也，文字典雅，其文藝及出版界批評，極為知識階級所稱許，執筆者多一時聞人，惟銷路僅七萬左右，普通報攤，以其價昂，多不代售，民間閱者極少，設備甚簡，惟圖書室尚完好，剪報及參考材料之搜集，亦甚注意。

法國報紙之概況，略如上述。茲又憶及一「特別性質」之報紙，補記於此，《人民之友》（*L'ami Du People*）為法國香水大王郭帝（Coty）所創辦，發刊於一九二八，每份現僅售十生丁，為法國日報中售價最廉者（巴黎各日報，通常每份售二十五生丁）。在初出版時，巴黎各報異常惶恐，曾同盟抵制，並運動各派報所，不為代售，但郭帝毫不為動，至今仍保持此「廉價政策」，派報，所以利益所在，亦不願長此相持。同業方面，見抵制無效，且事實上，與各報亦並無重大影響，因亦與郭帝成立妥協，郭帝目的，在憑恃此報，以取得未來之政治地位，此種企圖，今已有相當效果，惟此報自出版後，每年虧負甚巨，雖銷數日增，然非在若干年後，恐不易達收支相抵之境況，所有報館虧負之款，大抵均取償於「香水」之盈餘，日前巴黎某劇院，扮演巴黎各報，其扮《人民之友》者，聞香水營業大佳即驚喜，謂今年即虧本，亦無慮云云，亦法國報界一趣談也。

余比較英法兩國報紙，深覺吾國今日應取法者，大部份實在

法而不在英，因吾國今日之工商業，不但不如英，且並法亦望塵莫及，數年前，余常與上海同業友人談及，以為今日我國報紙之出路，惟有極力縮減篇幅，低貶售價，提高所謂大幅廣告之刊值，極力刪削無意義之新聞及一切雜稿，不如此，則吾國報紙，殊無法使其與大多數國民接觸，至今全國報紙，無一能超過十五萬份上者，亦即售價太昂，與多數國民有直接關係之新聞太少耳，若法報之短小精悍，以極少之篇幅而能包羅甚多之材料，又售價低廉，以生活程度比較，則巴黎一般報紙之售價不過每份值我國銅元一枚，此所以引車賣漿者，胥能人手一篇也，近來內地報紙，尚有為篇幅增多之競爭者，此與我國環境，安能無適相背馳之感耶？

世界新聞事業的發達與中國報紙的前途

成舍我

原載：1931 年 3 月，《民眾週報》，第 182 期

世界新聞事業的發達，可分三項來說：

一、發達的情形

我們若從物質方面去看，真是富麗堂皇，目迷五色。他們的資本，如英國最大的新聞公司，有七百五十萬鎊，合華幣一萬萬五千萬。他們的收入，英國最大的報館，每年約收入四百五十萬鎊，合華幣九千萬。美國紐約《泰晤士報》，一九二九年收入為三千二百萬美金，一九三〇年，因受世界經濟恐慌的影響，收入為二千六百萬美金，然合華幣仍在一萬萬以上。他們每年的利益，平均總在華幣千萬以上。至於銷路最多的，如英國《世界週報》，已將近三百萬份。《每日郵報》，日銷一百九十萬份。即巴黎之《小巴黎人報》，亦已達一百五十萬份。再說設備，印刷之新奇神速，及飛機送報，專用電線等，真是家常便飯，毫不足奇。即舉一最小的事，紐約《泰晤士報》，有電梯十餘架，供職員上下，其規模宏大，蓋可想見。

二、發達的原因

他們為什麼會發達到現在這樣，我們若仔細分析，有五個原因。

第一、資本發達。新聞事業，已純粹商業化，資本化。我們只知道有銅鐵大王，煤油大王，實則英國的羅賽邁，美國的黑士特[1]，他們都是報紙大王。他們有巨大的資本，去經營新聞事業每一個公司，包含著幾個或幾十個大報館。

第二、教育發達。歐美人不識字的很少，幾乎無人不讀報，每天早晨，一個工人的家庭，他妻子上街買東西，到回來時，他的籃子內除了有麵包、有牛肉外，十分之九，總還有一份報，他們把報紙和吃飯，看的一樣重要。

第三、交通發達。窮鄉僻壤，都可以看到當天的都會報紙。

第四、工商業發達。廣告自然增多，如去年統計，美國全國報館，一年中所收入的廣告費，約二萬萬鎊，合華幣四十萬萬。英國僅倫敦一處，全體報館的廣告收入。亦有一千三百萬英鎊合華幣二萬萬六千萬，廣告收入如此豐富，報紙發達，自不待言。

第五、政治安定。對於言論自由，有確實的保障，既使違法，亦不過受相當處罰，機關本身，不致如中國之可以隨時隨事宣告死刑。有此五大原因，欲歐美報紙，得盡情發達以至今日。

---

[1] 黑士特，Williams Randolph Hearst（1863～1951），現多譯為赫斯特，生於美國加州舊金山。1887 年擔任由父親（George Hearst）所購入《舊金山檢查報》（*San Francisco Examiner*）發行人一職，1895 年購入《紐約新聞晨報》（*New York Morning Journal*），改名為《紐約新聞報》（*New York Journal*），展開與普立茲（Joseph Pulitzer）的《世界報》（*World*）間，黃色新聞的報業競爭。於 1903～1907 間擔任兩屆眾議員，並曾於 1905 年參選紐約市市長、1906 年競選紐約州州長（Emery & Emery, 1996:308）。

三、發達的結果

不過他們在物質上，誠然已發達到不可思議，究竟這樣的發達，於一個國家或整個世界的道德或文化，是否絕對有利，這卻很成疑問。當然，一方面有他的好處；一方面流弊，也確實不少。因為現在的報紙，完全成了資本主義下的產物，所以在主張方面，只顧到資產階級的利益，所謂公眾福利，實際上全是空話。又因為他們的目的，只在賺錢，他們對於一個新聞的記載，大部分只求怎樣可以迎合社會病態的心理，誨淫誨盜的消息，儘可以長篇累牘，觸目皆是。所以這種報紙，對於世界文化，或公共福利，多半是有損無益，這就是現代報紙發達的一種不幸的結果。

因為報紙，是商業化，是在資本主義者的掌握。所以一個沒有資本的平民或學者，他們縱有好的主張，要想辦一個報去宣傳他的主張，無論如何在歐美已經是到了絕不可能的地步了。現在再談談：中國報紙今後應該由何種途徑？

中國報紙在物質上比歐美，誠然是望塵莫及，無論資本，銷路，收入，設備，均是相差太遠。我常常譬喻，中國大部份報館，實際和開烟紙店相似，前面是櫃台，後面住家眷，供小機器，用幾個人，一天到晚的搖去，若叫歐美的記者來看，真要笑掉了他們的牙齒，但我們決不要因自此餒。我們新聞界，只要精神方面能夠戰勝他人，物質方面的進步，是比較容易。我相信中國的新聞事業，在最近時間，只要政治安定，一定會有極大極快的發展。但是我們發展的路徑應該怎樣？歐美報紙，受了資本主義的控制，生出許多流弊。我們是不能再去抄襲。我覺得新聞事業，固然要商業化，但是這種商業，絕不能和普通商業一樣，報紙的主張和言論，應該完全聽「民意」的支配，不能由一二資本家，任意操縱。

關於這一點，我擬有種種關於將來報館組織和權力分配，及資本與主張分離的方式。

我覺得中國報紙，目前最重要一點，就是要求平民化。中國報紙之不能發達，固然有種種原因。但最重要的一點，就是不太切合一般社會的需要。新聞多注重政治，文字則不能太通俗，尤其報紙的篇幅太多，售價太昂。世界報紙，除英美因廣告特別發達，篇幅特多外，其他如大陸各國則最大的報紙，通常亦不過日出兩大張，中國則上海有日出六、七張者，中國不能自己造紙，一切均來自國外，成本既昂，辦報者，遂以多銷為畏途，致最大報紙，日銷亦不過十萬左右。至於報價若以一般平民生活為標準，英國報紙，如《每日郵報》，每份每日一辨士，以英國工人，平均每星期工資三鎊（三鎊共七百二十辨士）計算，閱報一份，僅佔其收入百分之一，中國則每報月售大洋一元，以工人日薪十五元計算，即需佔其收入十五分之一，相差至此。既使教育發達，一般人都能識字讀報，在經濟上，仍將無此能力。不但工人，即月入三十元的小學教員，對此每月一元的報費，也將認為無力負擔。若新聞界不能從此點注意，中國報紙的前途，勢必異常困難了。

報學瑣談之一：
新聞來源與報館責任

舍我

原載：1931 年 9 月 3 日，北平《世界日報》，〈世界日報副刊〉，第 12 版

　　報紙記載，應力求確實，但有時以事實關係，不能立時得可靠之證明，而該項新聞，又不得不登載，則兩全辦法，只有將此項消息，如何得來，明白說出，以示報館對此，並無成見，即使有誤，亦決非報館自造也。惟報館方面，往往不願，或因一時疏忽，未能做到，於是讀者對於報紙所有錯誤之記載，輒認為報館有意造謠，為報館計，誠覺太冤。又報館轉載他報消息，更應標舉來源，此則於責任之外，更有同業道德之關係。今年六月，英倫忽盛傳：英國某王子，已與劍橋女士（Lady May Cambridge）訂婚，最先在倫敦揭載此項消息者為兩週報，內容一致，惟其標舉來源之方法則迥異。六月二十八日《星期評論》（*Sunday Referee*）云：「據本報探悉」。同日《星期快報》（*Sunday Express*）則直截痛快，謂「此項消息，係由紐約各報最先披露」。及至證明其為謠傳，雖兩報均有記載不實之咎，然讀者只覺《星期評論》之謬誤，而對《星期快報》則幾似毫無責任可科。此據實標舉來源所以為一般聰明而有價值之報紙最重要信條之一也。

報學瑣談之二：
圖畫版之意外效用

舍我

原載：1931 年 9 月 4 日，北平《世界日報》，〈世界日報副刊〉，第 12 版

　　報紙之附刊圖畫照片，為近代報紙事業顯著的進步之一。我
國近年，各報多有圖畫週刊之設，故每日報紙中，與文字並載之
圖片，尚不多見。此不特可以增進新聞之價值，亦足使讀者調節
腦力，添加讀報興趣。歐，美各日報，幾大部均附有圖畫版，我
國上海之《時報》，約略近之，惟材料豐富，與印刷精美，一時
自相去甚遠[1]。最近一二年間，各國日報圖畫版材料之來源，已多
採用電傳攝影，數千萬里外之會議、競賽，恆能於當日與新聞同
時揭載。即日本東京之《朝日》《每日》，在其本國境域內，亦
已有此項電傳攝影之設備。此種新聞技術之進步，不但非數十年
前人所能想到，即在數年前，亦尚當詫為神奇，而今則幾已成為
每一日報必需之設備矣。

　　倫敦《每日郵報》，近在其談話欄中，述揚其圖畫與新聞並
載，另一方面之效用，列舉一有趣事實，以為佐證。據稱，倫敦

---

[1] 上海《時報》由狄葆賢於 1904 年所創，宣傳保皇立憲。1920 年 6 月 9 日，
創〈圖畫週刊〉，以照相銅板印於道林紙，是中國現代畫報之始。1924 年狄
葆賢將《時報》轉售與黃伯惠。黃伯惠曾留學美國，仿效 Hearst 風格，注重
體育與社會新聞。1927 年 6 月 1 日，《時報》以套色印行，為中國報紙特色
印行之始（黃天鵬，1952：136）。

《世界畫報》廣告，《世界日報》
1928年4月1日2版

某餐館，創立未久，而獲利甚豐，有探索其原因者，則此餐館主人，向極注意於《每日郵報》所附刊之圖片，竟為其三大獲利原因之一。緣此餐館主人，常令所有侍者日熟記圖畫中之人物，尤注意於橫渡大西洋而來之北美貴客。每逢客至而其照片曾已刊載於報端，侍者一見，即逕尊呼其名。客莫測其何由竟能如此熟識，競為轉告。素性好奇之美人更視為奇聞。不僅當時來客多給侍者以小費，且以此種互相轉告之結果，來客乃如山陰道上應接不暇，生涯之盛，此為一因云云。而該報記者之□論則謂，日報中之圖畫，對於商人，竟有此意外效用，此於尋常一般報館所想像者，更多一種。惟我國商人，根本上尚多鄙厭報紙，更何由促其注意於此種意外之收獲耶。

報學瑣談之三：
舊雜誌及舊報之效用

舍我

原載：1931 年 9 月 6 日，北平《世界日報》，〈世界日報副刊〉，第 12 版

　　雜誌之時間性，其重要不如日報，故雖出版已數月或一年，仍往往有購買之價值。且有愈舊而價值愈昂者，其性質蓋等於搜集佚書古籍。近來美國有專事搜集陳舊雜誌之公司，凡世界著名定期刊物，幾無一不備，如購者無力或不願購取原本，則可納極廉之價，由公司代為抄錄，此種公司，生涯頗盛，其嘉惠士林，亦非淺鮮。

　　亦有雜誌出版後，因存書過多，一時未能盡售，迨時間已過，則由收買舊籍之公司，運至國外，以極低價出脫者。據最近澳大利亞某新聞雜誌報告，每年由美國運入澳洲之舊雜誌，平均約七十五萬冊，其售價平均每冊約一辨士四分之三，較當地各種雜誌之售價，相差恆在三五倍以上，澳洲出版界恆目為美國之雜誌「鄧賓」（Dumping）。有主張為保護當地出版界利益計，應設法制止，或科以重稅者。但一般民眾，則以為此種賤價雜誌，極便於貧寒讀者。對於取締或課稅之議，力加反對。尚不知將來如何解決也。

　　定期刊物之過期者通呼為 Back Number。以上所述，為屬於雜誌方面。若於日報，雖讀者對於過去之舊報，其需要情形決不

如雜誌之切，然歐美各重要報紙，大抵均專有「舊報部」之設。其售價亦是時愈久者愈昂。惟若在一年以內，大抵只能代抄所需要之某事或某文，極少原報出售。又凡欲向報館查詢，在某一時間，某一事件之紀載，雖不知其確□及標題，報館亦得自就其編存之目錄，代為檢尋，惟須納極少之手續費而已。著作者和用之以採集材料，頗稱便利。

六萬餘元之字謎懸獎

歐美各報之遊藝欄，其最能吸引讀者，首為「字謎」（Crossword Puzzle）。即任意將一段文字，拆為若干字格，由讀者自行構思，重行拚合也。此種字謎，獎金極巨，每星期懸獎一次。《每日郵報》，自今年七月第一星期起，將獎金總額，由二千鎊增至三千鎊，以現在匯兌價格計算，約值我國國幣六萬餘元。最樂此不疲者，為婦女孩童及老人。在火車及電車中恆見彼輩，手持一報呆坐如癡，據聞各重要報紙之銷路，由於此種字謎之吸引，恆在百分之十以上云。

中國報紙之將來

四月二十九日在燕京大學新聞週公開演講[1]

成舍我

原載：1932 年 5 月 6 ～ 12 日，北平《世界日報》
　　　1932 年 5 月 24 ～ 28 日，南京《民生報》

　　此稿大意，曾載七日本報〈新村欄〉，茲由燕京大學榮濤、
于振綱兩君，將全文筆錄，經講者整理完畢，在本報發表。
全稿約一萬五千言，關於未來新聞事業之「組織」、「編
輯採訪」、「發行」諸重要問題，均曾逐一列舉。全文如左：

　　今天為貴校新聞學系舉行第二次新聞週的第二天。此次新聞
週，貴校延請了許多報界先進，來此講演。承諸位不棄，亦得追
隨各先進，參加盛會，得一談話機會，惟學識淺薄，濫竽充數，

---

[1] 演講日期為 1932 年 4 月 29 日。燕京大學新聞系，成立於 1924 年，由畢
業於美國密蘇里大學新聞學院的美籍教授白瑞登（Roswell Britton）主持、
聶士芬（Vernon Nash）擔任講師，1927 年因經費困難而停辦。聶士芬回美
後於密蘇里新聞學院攻讀碩士學位，並遊說新聞學院院長威廉博士（Walter
Williams），出面協助燕京大學繼續發展新聞教育。威廉博士與密蘇里新聞
學院的教授及美國新聞界領袖商議後，決定協助燕京大學恢復新聞系，由密
蘇里新聞學院提供教學及行政協助，而由美國報業發行人捐助燕京大學新聞
系前五年的經費。在威廉博士領導下，共募得五萬美元，燕京大學新聞系於
1929 年秋季恢復（羅文輝，1989：203）。之後更於 1935 年 5 月成立協助委
員會，聘請葉楚傖、張季鸞、蕭同茲、成舍我、汪伯奇、張竹平、潘公展、
胡政之等為委員，以取得校外之助力，並求理論與現實之配合（劉偉森，
1953：26）。燕京大學新聞系每年春季舉行演講會性質的新聞週，邀請報界
名人蒞校研討報業問題（袁昶超，1948：16）。

燕大新聞週報導，《世界日報》1932年4月
30日7版

一方面固很榮幸，一方面卻實在
非常慚愧。

講演的題目，是「中國報紙
的將來」這個題目的範圍太大，
恐怕不能有什麼貢獻，可以使諸
位滿意。前幾天貴系黃主任[2]，
託管翼賢[3]先生來問我，預備講
些什麼？我當時躊躇了好久；我
說：一時實在想不起有什麼好的
題目。管先生說，講演定題目，
和廚子報菜一樣，因為別位廚子
的拿手好菜，都已經預先報過了，你當然也不能例外。我想專門
好菜，紅燒魚翅、清蒸肥鵝，都已經許多報界先進報過了，我呢，
學無專長，就報一樣大雜會吧！「大而無當」，「雜而不精」，
我這個「中國報紙的將來」，或許正合了那兩句古話。現在菜就
要端上桌子，手藝低劣的廚子，當然難免食客們褒貶。好在魚翅、
肥鵝，諸位已吃得很飽，大雜會就不中吃，也不會讓各位餓了肚
子回家的。

---

[2] 此處所指為黃憲昭，燕京大學新聞系復辦後系主任一職陸續為聶士芬、黃
憲昭、梁士純與劉豁軒。黃憲昭於1911年取得美國密蘇里大學新聞學士，
1921年赴夏威夷檀香山參與世界報界大會，與史家修同任副會長（袁昶超，
1948：16）。

[3] 管翼賢（1899～1951），湖北蘄春人，早年於北京從事新聞活動，任《神
州通信社》記者。1928年在北京創辦《時聞通訊社》和小型報《實報》，以
消息靈通、報導即時而成為華北地區的暢銷報。對日戰爭爆發後，任新民會
全國協議會副會長。戰爭期間除續辦《實報》外，同時主持《華北新報》和《武
德報》，編著有《新聞學集成》。

　　「中國報紙的將來」，「將來」這兩個字，意義極為廣泛。
究竟我所指的「將來」，是從何時算起，何時為止。因為從眼前起，
到世界毀滅，都是將來。如果漫無邊際，那麼，這個將來，真是
大海茫茫，何處是岸。我當然沒有那樣神機妙算，可以預想到如
此遙遠。所以在未入本題以先，我應該下一個界說，就是我所指
的將來，僅僅是最近的將來，從現在起，大約最多不過三五十年，
這不是一種憑空的玄想，也不是電影院演的五十年後的世界。我
所說的中國報紙的將來。在最近三五十年內，一定有實現的可能。

　　因為近代科學界猛烈的進步，無論那種事業，都沒有不受科
學的影響。就報紙說，一百年前，不僅中國，即在報紙最發達的
英國，大家知道，馳名世界的《泰晤士報》，一七八五創刊，到
一八三四，經過了五十年堅苦卓絕的奮鬥，他的銷數，還不過僅
僅一萬份。我在大英博物館所看見最初的《泰晤士報》，只是一
張四開大小，和現在北平的各種晚報的篇幅一樣，印刷異常模糊。
所有消息，如巴黎、羅馬等處通信，都是經過十天、二十天，才
能到達。若拿現在的《泰晤士報》比較，真是天上地下，無從譬擬。
假使今天，我們中國的北平，發生一件特別驚人的事件，譬如說，
燕京大學的上空，落下了一個星球，這個星球，起初是一塊石頭，
後來馬上變成了黃金，那麼，這條奇怪的消息不但明天《泰晤士
報》以及所有的倫敦各報，都會有詳細記載，如果北平有電傳寫
真（television）[4] 的設備，還可馬上連燕京大學的校舍和落下來星

---

[4] 電視的發明一般認為是 1925～26 年間在倫敦，由 John Baird 作人類史上第
一次的公開展示（Schramm, 1988／1994，游梓翔、吳韻儀譯：309）。成舍
我本次演講時間為 1932 年，三年後（1935 年 3 月）德國播出電視史上第一
個公共服務廣播，並於 1936 年時轉播柏林奧運，1936 年 11 月英國廣播協會
（BBC）開播（Armes, 1988／1995，唐維敏譯：75）。

球的照片一塊兒同時發出。至於他們的銷路，大家都知道，《每日郵報》，已經突破世界上日報的紀錄，每日發行到二百萬份[5]。為什麼百年前的報紙，那樣衰敗，現今的報紙，卻如此發達？這個答案極簡單，就是由於科學進步的結果。有了輪轉機，從前一小時印報不到一千份，現在用許多機器合併起來，一小時可以印好幾百萬。從前一條從巴黎到倫敦的消息，需要好幾十天，有了電報，就是比巴黎倫敦距離更加幾十百倍的地方，也沒有需到一天的。從前沒有火車，輪船，更沒有飛機，報紙發行，異常困難，現在這種困難自然也一律消滅了。這就是科學發達影響報紙的實例。歐美如此，中國科學發達的速度，雖遠不及歐美，然此種傾向，實在也異常明顯。以前五十年或一百年歐美報紙的演進如此，則今後三十年或五十年中國報紙的演進，亦何嘗不可同樣類推。

中國報紙，發達途徑，雖似乎很遲，或者，還有人說，中國報紙，近來簡直沒有什麼進步可言。但以我的經驗，卻極覺到最近幾十年來，中國報紙，確已有很大的進步。我從做中學生時，就同時做新聞記者，到現在將近二十年，即就此二十年而論，我們若把他今昔情況，略加比較，即可知那些批評中國報紙沒有進步的，實非確論。民國初年的報紙，即如號稱報紙最發達的上海，那時的銷數，佔第一位的報館，也最多不過銷兩三萬，現在則最多已有到十四五萬份一天的了[6]。那時報紙的新聞，異常陳腐，尤以本埠新聞最腐敗，一切消息，均憑所謂跑馬路的訪員，拉雜撰寫，用複寫紙一字不改，分投數報。現在則本埠新聞，競爭最烈，

---

[5]《每日郵報》於 1896 年創刊，四年內的發行量就達到 98.9 萬份（Williams, 1998:80）。

[6] 1932 年 8 月國民黨中央宣傳部，統計當時報紙的發行量（賴光臨，1981：95-97）：

每一報館輒有外勤十餘人，一事發生，立時出動。再就北平說，民國七年，我在一家當時在北平銷數最多的報館，當總編輯[7]。名義上是總編輯，實際上那個總字的意義，卻應該另有一解釋，就是從做社論以至校對，幾乎總共僅我一個人。那時通信社還極少，更談不到本報專有的外勤。一大張緊要新聞，他的構成，三分之一，是剪外埠報，上海報尤為主要的命脈。假使有一天上海報脫了班，到車站上取報的信差，空手而歸，那麼，這個恐慌，一定比上車站沒有接著熱戀的情人，還要利害百倍。三分之一是命令和一切等因奉此的官文書。還有三分之一，才勉強可以算是真正新聞。這種新聞大部分由兩位秀才不出門的專家包辦。他們每天各送來上十條蠅頭恭楷的所謂訪稿。他的文字和內容，簡直可以列成兩種公式。一種是今日上午幾點幾十分，公府接到某地督軍某某萬急密電一件，全文共幾百幾十幾字，但內容關防極密，無從探悉。另一種是今日下午幾點幾分，國務總理某某入府覲見總

報紙	發行量	報紙	發行量	報紙	發行量
上海《申報》	150,000	廣州《民國日報》	15,000	北平《晨報》	7,000
上海《新聞報》	150,000	天津《庸報》	15,000	天津《華北新聞》	7,000
上海《時事新報》	50,000	廣州《大中華報》	12,000	廣州《現象報》	7,000
天津《大公報》	25,000	廣州《七十二行報》	10,000	漢口《武漢日報》	7,000
上海《時報》	35,000	北平《益世報》	9,000	漢口《漢口中西報》	7,000
天津《益世報》	35,000	上海《中國晚報》	9,000	廣州《越華報》	7,000
天津《午報》	25,000	天津《新報》	9,000	北平《華北日報》	6,000
廣州《公評報》	20,000	北平《商業日報》	8,700	廣州《共和報》	5,000
上海《民國日報》	20,000	北平《世界日報》	8,500	杭州《民國日報》	5,000
廣州《國華報》	16,000	北平《全民報》	8,000	開封《河南民報》	5,000
南京《中央日報》	15,000	北平《京報》	7,300		

[7] 成舍我於 1918 年就讀北京大學期間，曾於北平《益世報》擔任編輯工作。

統，當即屏退左右，談至幾點幾分，始行辭出，但內容因關係重大無從探悉。這兩種公式，無論天崩地塌，幾乎都不會使他變動。他們對於電報字數的多少，收發時刻，入府人名，謁見時間，都很精準，然而沒有內容，有時即有一兩句，不是模糊影響，就是迹近捏造。後來我仔細一打聽，才知道這兩位專家新聞的秘密來源。因為一位，他的父現在總統府當號房，什麼人來見總統，他在掛號時，大概總都可知道，所以總理入府，這個消息，當然不會漏卻。至於內容，自非號房所能知。另一位，他的兄弟，在公府電報處收發室辦事，外來電報，照例由他摘號登記，所以收電時間，和字數多少，可以詳記無遺。但電報內容，自然也無法探聽。但就是這樣不成新聞的新聞，在當時，卻已是我們報館所以在北平銷數最多的最大原因之一。報館主人，對他們兩位，異常尊重。因為他們是我們報館特別消息的唯一來源。至於專電，在那時當然是絕無，即使僅有，亦大半出自本店自造。

民國七年時北平的領袖報，大概如此。現在呢？北平各報的印刷、編輯、新聞來源以及一切的一切，幾乎沒有一樣不是比民國七年時特別進步。單就電報一項而論，一個著名報紙的緊要新聞，平均計算，二分之一大約都是專電，字數約由三五千字，最多到一萬字，這都是從前所夢想不到的。他的原因，就是由於一切交通器具，和其他物質上比從前進步的原故。換言之，就是科學進步的結果。中國報紙的進步，雖然比歐美還算很遲，然而中國報紙，幾十年來，究竟總是向前進，不是向後退。那麼，我們可以推想，以後十年、三十年或五十年的中國報紙，當然也只有更前進不會更後退的。因為科學的經驗，告訴了我們，世界上的科學，只有一天比一天進步，他的進步，可以改變人類社會所有

的一切。那麼，我們中國的報紙，就要故步自封，也事實上絕不可能！

自從有了蒸汽和電的發明，才有產業革命。一切人類生活，亦都為之改變。十九世紀，簡直可以說是蒸汽和電的世紀。現在的世紀，飛機，無線電，又將改變人類一切的生活，那麼，二十世紀，我們也就簡直可叫他做飛機與無線電的世紀。在這個世紀中，報紙受飛機和無線電的影響，當然還是最大。全世界的報紙如此，中國報紙，當然也不能除外。

今後三五十年內中國的報紙，將怎樣演進呢？固然，一部份有中國特殊的背景，實際上，大部份，與世界報紙的將來，自然不會有相反的傾向。依我的見解，中國報紙的將來，受了新時代的影響，他的變化一定有三個重大問題發生：

第一：怎樣去控制一個報館？報館的主權，將為誰有？報
　　　紙商業化，是否尚有存在可能？
第二：如何去確定一個報館的言論方針？及如何去採集國
　　　內外一切重要的新聞？
第三：如何可以使一個報紙，用最速方法，在最短期間，
　　　分配於全國讀眾。

換一句話說，就是最近三五十年內，中國報紙的組織、編輯採訪、發行，都將有極大的革命。由此與世界報紙，同時演進，則將來必更有「世界大同」的報紙產生。現在且分別說明。

前面列舉未來的三大變化，按著次序，先講第一個變化。在這個變化的過程中，他的特質，就是中國將來的報紙，還是照著

歐美「報紙商業化」舊的途徑，緊緊跟著一步一步的走去？還是在舊的途徑以外，另闢生路？假若我們對這個根本問題，不能認識清楚，則無論中國報紙，將來能發達到怎樣地步，對於未來世界的人類福利，也不會發生絲毫關係的。

自從產業革命以後，報紙也同樣的受了蒸汽機和電氣的影響。報紙商業化，就一天一天擴大起來，從前那班文人，想以個人力量去辦報的，近百年來，在歐美幾乎絕不可能。中國現在，雖還有些文人用極少資本，憑個人文章和資望，去自行創辦報紙，然而這種報紙的成功希望，是一天比一天減少。在最近的將來就會要和歐美一樣，絕不可能了。我們看上海新興報紙之不能產生，就是一個極顯著的證明。這就因為現代的報紙，既然純粹商業化，他需要最新式的生產工具，就不能不需要最多的資本。一個赤手空拳的文人，如何能同那班坐擁巨金的資本家競爭，沒有法子，只好拱手讓人[8]。所以在現今資本制度，和「報紙商業化」的口號下，「報」只是資本家的專利品，別人是無從染指的！

報紙不能不需要資本，由各種觀點看來，也不能不相當的商業化，不過，產業革命後的資本主義，現在已根本動搖。科學更進步，機器更發達，而一切社會制度，卻不能不有新的改變。則此後的報館組織縱然需要資本，縱然要商業化，他的意義，也一定和現在的資本與商業化不同。中國報館的組織，就目前說，當

---

[8] 據燕京大學新聞系主任劉豁軒（1941：9）的敘述：「每架十五萬元以上的高速度輪轉印報機器，在民十七以前，只上海《申》《新》《時》等報有四五架，民二十，天津在一年內便裝置了兩架……。以前三五萬元，甚至三五千元便可以辦報；現在，如在津滬等地，新辦一個報起碼非一二百萬不可。不用說幾千萬，就是三十萬五十萬的資本，也等於是以卵擊石。所以民十七以來，津滬兩地很少新興的獨立經營的報紙。就是以黨或政府為背景的報，在這兩個地方也不能立足。」

然和一般資本主義下的經濟組織無何差別。也就是和歐美一般報館的組織相同。報館的主權和政策，不但一般讀者，無從過問，即所有職員，除有鉅額投資者外，亦一律只有仰承主人的意旨，不敢輕有違反。目前中國的新聞事業，雖然還沒有人能夠做到英國的羅賽邁（Rothermere），畢維樸（Beaverbrook），美國的好華特（Howard）[9]，赫思特（Hearst），那班新聞大王的地位，卻是資本主義的趨勢，很有向這方面走近的可能。我前面說過，因為在資本主義制度之下，一切生產工具，握在資本家手中，報紙是需要生產工具的，沒有雄厚的資本就不能得著最精利的工具。資本薄弱，不但創辦新報不能成功，即維持已有的報，結果，亦必歸於失敗，或被大資本者吞併而後已。這是資本制度下必然的結果。歐美已然，中國的報紙，若果資本化商業化起來，當然也不能例外。假使左右全國的輿論機關，都操縱在少數貪狠自私的資產階級手中，此中危險，如何重大，當然不言可喻。歐美的新聞大王，他們只知道自己如何投機發財，對於社會公眾的福利，幾乎是毫末想到，照這樣繼續推進，直到現在，「新聞商業化」，所以就成了世界上各種最嚴重問題之一。去年，我由歐洲到美國[10]，在密蘇里大學校長威廉博士[11]招待席次，曾便中將這個問題提出，叩詢威廉博士的意見。他經過很深切的考量，答覆我說：唯一希望，還在一般讀報者知識和道德，能較現在增進，對於報紙的價值，能有明確的認識。那些只知牟利的報紙，不但不能迎

---

[9] Roy W. Howard（1883～1964）於1908年接任由 E. W. Scripps 創辦《合眾社》（United Press, UP。於1958年與國際社合併為《合眾國際社》，United Press International, UPI）的總經理，1922年掌管 Scripps-Howard 報團的管理部門，Scripps-Howard 為當時美國第三大報團（Emery & Emery, 1996:313）。

合一般社會的心理，反將為一般社會的心理所厭棄。如此，則彼輩技倆已窮，報紙風格，自可一變云云。威廉博士這一番話，在現代制度下，當然是無可如何的唯一希望。然而一般人們的知識和道德，究竟何時才能達到我們理想上的標準？我們一方面要促進中國報紙的發達，一方面又要努力阻止中國報紙，和歐美資本化商業化的報紙，走入同樣的運命。我們就不能不從靜待讀者知識和道德增進的唯一希望以外，來另找一個新的希望。

「新聞大王」的產生，和現今所謂，「報紙商業化」，這都是整個的經濟制度問題，整個的經濟制度不變更，「新聞大王」和所謂「商業化」的弊害，是無法矯正的。資本主義的運命，現已逐漸受著新時代的摧毀，在全世界尤其在中國，究竟能延長到什麼時候？假使在中國有革命鼎新的機會，我想將來報紙的趨勢，在組織方面，定不外兩種方式。一種是報紙國有，一切報紙，都由國家來經營，或指導，不許任何私人，握有如此偉大的輿論威權。另一種，是雖許可私人經營，但其資本，惟以在報館任有工

---

[10] 成舍我於 1930 年 4 月 16 日離開北平由上海出國，於 7 月 22 日抵達法國馬賽，9 月 10 日赴瑞士日內瓦參加萬國報業公會，12 月 25 日抵達比利時，28 日於比利時報界公會發表演說。之後經德國、英國等地，轉赴美國考察新聞事業，於 1931 年 2 月 19 日回到上海。返國後，於 1931 年 3 月 15 日接受北平記者協會邀請報告歐遊感想（吳范寰，1982：19；賀逸文、夏芳雅、左笑鴻，1982：74-75；世界日報，1931 年 1 月 28 日，第 3 版；世界日報，1931 年 3 月 16 日，第 2 版）。

[11] Walter Williams（1864～1935），密蘇里大學新聞學院創辦人，1914 年在卡恩基金會的贊助下首次環球考察新聞教育，並第一次訪問中國，之後於1919、1921、1927、1928 四度訪中（張詠、李金銓，2008：334）。1915年 7 月發起世界報業會議（The Press Congress of the World），所起草的記者信條（Journalist's Creed）為世界第一份規範新聞記者職業倫理的專業守則，馬星野於 1942 年所起草的「中國新聞記者信條」即深受其影響。

作者為限，自社長以至工人，均為主權者，均有分擔報館責任分享報館利益之權，非工作員不得坐分紅利，換言之，即不勞而獲之大資本家，概在屏除之列。而關於報館主張及言論，應另有一監督機關，所有報館對政治、社會的批評，概應受此機關指導。總編輯之進退，亦應由此機關決定。此機關之人選，應由社會民眾團體推選。而每一報之讀者，亦得有權推代表參加每一報館之此種機關。如此，則個人操縱輿論，或違背公眾福利的弊害，自可剷除。在中國最近的將來，似乎第二種方式，比較第一種容易實現。因為這種辦怯，雖然不能容許新聞大王的存在，然尚可容許私人報紙的經營。而資本與言論分開，使報紙與社會合一。如此，則報紙的營業方面，儘可商業化，報紙的言論，卻並不因商業化，而損害社會福利。此不但可以矯正現代資本主義下報紙的惡弊，而比較報紙國有的辦法，亦實平妥易行。英國工黨機關報 *Daily Herald* [12]，現在很想向這方面做去，中國未來的三五十年的報紙，如果能像這樣，那麼雖然還是需要資本，營業方面，也還是儘可商業化，然而歐美報紙已有的害處，總算可以避免。我們也不必顧慮到，報紙愈發達，社會的罪惡愈增多了。

現在我可以將第一個問題歸納起來，得到以下的結論：未來的中國報紙，他應該受民眾和讀者的控制。他的主權，應該為全體工作人員，無論知識勞動或筋肉勞動者

---

[12] 《每日前鋒報》，於 1912 年以 300 英鎊開辦，是英國一份由勞工階級提供資金並實際經營管理的全國性報紙。開辦之後的營運經費主要依賴勞工的捐助，在 1914 年之前發行量曾達到 25 萬份。1914～1919 年間，由於資本短缺，從日報轉型為週報出版。1919 年重新以日報形式發行，曾舉辦各式活動促銷報紙但仍持續虧損，1922 年由英國工黨與英國全國總工會（Trade Union Congress, TUC）購入，成為兩機構的機關媒體，但依舊無法改善虧損狀況（Curran & Seaton, 1997／魏玓、劉昌德譯，2001：55）。1929 年由 Walter

所共有。他在營業方面雖然還可以商業化，但編輯方面，卻應該絕對獨立，不受「商業化」任何絲毫的影響。

講到第二個重大變化，就是中國報紙，今後將怎樣去確定他的言論方針，和用怎樣敏捷精確的方法，去採集並選刊國內外重要新聞。這完全屬於報紙內容上的問題，也就是報紙編輯方面兩個主要的事件。關於言論方針，現在中國的報紙，一部份是有背景的機關報，一部份是依著報館主人的喜怒為轉移。除卻極少數，他們在良心上，或顧慮到銷路的關係上，不能不對於社會公共福利，有所考量外，其餘多半是只圖本身的利益，社會公共福利，他們是絲毫不管的。這本是資本制度下，報紙「資本」「商業」化共通的現象。我在前面第一個問題內，既然說到資本制度下的報館組織，必將有重大改革。一個報館的主張，要受民眾的控制，由特殊的機關，來指導他，那麼，言論方針，自然不會和公共福利，即民眾利益相違反。那些昧著良心，專給私人鼓吹聖德的機關報，或只圖迎合社會上低級病態的心理，來誨淫誨盜的所謂營業報，在未來的中國報紙中，當然無再行容許他們存在的可能。

編輯方面監督機關的組織，或許可以救濟現在報紙「資本」、「商業」化的弊害，替未來的報紙，開闢了一條新的光明的路。這種監督機關，和軍閥政府假借所謂《出版法》或什麼《戒嚴條例》，實際上就是擁護軍閥本身利益，來壓迫一切報紙，當然絕

Elias 的 Odhams Press 出資買下《每日前鋒報》51% 的股份，並與工黨及總工會達成協議，由 Odhams Press 負責報紙的經營管理，工黨與總工會主導報紙中關於政治與產業政策的言論內容。重新改版後的《每日前鋒報》，增加一倍的篇幅，改變版面設計，增加銷售人員，報紙發行量從 1929 年的 30 萬份不斷攀升，於 1933 年達到 200 萬份的發行量（Thomas, 2005:12）。

不相同。他是完全屬於民眾方面的，用擁護民眾的利益，來代替擁護個人的利益。因為報紙既然標榜著「代表輿論」，「民眾喉舌」，最漂亮的口號，而事實上卻只是報館主人的輿論，報館主人的喉舌，這是多麼不通！多麼矛盾！「掛羊頭，賣狗肉」，雖然「滔滔者天下皆是」，但我們要改革中國的新聞事業，要站在民眾的立場，這種欺騙民眾的報紙，我們是不能不及早覺悟，來主張整個的革命。那麼，由「民眾」，「讀者」來組織監督報館言論的機關，當然絕對必要。

「新聞記者是無冕之王」，這句話，在從前，固然僅是想表現他的獨立和自由，然實際上，卻只利用了這句成語，來掩飾新聞記者驕傲、狂妄和自私。在未來的新時代，無論有冕無冕，「王」這一樣東西，是根本不能存在。所以「新聞記者是無冕之王」這一句話，未來的新聞事業中，當然無再稱引的餘地。老實說，就是應該打倒。未來的新聞事業，新聞記者，只是在「民眾」，「讀者」監督指導下一個忠實服務者，他不能再以自己或他的主人的個人愛憎，來強姦民眾的意思。並且，這種以個人愛憎強姦民意的辦法，即在「資本」「商業」化的舊時代也已漸感失敗。

比如一九二九英國的總選舉，屬於保守黨或傾向保守黨的報紙，當時都極力反對工黨，那時工黨機關報 *Daily Herald* 銷數不過三十萬，與敵方的報紙比較，總在一比十以下。然而選舉結果，工黨勝利。從前，英國所視為報紙乃操縱選舉之最有力者，經此試驗，已知其不然。我們對於威廉博士所說，希望讀者道德知識的增進，來改革報紙資本商業化的弊害，固覺得近於「河清難俟」，然而，資本制度下的報紙，如果始終還抱著自私自利欺騙民眾的方針，那麼，暫時縱能掙扎苟存，終久亦必為新時代所摧

毀。我們因此，更可證明未來報紙的言論方針，確有向民眾公開，受民眾控制的必要。我所建議民眾監督報紙言論方針的辦法，在未來的中國報紙，實有必然的趨勢，和實現的可能。

以上講的第二項問題中，報館言論方針的變化，現在再講到報紙新聞的採集與選擇。中國報紙，在過去數十年間，傳遞新聞的工具，是如何缺乏，窳劣，即至十四五年前，如我前面所說，北平報紙，所載消息，大部都是抄襲滬報，官廳文告，電報目錄，和一些變相的宮門抄。到最近幾年，無線電發達到了中國，各處短波電台，和廣播無線電台，如雨後春筍，紛紛設立，報紙上的電訊，才突然增多，即就北平報紙而論，上海，南京，廣州的重要事件，差不多當天的北平報，都可接到報告，幾萬字的外交上重要條約，都用電報拍發，極迅速的在報上全文刊登。這不但是幾十年前北平的報紙所不曾想到，就是六七年前也絕沒有進步到現在境況。這當然由於交通工具比從前進步而增多的結果。可見科學，機器的發展，對於新聞事業，有如何重大影響。

我曾經提議，二十世紀，可以稱他是一個飛機與無線電世紀。無線電所以影響到中國報紙的，已如前述。飛機呢，沒有飛機以前，我們若要從甘肅蘭州，寄一封通信到北平，起碼總要十多天，現在北平到蘭州的航空，就要完成，那麼，昨天蘭州的通信，今晚就可收到，明天北平報上，即可登出。在僅有有線電報的時候，我們貴國的電報局，是如何腐敗，他們對於一封新聞電報的遞送，即由南京到北平，也往往隔天才到。自從有了無線電，起初由建設委員會主管[13]，因為比有線電特別迅速，原來交通部主管的有線電報局，才大起恐慌，對於機器和一切事務，才想到必須改良。現在無線電雖然也併歸交通部主管了，有線電報局，沒有

競爭的恐慌，然有線電報，得了無線電的補充，收發電訊，就不至像從前那樣擁擠。由南京到北平的新聞電，如果不是被所謂軍事機關檢查延擱，大約總很少當天不到的了。如果中國的航空。更能一天比一天發達，電報的傳送，如果不能比現在更迅速，那麼，飛機的效用，或許要代替了電報。一九一九，英國的北巖爵士（Northcliffe），他為提倡飛行，曾由《每日郵報》，懸賞十萬鎊，給與橫渡大西洋成功的飛行家。當阿可克（Sir John Alcock）飛行成功，領取獎金時，北巖在他給阿氏的一封慰勞書中，說：「飛機的發明，簡直給未來報紙，開闢了新的生命，假使那些專利的電報公司，不去趕快設法改良他們對於公眾的服務，那麼，我們今後是可以不去再求他們了。」我們中國的電報事業，是由政府獨佔，我們也願意用這同樣的語句，去警告他們。飛機和無線電，在中國繼續的發達下去，中國未來的報紙，對於消息的傳達，無疑的，自然也會更比現在迅速而詳確。

　　無線電、飛機繼續的進步、普遍，同時，電傳寫真，也當然包括在無線電範圍以內。我想，未來的報紙，外勤記者出動，一定每人可以攜帶一具無線電機，隨時隨地，都可拍發，就和現在帶照像機一樣的方便。運動大會的一切照片，可以將電傳寫真的器具，裝在汽車上，向報館立時放送。每一報館的採訪部，從前專備汽車，到那時或許要用飛機來作大部份的代替品。像這樣採集新聞的設備，在歐美，大約十年左右，就可做到，在中國，

[13] 國民政府交通部於 1924 年公布第一份關於無線電廣播的法令：《裝用無線電接收機暫行規則》，1928 年國民政府建設委員會設立「無線電管理處」，另外公布《廣播無線電台條例》。建設委員會是從無線電器材生產的角度管理無線電，與交通部的管理存在重疊而引發爭議，之後於 1929 年 8 月 1 日起，無線電事業統一交由交通部管理（謝鼎新，2007）。

三五十年內，也一定會有同樣的事實。

　　至於報館選擇新聞的標準，換言之，也就是讀者對於一切新聞趣味的傾向。據我的意見，現在的報紙，尤其中國的報紙，對於政治消息，和社會上盜劫，及變態戀愛，太注意了[14]。這種新聞，在將來，一定要漸漸退落到極不重要的地位。因為將來的人們，他的興趣，一定會向兩方面發展，一方面是科學的興趣，科學上，一個新的發明或發現，必能佔將來報紙最要最多的篇幅。一方面是藝術的興趣，人們要求精神上的慰藉，對於藝術一定會有特別的愛好。至於人們對政治盜劫戀愛等事件，決不會再像現在那樣津津樂道。我記得十幾年前，上海盜劫，綁票，不如現在流行，那時，一條強盜、綁票消息，總是看得很重要，登在本埠新聞第一條。及到如今，大家都司空見慣，除卻極特別的案件外，總登在新聞末尾，有時就來一個「盜案彙誌」，用極小字排印。固然，未來的三五十年，不見得還會像現在那樣盜賊載途，人慾橫行，假使還有，經過了這幾十年的經驗，也不至於認為有特別新奇可喜的價值。所以我對於第二問題的結論，是：

　　　　中國未來的報紙，他的言論，既然要受民眾的監督，

　　　那麼，他的言論方針，自然會專以民眾利益為前提。至新

---

[14] 林語堂（2008：147-148）曾對 1936 年 5 月 30 日的上海《申報》做過內容分析，該日出版 28 個版面中，廣告佔 18.25 版，新聞有 8 版，社論及其他有 1.75 版。8 個版面的新聞分散在 13 個版面上：頭版有 40% 的新聞；7-9 版為外國新聞（新聞實際約佔一個版面）；9-10 版為外埠消息；11-13 版本埠消息；14-15 為犯罪新聞與本埠消息無嚴格區分；16 版有 50% 的體育消息，30% 的教育新聞，17 版是唯一沒有廣告版面的商業新聞；19 版是婦女專刊，佔 75% 的版面；18 版是佔據 50% 版面的〈現代醫藥刊〉，但實際上是性病假藥的廣告；最後是 8 個版的本埠增刊，幾乎全是影院、妓院、歡場廣告，還有 75% 用以填充版面的特寫。

聞資源，隨著科學的進步，採集方面，當日趨敏捷。而報館對於新聞的選擇，科學消息，與藝術消息，一定將要佔據未來報紙中極重要的地位。現在報紙所注意的政治鬥爭，強盜，戀愛，都要漸漸不為讀者所重視了。

報館的組織，編輯，採訪，在最近三五十年中，他前途的展望，都已經預測過了。現在，講到最後的一項，就是關於報紙的發行問題。將來中國的報紙，應該用怎樣極敏捷的方法，將每日的報，分配於全國各地。使內地，或較僻偏地方，都有同時閱讀本國重要都會最著名報紙的機會。不過，在這個問題的討論下，我們先應該注意到中國報紙的篇幅和價目，因為這兩件事，於報紙的普遍，是有極大關係。假使這兩件事，不能有極合理的改正，發行的工具，縱極精利，也不足使中國報紙的銷數，能夠與歐美日銷幾百萬的報紙，達到同等的地位。

我們第一，先來看看中國報紙的篇幅，尤其是上海的報紙，是如何不經濟，不與報紙的環境相適合。就目前說，中國既沒有自設的造紙廠[15]，所有紙張，都是由外國購入，取價既高。同時中國又不是一個工商業發達的國家，廣告很少，來的廣告都不能付較高價錢。在這樣環境之下，怎樣可以像英美一樣，刊行極多的篇幅。世界的報紙，就篇幅多少來分析，也本可勉強用「英美派」「大陸派」兩個名目，來代表他們的差別。英美報紙，篇幅最多。英國如倫敦《泰晤士晨報》（*Morning Post*）、《每日電聞》（*Daily Telegraph*），他們大抵每天要刊行到三十二面，即八大張。美國如紐約《泰晤士》則又加倍，其星期增刊，更多至二三百頁，煌煌巨裝，等於一本專門書籍。英美報紙，所以如此，一方面，固由於工商業發達，廣告多而價昂，國內紙廠林立，紙價便宜，

另一方面，則由於傳統的讀報習慣。而大陸報紙，如法，如德，他們雖然並不是工商業不發達，也不是沒有紙廠，然而在習慣上，他們的報紙通常總不過兩三張，德國則大部份，更為小型的四開紙，和我們北平的一般晚報大小相似。日本報紙通常亦僅兩大張。在這兩種不同的派別中，中國的報紙，不幸竟走入了英美的一派。前幾年，上海《申》《新》兩報，有日出至七八大張者[16]。以報價與紙價比，每售報一份，當賠本到大洋一分左右，即以所收入之廣告費，與所需之紙張比，亦所獲甚微。故上海報紙，雖年有盈餘，然此種盈餘，實際上只是從極力減低同人的俸給，新聞費及一切事業費而來。一個在上海著名報館服務的編輯，普通常不過五六十元[17]。假使篇幅縮減，以所省下的錢，來作其他方面的擴充，上海報紙的地位，一定會比現在增高。以前因銷報愈多，虧本愈大，故辦報者不求多銷，往往外埠分館，因讀者增加，請求多寄，而報館拒絕，這實在是新聞事業中最奇特的現象。上海報所以不能有廣大銷路，此為最主要原因之一。前幾年，我在上

---

[15] 據周琇環（2008）的研究：「截至 1937 年，江浙閩贛皖各省仍以手工造紙為主，由於手工製紙品質不適宜新式印刷之用，造成進口紙張充斥，中國每年外國紙張的金額高達五、六千萬元。而機器造紙工業，至 1937 年雖已發展三十餘年，但進步遲緩，出品太少，不敷自給，社會上最需要的新聞紙，各造紙廠均無法製造，即使有出貨亦非精品。」1937 年，時任國民政府實業部部長的吳鼎昌（曾與張季鸞、胡政之三人合組新記公司經營天津《大公報》），規劃聯合上海報業及出版業，共同成立「中國造紙公司」，以因應新聞出版事業的用紙需求。4 月 26 日在上海召開發起人會議，會議決議改名為「溫溪造紙公司」，股本為 320 萬元，官股為 150 萬元，民股為 170 萬元，分別由上海《申報》、上海《新聞報》、天津《大公報》，以及四大出版機構：商務、中華、正中、世界書局，共同認購 100 萬元，其餘由銀行工商界分購。於 6 月 1 日在上海舉行創立會議，通過章程，並選舉商股董事九人及監事四人（官股董事八人，監事三人，由實業部指派）（黃天鵬，1952：142）。但吳鼎昌稍後因案去職，加上中日戰爭爆發而未開辦。

海，曾將縮減篇幅的利益和必要，同許多報界朋友談過，當初都不敢首先實行，恐怕損折了大報名譽，違背了讀報者的習慣，後來因為種種事實上的要求，尤其如最近滬戰期內，沒有法子，只好將篇幅縮減。在滬戰未發生前，上海報的篇幅，較從前平均已縮減三分之一。平津各報，篇幅向較上海為少，近更因紙價昂貴及廣告疲弱，均有縮減篇幅的傾向。依我推測，最近的將來，中國報紙，漸漸會要轉變同大陸派報紙一樣。篇幅平均，為兩大張，或四小張。字粒減小，廣告價目提高，一切新聞均用極經濟的縮編方法。如此，紙價可以減輕，多銷不致多虧，而報館亦得移其經費，增高同人待遇，並為一切事業及新聞方面的擴張。較之現在的報紙，每天幾個銅子一份的報費收進來，結果，是整批洋錢買紙，給日本人或西洋人送過去。其餘一切，都是減之又減，削

---

16 根據《上海新聞事業史料輯要》所載，1935 年《申報》與《新聞報》每日發行張數為五張半到十張不定。

17 王敏（2008：211）根據戈公振的《中國報學史》，將 1930 年代前後於上海從事新聞工作人員的收入整理為下表：

職位	月收入	職位	月收入
總經理（總主筆）	300 元左右	地方新聞編輯	80 元左右
總編輯（總主筆）	150-300 元	本埠編輯（城市編輯）	80 元左右
編輯長（理事編輯）	150 元左右	附張編輯	60 元左右
要聞編輯	80 元左右	駐京通訊員	100 元左右
特約通訊員	每篇 10 元左右	譯電	20 元左右
國內各要埠訪員	40 元左右	營業部門主任	100 元左右
特別訪員	40-60 元	廣告、發行等職員	30 元左右
普通訪員	10-30 元	印刷間領班	40 元左右
體育訪員	30 元左右	排字、鑄字、印刷工	10-20 元
翻譯	50-80 元	製銅板鋅版工人	30-40 元
校對	20 元左右		

無可削。報館的支出，紙費，幾乎要佔全部經費的二分之一。報館，簡直成了日本人或西洋人的進貢者。我們若涉想及此，我們將感到如何的慘痛和不安。

說到此處，或者有人要問，現在中國的報紙，廣告不發達，紙價太貴，都是一時的現象，你既然說的「中國報紙之將來」，則將來的三五十年中，難道中國還會像現今這樣的產業落後。如其不然，則現在報紙的篇幅，將來似乎並不一定要縮減。這種疑問，當然很有道理。不過，我所說的縮減篇幅，在目前，固然如前面所述的幾種原因。最近的將來，縮減篇幅，一方面固為解除那些廣告價低紙張價高的困難，但最重大根本的意義還不在此。因為除卻這些原因，廣告不發達紙價太貴以外，科學越發達人類越進化，「時間」在未來的世界，是比現在更要寶貴到幾千百倍。那時的人們，讀報的時間，在他的全部時間支配中，一定還要比現在特別的減少。現在的一份英國《泰晤士報》，若是從頭至尾，完全讀過，恐怕至少需要五六小時。就是我們貴國的《申》《新》兩報，甚至如篇幅較少的平津各報，如果要全部讀完，也總要兩小時。試問未來世界的人們，那有如此閒暇的工夫。並且這種縮減篇幅的趨勢，除卻大陸系的報紙，本來篇幅很少外，即在篇幅最多的英美系報紙近來也日漸顯著。就英國言，自從北巖爵士，創辦《每日郵報》，他毅然決然，打破英國人傳統的讀報習慣，不惜將風行一時三十二頁的泰晤士式，突然減到八頁至十二頁，就是二張到三張。而他的銷路，就竟至打破了世界上日報的新紀錄。後來畢維樓的《每日快報》（*Daily Express*），接踵而起，都得到同樣的成功。同時小型報紙（即我國所謂四開報），亦日漸發達，因為篇幅小，便於攜帶，且甚美觀，在公共汽車及旅行中，

均較大的報紙，容易閱讀。婦女界，尤其特別歡迎。據我的推測，即使在工商業最發達，產紙最多的國家，將來報紙的篇幅，也必然要日趨縮減。就數量言，由多而少，就體積言，由大而小，這是可以預斷的。不過新聞的選擇，也必要更趨謹嚴，一切力取「精編主義」，量減而質增。其實，像現在中國的報紙，日刊好幾大張的上海報，若將廣告價值提高，大廣告改小廣告，將那些不相干，無意義的新聞，瑣談，儘力刪減，那麼，有兩大張或四小張，也儘可使人滿足。有人說，上海報如果減成兩張，則廣告必無法容納，收入亦必大減，然則大陸系報紙，如法，德，日本，難道他們最大的報紙，每天兩張，所容納的廣告，所收入的廣告費，還不及我們貴國嗎？可見我所主張中國報紙的篇幅縮減，暫時的將來，是適應報紙的環境，即使這種環境改變，就科學發達，人類進化的前途看來，因為求讀報的時間經濟，報紙也不能不向縮小和精編的方面走去。

中國報紙的篇幅應該縮小，已如前述。第二，我們再來看看現在中國報紙的價目。一份日報，普通總要賣到大洋四分，以月計算，平均總是大洋一元。中國的大洋一元，合英鎊，才不過一個先令，一個先令只能買六天的《泰晤士報》，或十二天的《每日郵報》，照這樣推算，中國報紙，總算世界上最便宜的了。然而，這種推算事實上完全相反。因為拿中國的生活程度，與歐美比較，中國報紙，不但絕不是世界上最便宜的報，且是世界上最貴的報。何以呢？中國的一元錢，只能買六天的《泰晤士報》或十二天的《每日郵報》，誠然不錯，但我們要知道，一元錢與一個先令，在兩國一般的社會生活程度上，是怎樣的比例？我們假定，英國普通工人，每月可收入十鎊，十鎊是二百個先令。工人，大概沒有看像

《泰晤士》一類的兩辨士報，百分之九十九，總是《每日郵報》一類的一辨士報。那麼，看一個月，只需要兩個半先令。就他全體的生活費計算，看報，只消耗他所有收入二百分之二·五，就是百分之一略強。中國普通工人的收入是怎樣？一個從早到晚，像牛馬般勞動的工人，就北平來說，平均不過月入十二元，如果他們看一元錢一月的報，就要佔去它們全部收入十二分之一。不特一般工人看不起，就是每月收入二三十元的小學教員，要叫他提出全部收入二三十分之一，就是百分之三或四強來看報，恐怕也十分不易。他們這樣微薄的收入，先要吃飯，穿衣，住房子，上奉父母，下養妻子，試問那裏還有許多餘錢，再買報看？所以，中國的一塊大洋，匯兌價格上，固然只抵得英國的一個先令，但實際生活上，的確一塊大洋，要當二十個先令用。不但中國和英國報價的比較如此。法國的報紙，還更要便宜。一份日報，普通總是賣二十五個生丁，香水大王郭帝（Coty）主辦的《人民之友》（ *L'Ami Du People* ）最初還只賣十個生丁。就以普通報紙的二十五生丁計算，每月才合七個半法朗。法國工人平均的收入，假定每月為一千法朗，那麼，一份報，只耗去他全部收入的千分之七·五，連百分之一還不到。此外像德國，美國，都可以如此類推，現在因時間關係，也無庸去逐一列舉。總之，中國的報紙定價，就一般人民的負擔能力說，實在太貴。所以在歐美，我們可以隨時隨地，看見工人、老媽子，手拿著報紙，一面走，一面看。一個工人的家庭，當他太太上街買菜回來時，她的籃子裏，除卻麵包，小菜外，一定還附帶著一份當天出版的報。中國，則不僅工人沒有看報的福氣，即所謂知識階級的小學教員，如果要看一份報，也那樣很費氣力。大多數的平民，和一部份貧乏的知識階級，都不看報，然則報是給什麼人看的？我們辦

報，還有什麼意義？中國的報大部份一向只是給軍閥，官僚，資產階級，做起居注，做玩具，因為他的銷路，只限於這種極少數人。中國的報，不能風行全國，日銷幾百萬份，報價太貴，實在也是一個最主要的原因。

在報館方面，卻並不能因為價錢定得貴，就可賺錢。一塊錢一個月，實際上，不僅不能賺，篇幅多的報，反要大賠特賠。報館所以定價太貴的原因，就因為篇幅多，紙價昂。除卻上海報，還可以靠廣告收入來補救發行損失外，別地方的報，大概主要收入，專靠報費。大家想想，外國紙到中國，已經是貴不可擋，而報館一切支出，又更要指望在報費上收回。那麼，報價安得不昂？我們要想打破這種困難，我們一方面，固然要希望中國將來的工商業發達，廣告增多，一方面就只有努力縮減篇幅。我覺得北平所謂「小報」[18]，我們真有提倡的必要 。雖然大家在那裏鄙棄「小報」，但是若把他的短處，加以改革，在將來的中國新聞事業，「小報」一定要佔很重要的地位。因為他篇幅小，所以定價比一般所謂「大報」也者便宜，因定價便宜，所以士大夫不齒的引車賣漿之徒，也還可以勉強買得起。未來的真正民眾化的報紙，是要將這種「小報」『提倡』『改良』而發達起來。他現在所以不能十分發達，就因為他們的大部份，在『評論』，『新聞』，『印

---

[18] 日後成舍我（1953）於〈由小型報談到《立報》創刊〉一文中，對小報（Mosquito Paper，蚊子報）與小型報（Tabloid）的區別有更詳盡的說明。根據該文，中國小型報最早流行的地區是北京，民初的《群強報》日出四開一張，新聞多抄襲、剪貼自大報，但每則新聞經縮編為幾十字，最多不超過二、三百字，售價銅元一枚，銷售量超越當時的《順天時報》、《益世報》、《晨報》和《北京日報》等大報，每月營收最少可達兩千銀元。真正實行「大報小型化」的小型報，是 1928 年由管翼賢創辦的北平《實報》，打破抄襲大報新聞的小報慣例，一切新聞皆來自採訪所得，銷售量曾創造北平記錄。

刷』，和報館的『組織』一方面，都缺乏了近代報紙必具的條件。如果能夠使他充實而具備，更依著環境的需要，他的篇幅，可以比現在所謂的「大報」少，「小報」多，那麼，在形式上說，這簡直可算做我們理想中，中國未來的標準報。

固然，在這個「報價」討論之下，也許一樣的有人要說：未來的中國人，不見得還像現在那樣窮，一塊錢一個月的報，怎麼就看不起？不過我們要知道，假使中國人的生活程度，增高到和歐美一樣，那麼，中國的報價，也一定會跟著加漲。這兩年來，平津滬的報紙，不是已經過了幾度的漲價嗎？報價若跟著生活程度，為正比例的增加，將來中國報紙，還是要比歐美貴。並且，報紙的價錢，固然應該注意到一般社會的經濟狀況，然報紙是一種最重要的社會公器，他實在兼有公園，圖書館兩種不同的性質。一方面給人愉快，一方面給人知識。公園、圖書館，即在資本主義的國家，也多半一律公開，不收分文。那麼，報紙縱不能完全免費，也要收到可能的極少。歐美各國的一般社會，對於報費的負擔，未嘗不可比現在再行增加，他們並不是沒有這個經濟力量，然而歐美的報紙，自從《每日郵報》減價暢銷以後，近幾十年，生活程度提高，報價卻總是減低。英國的兩辨士報，漸漸要被一辨士報打倒。前年倫敦兩辨士報的《每日電聞》，遂不得不減成一辨士。據最近消息，赫立生（Lawrence Harrison）打算在倫敦辦一晚報，只收半辨士一份。他們之如此減低，固然目的在多銷，然而另一意義，也就因為報紙要民眾化，自不應該多收報費。他是社會上最重要的公器，他實在應該儘可能範圍以內，能像公園，圖書館一樣，給民眾以公開欣賞閱讀的機會。至於報價方面的損失，就中國言，在將來工商業發達以後，自可向廣告方面去取償。

篇幅既然縮小，就報館的經濟方面說，報價自可減低。這兩種現象，──篇幅多定價高──在中國未來的新聞事業中，如能有合理的改正，同時普及教育，能逐漸發達，那麼，中國的報紙，一定會蓬蓬勃勃，特別繁榮起來。一個全國著名的報紙，他的銷數，將來不僅可以同英國《每日郵報》相等，並且，拿中國人口土地做比例，中國報紙，還應該比《每日郵報》多銷好許多倍。在推行全國的時候，發行所需的唯一利器，就是飛機。飛機對於消息方面的貢獻，前面已經說過，但他對於發行方面的貢獻，更比消息重大。以如此疆域遼闊的中國，報紙發行，非倚賴飛機不可。所以，我們既已研究過篇幅縮小和價目減低兩大問題，現在所要研究的，就是怎樣來利用飛機，使我們的報紙，將來可以極迅速的，傳播於全國各地的讀者。

世界著名的報紙，現在雖還沒有利用飛機，來全部代替了火車，然遇有特殊機會，飛機運輸的功效就可馬上特別的顯著出來。一九二九，倫敦的《每日快報》（*Daily Express*），因欲在總選舉時機，特別表現他發行的神速。除專備三百輛汽車，向鐵路公司包定了六輛專車，供他運送報紙以外，還另備十架飛機，將他的報紙，隨時遍達於全國各地。因此，在此期間的《每日快報》，銷數特較他報增多。英記者赫而特（Harold Herd）說過，全世界的報館，到一九五〇年，大概不必再用火車送報了，這話自極有見地。至於世界報紙所以尚沒有儘量利用飛機送報的原故，第一，當然是飛機還沒像我們理想中那樣普遍，第二，因為還沒有極端普遍，飛機的安全和完善，也沒有達到我們理想的境地，所以飛機運輸的費用，比火車還要貴許多倍。而各國報紙篇幅，大部份仍極繁富，由飛機運送，需費太巨。第三，除卻美國以外，

在英法德各國，他本國的疆域，並不遼闊，都會的報紙，大抵幾小時火車，就可遍及全國，沒有十分即須改用飛機的必要。然而這三個原因，第一，第二，當然在最近的將來，就可不成問題，第三原因，在飛機尚沒有十分收功時，雖然覺到幾小時相差，尚不怎樣極端重大，然若飛機十分普遍了，且彼時人類重視時間必千百倍於現在，則幾小時相差，自會感到萬難忍受。赫而特所說一九五〇年後，不再用火車送報，當然事有必至，理有固然。

中國未來的新聞事業，在發行方面，需要飛機[19]，就疆域遼闊言，實在比較世界任何國家，還要迫切，重要。現在的中國，一份北平的報紙，不僅運到新疆、青海、西藏，要在兩三個月以上，就是到河北不通火車的各縣，也有需要到十天半月，才能達到的。在這樣運輸不便之下，中國報紙，即使其餘的各種缺陷，都能補救，也無法望其發達。所以中國的報紙，就他銷行的性質說；大都是地方報，不是國家報。「國家報」這個名詞，不是指由國家辦的機關報，是指一個可以推行全國偉大的報紙。地方報的銷行，是限於報館所在的一個區域，不像國家報，能遍及全國各省市縣鎮，甚至一鄉一村都有他的蹤跡。上海報雖在外埠推銷，

---

[19] 據袁昶超（1957：55）《中國報業小史》所載：1928 年 12 月 4 日廣州號由天津飛返上海的時候，帶來上海《新聞報》駐津記者一封航空通訊稿，報導該機抵達天津時的情形。這一篇稿便立即刊載於次日的《新聞報》，比諸普通由鐵路傳遞的新聞稿快了兩三天，可以說是中國最早的航空通訊。次年（1929）中國開始有民用航空的組織，成立中國航空公司。航線所經的地方，便可以經常利用航空通訊。至於國際無線電報和無線電傳真電報的應用，也是由 1929 年開始。當時國民政府在上海設置國際無線電台，1 月 14 日起與世界各大都市通報，對於傳遞國際新聞甚感便利，不過國內報社收發國外電訊者甚少。同年（1929）5 月 28 日，南京和上海兩電報局初次拍發無線電傳真電報，將交通部王伯群的筆跡拍發至滬，翌日便刊載於上海的報紙。但傳真電報收費頗昂，我國報業甚少利用。

但成績很小。我覺得地大物博的中國，應該可以產生十個二十個設備最完全的國家報，每報以每四百人購讀一份計[20]，就可以銷到四百萬份。像這樣四百萬份的國家報，在教育普及，工商業發達以後，一定可以許多家，同時並存。有人說，一個都會中的大報，如果要向外埠去推銷，無論他消息如何豐富，分配如何神速，他總不能敵那各當地所有的地方報，能夠使當地讀者滿意。因為都會中的大報，消息縱豐富，總不能將全國各省區，商埠，以至一縣一鎮的一切消息，都刊載在他報上。分配縱神速，也很難比當地出版的報紙，能夠在晨光熹微中，就送到讀者的面前。歐美的都會大報，有特製的地方版，專在某一地方發行，但這種地方版，消息由當地達到總館，總館編輯刊印以後再送到當地。無論如何，總還比當地地方報落後。所以歐美的都會報，也就是我前面所說的國家報，還不能儘量向外埠暢銷。歐美尚且如此，中國

---

[20] 1935 年出版的 *Newspaper Direction of China*，對當時中國報紙的流通做過如下統計（林語堂，2008：153）：

地區	售出報紙	人口（百萬）	每萬人流通報紙	地區	售出報紙	人口（百萬）	每萬人流通報紙
安徽	23,532	19.832	11	廣西	14,100	12.258	11
浙江	103,242	22.043	46	廣東	260,800	37.167	70
大連	120,050	.300	4000	貴州	3,400	11.114	3
福建	50,395	13.157	45	澳門	11,200	.078	140
河南	36,120	30.831	11	滿州	118,100	20.000	95
香港	276,700	.513	5393	山西	23,100	11.030	20
河北	520,400	34.186	152	山東	122,500	30.803	39
湖南	52,300	28.443	18	陝西	27,700	9.465	29
湖北	114,600	27.167	41	綏遠	5,600	11.900	29
甘肅	2,945	5.927	4	四川	97,700	49.782	19
江西	37,000	24.466	15	雲南	82,200	9.839	84
江蘇	1,139,080	33.786	337	共計	3,242,764	434.987	70

的國家報，當然更難達到普及全國的目的，這種說法的確很有道理。不過，我們正可另想辦法，戰勝這種困難。據我的理想，未來的中國國家報，譬如就北平說，北平的一個大報，他總館設在北平，他可以就他經濟能力所許可的範圍內，去儘量普設分館於他所要推銷的全國各省市縣鎮。這種分館，當然不能像現在上海報的外埠分館一樣，只是一個報紙的批發所。未來國家報的分館，他應該等於一個地方報。他一切組織是比總館具體而微，他有發行，廣告，編輯，採訪，印刷各部的組織。但他每天只刊行一小張，專載本埠新聞，他的內容，應該比當地最好的報紙更豐富，精美。每一分館，均有自用無線電，可隨時與總館及其他分館，互通消息。每一地方，有特別重大事件發生，可立時報告總館及其他分館。總館如遇有關係全世界，全國之重大事件，亦得隨時通知各分館，俾得刊發號外。每晨，由總館，將應運往外埠之報，提前用飛機分別送達，如果航程僅在一小時，或最多二小時以內者，每一外埠之分館，可俟總館報到，以總館出版者為正張，分館出版之本埠消息為附張，一併分配於閱者。如此，則屬於全世界及與全國有關之事件，各地方重大事件，正張已全部包容。而屬於每一地方之事件，則附張可詳載無遺。都會報與地方報之長，可冶於一爐。都會報之短，為不能詳載地方消息，地方報之短，為不能有巨大資力，可以供給地方讀者以最靈捷詳盡之世界全國的重要消息。有此辦法，兩種報之缺陷，即均可彌補。而因各分館均有採訪部，及專用電報之設置，可隨時將當地發生之特殊事件，報告總館，則在都會之總館，其消息自更較其他在都會報館，僅僅任一二訪員，在外埠探訪消息者，特別可靠。照此辦法，無論在外埠，在本埠，此報必可使讀者滿意，殆無疑義，比如北平

有這樣組織的一個報，他每晨六時，可以將他總館所出的正張，連同當地出版的附張，用飛機運送，使在天津，濟南，保定，鄭州，開封，察哈爾，綏遠，以及其他各地的讀者，於每晨七八時前，完全接到，這個報的銷路，又怎能不增高到幾百萬份呢？而每一地方的分館，還可以吸收當地的廣告，性質限於當地者，可以在本埠版刊登，須向全國宣傳者，可以經手介紹於總館，如此，廣告方面的收入，一定也非常可驚。在經濟上，也不愁不能發展。紐約的一種週報叫禮拜六晚報（Saturday Evening），他能同時在倫敦，紐約，巴黎，用同一的版子，刊印發行。這已經使現在的新聞界，驚為異舉，如果我們能夠有這樣的報紙出現，那麼，怎能不算世界上最偉大報紙之一？

　　中國報紙的將來，所有三個重大問題，組織，編輯，發行，都已經分別講完，現在，我應該將這個講題，來宣告結束了。至於新聞事業中，還有一個重要問題——廣告。我覺得這個問題，在未來新聞事業中，除卻技術方面外，比現在，不會有極大的變遷。所以我不在這個短促時間再來詳細解說。總括我以前所說，對於中國報紙的將來，我的意見，是：

　　　　中國報紙，依著科學和機械的進步，在未來的三五十
　　年中，一定有很大的變遷。最顯著的，就是飛機，無線電，
　　電傳寫真，這幾樣東西，將成為未來新聞事業中最重要的
　　工具。又因為資本主義的沒落，現今的社會經濟生活，將
　　根本動搖。私人包辦下之報紙「資本」「商業」化，也一
　　定不能再延長他的運命。凡此，皆全世界潮流所趨，中國
　　當然也不能例外。我們推測中國報紙的將來，在組織方
　　面，資本與言論必須分開。在編輯方面，言論方針，應該

受社會和讀者的控制、指導，專以擁護民眾利益為依歸。至新聞採集，可儘量利用最新的工具。而未來讀者對於新聞趣味的變換，一定將由政治鬥爭，要人行動，盜劫，戀愛等，而注意於科學的發明，和藝術的愛好。在發行方面，一定會縮減篇幅，減低報價。銷路最多的報紙，必定由總館用飛機分佈於全國，在全國各地廣設分館，就當地刊行地方版，與總館所刊行者，合併發行。組織，編輯，發行能照這樣創設，改革，就全體說，這就是我理想中，中國未來的新聞事業。就個別說，也就是我理想中，中國未來的模範報。

我所說的這許多話，並不是全憑玄想。他雖然尚有三五十年的時間，然而「將來」兩字的意義，儘可從明天起，也可說從現在說完了這句話就開始計算，從明天到第五十年的末了一天，都是我所指的將來。所以，我們有志於新聞事業的，馬上就應該開始努力去創造，或改革中國的新聞事業。並且中國新聞事業的將來，也就是世界新聞事業的將來。在三五十年以後，或許因為科學和人類知識道德的進步，人類社會中，真會有一個大同世界出現。那時的報紙，他的銷路或許不像現在，甚至不像三五十年內的將來，那樣的範圍只限於一國了，或許那時真有一個普及世界的報紙。現在我們只想在三五十年內，中國都會中的著名大報，能同時遍佈於全國各省市縣鎮，或許三五十年後，一個世界的著名大報，能同時遍佈於世界各國。普天之下，莫非此世界報足跡所及。或許那時不用紙印刷，只須報館在世界上選擇一個最中心的地方，裝設一最大的電傳寫真器（television）。由此中心地方，隨時將所有評論，新聞，文藝電傳於全世界的閱戶。在每一

閉戶的客廳，書房或飯廳內，大家張著銀幕，就可以隨時坐著，很安閒的去讀他所要讀的報，這是如何神奇的現象。那麼我今天所說的那些「組織」，「編輯」，「發行」，此時或許有人要笑我拉雜，無稽，在那世界報出現的時候，或許又要笑我這些話，太腐敗太落伍了。

過去世界一百年的進化，比一千年還快，那麼，則未來世界，十年，百年的進化，當然比最近的一百年更快。我們不要以為這些話，同現在事實，相差很遠，就以為太離奇。我記得民國四年，有一個美國人到上海演習飛機，在江灣賣票，去看的，要五塊錢一張，這樣貴的票價，去看的人，還擠得水洩不通。那時，誰能想到十幾年後，飛機在屋上飛過，連三歲小孩子都司空見慣，覺得沒有什麼驚異的價值。更不會有人拿五塊錢，買一張票去看。那麼，以現在的飛機、無線電、電傳寫真進步的趨勢，在未來三五十年中，又安知不能如我所說的那樣普遍，來做創設未來新聞事業最重要的利器。

諸位，或者已經是新聞界的老同志，或者正準備着要走進新聞界的領土。大家對於未來的中國新聞事業，都肩負著最重大的責任。現在只有禱祝各位的努力，和成功。

話說得太多了，耽誤了各位許多最寶貴的光陰。起初說過，我這個廚子，今天是只會做一樣「大雜會」，這個「雜會」如果不中吃，還要請求各位顧客們特別特別的原諒。

　　【講者附誌】這個題目，因為講演時間，只一小時，所以有許多地方，在當時不能說得太詳細。蒙榮、于兩先生記錄以後，由我親自校閱，並將原來簡略的處所，加以補充。

整理完成，全稿已將近兩萬言。榮、于兩先生記此長稿，熱忱盛意，至可感佩，特借此餘白，向兩位先生表示無限的謝意。

如何使報紙向民間去

成舍我

原載：1933 年 4 月 11、12 日，北平《世界日報》，〈教育界〉
　　　1933 年 4 月 15、16 日，南京《民生報》，〈教育新聞〉

北平新聞專科學校，係由北平《世界日報》，及南京《民生報》，捐款創辦。分初級職業班，高級職業班，本科三班。目的在訓練手腦並用之新聞人才，不收學費，畢業後，願在兩報服務者，可由學校分別指派。前該校招收初級職業班，額定四十名，而投考者竟達四百三十八名，可見一般青年對於新聞事業及該校之熱望。現已於本月八日上午九時，在北平成方街本校，舉行開學典禮。由校長成舍我致詞，來賓北京大學校長蔣夢麟，北平大學校長徐誦明，中法大學校長李麟玉，北大教授劉半農，市黨委陳石泉，《實報》社社長管翼賢等均有演說。彼等於中國新聞事業及新聞教育，均有相當見解。其演詞，由該校原景信君紀錄，茲依次分誌如左（本篇乃成君所講）：

今天是新聞專科學校開學的頭一天，也就是我們試驗我們的理想——改革中國新聞事業——的開始，假使我們的理想幸而不十分錯誤，我們將來對於中國新聞事業或許有點供獻，那麼，今天或許是我們最可紀念的一天，也未可知。辱蒙教育界，新聞界的先進，和黨部陳委員光臨指導，覺得非常的感激，非常的榮幸。

北平新專招生廣告，《世界日報》1933 年 2 月 3 日 1 版

我們願藉這個機會，將我們對於這個學校組織的動機、籌備經過和將來計劃，向諸位作一個簡單的報告。

我們組織這個學校的動機，是認為眼前的中國報紙，有兩件急當注意的事：（一）現在國內的報紙，大半可以說，只是特殊階級的讀物，而不是勞動大眾的讀物。我們可以從兩方面來看：每一報紙，他所記載的消息，大都偏於政治方面。把要人的來去，宦海的升沉，特別注意。都用很多的篇幅，很重要的地位去登載。至於社會上許多嚴重的事件，反而多被忽略。我深刻的記得，幾年前，在上海一家報紙的本埠新聞上，一天，將一個要人開的園

遊會，登在第一條，佔去很大的地位。甚至來賓中一位太太的鑽石項圈，也不惜用數百字來描寫他如何華貴，令人羨慕。但在同日同欄的的末尾，有段大學畢業生投黃浦江自殺的消息，這個自殺者，從大學畢業以後，謀一點小事都得不到，後來做了一個小學教員，小學卻因為經濟困難不能發薪，他沒法維持生活，就把自己的妻子和女兒都送入妓館裏去做妓女，後來他的妻子因羞憤自殺了，女兒也跟人跑掉了，小學校到底因不能維持，至於關門，他完全失業，結果，只好帶著一個三歲的小孩子，同投黃浦江自殺。這是多麼悲慘而複雜的社會問題？可是反而被列入在幾個自殺消息的內面，標了一個「自殺消息一束」的題目，用六號字排在小角落裏。試問這兩條新聞，影響於社會生活的，那個輕？那個重？而報紙的眼光，卻將他這樣的倒置起來。這種現象，不僅一家報紙如此，一般報紙均很少避免。所以只有少數與政治有關係的人，才去讀報，大多數的農人，工人，商人，則以為這種報紙，不過是些升官圖，起居注，和特殊階級的消遣品，與大眾不發生關係，沒有讀的必要。再就報紙的定價來說：像北平，天津，上海的各大報，每月每份售價都在一元以上，而一般的勞動階級的收入普通每月總只有十元上下。如果訂一份報，就差不多要佔去他生活費的十分之一；他們如果家裏再有父母妻子，十元錢維持衣食住都不夠，那裏還有力量去買報看？不但勞苦的農工看不起報，就是收入稍豐，普遍的小學教員，也看不起。但在歐美，看一份報不過佔每個人收入千分之一。譬如英國的一般日報，每天只賣一個辨士，英國普通工人的收入，每天平均總有一百個辨士（以每月收入十鎊計），法國的報，每份只售二十五個生丁，而普通工人的收入，平均每天總有三千多生丁（以每月收入一千

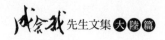

北平新專複試名單，《世界日報》1933 年 2 月 28 日 1 版

法朗計）。所以歐美的人都喜歡看報。在外國，早晨起來，看見街上買菜的主婦，袋子裏除下小菜，麵包，總還有一份報紙。可見歐美的報紙是人人可以看得起，那才是真正給大眾看的報紙。中國的報紙定價，為什麼這樣昂貴，一方面固然是因為廣告不發達，另一方面也是因為報紙本身篇幅太多，不知道減輕成本，低價推銷。報紙的內容既不是大眾所需要讀的，報紙的定價，又不是一般勞苦大眾所讀得起。中國報紙不能發達，這兩點實在是最主要的原因。所以中國辦報數十年，到現在他的讀者，還只是限於極少數的政治人物，和所謂知識份子，不能伸張到民間去。中國糟到現在這種地步，就是大多數國民，根本上不知道國家是個什麼東西，國難這樣的嚴重，國家快要亡了，他們還不知道。甚至他們將中國、「滿洲國」、日本看做沒有什麼分別，做那一個國家底下的國民，於他們本身，都沒有什麼了不起。他們所以愚昧，閉塞到如此田地，就多半是因為向來不去讀報的緣故。就這一點說，我們新聞界，實在應該負重大責任。因為我們的報紙從來不注意向多數國民動員，使他們了解民族意義，個人和國家的關係，及中國現今的危迫，致他們始終坐在漆黑的暗室，不知道屋外大勢。自從九一八事件發生以來，我們更深切的感到，有急起直追轉變我們的目標必要。內容應由政治轉到廣義的社會，讀者應由少數特殊階級，轉到全國

勞動大眾。就是要將向來被視為特殊階級的讀物，變成大眾的讀物。使全國士農工商，都能看報，用報紙來喚起全國民眾，共赴國難，抵禦外侮。這是中國報紙應該改革的第一點。（二）中國報紙，在商業不發達的地方，雖然還埋沒在手工業時代的狀況，而在通商大埠，則漸次已有資本化的傾向。辦報的老闆，可以與報紙工作不發生關係，只要拿出了資本，終年不入報館大門，也可以坐分紅利幾十萬元。勞資的對立，日趨尖銳，就在同一的報館內，腦力勞動者，與體力勞動者中間，也很容易發生衝突。編輯部和印刷部，總難合作。凡是從事過新聞事業的人，恐怕都感到過這種痛苦。這是未來中國新聞事業的一大危機，我們要預防這種危機，就應該設法使一個報館，成一個合作的集團，由排字工人，至社長止，都要忠誠合作，全成報紙的主人，不但要消滅資本勞動兩階級的對立，並且要鎔和勞心勞力，使他們平等的同為一個報館生產者，只應從他們勞動的時間和效率，去區別他們的報酬，而不應該從勞心勞力上有所歧視。這是中國新聞事業應該注意改革的第二點。

　　我們懷抱這兩種觀念，就想來創辦一個理想的報紙，來實現我們的理想。原來我們的計劃，是想就我們已有的報紙改良，照我們理想的辦法去作，後來經過慎密的考慮，覺著要實驗我們的理想。非有根本徹底的辦法不可。而人才的準備，尤有必要。最好先辦一新聞學校，一方面訓練未來的人才，一方面在學校裏可以創辦一個民眾化的報紙。從事這個報紙工作的人，像經理，編輯，外勤記者，印刷工人，會計，發行，廣告等等均可由學生自己來充任。由一個學校，來實現我們上述的兩種改革的理想。這就是我們創辦這個新聞專科學校的由來。

其實，這兩種理想，我們懷抱已經很久 [1]。前幾年，國立北平大學，曾請我主辦一個新聞專修科，後來又決在法學院內，開辦一個新聞學系 [2]。本來均可以試驗我這種理想。但是我仔細考量結果，覺得就現在教育界情形，要想在一個國立大學裏面，試驗我們的理想，必然困難太多。當時又恰巧因事出國，平大這個計劃我只好中途辭謝，沒有進行。我後來更感覺到要根據我們的理想，訓練完全手腦並用，吃苦耐勞的新聞人才，應當由下往上逐步的徹底的作去。辦大學新聞系，招大學程度的學生來訓練，不從根本着手將來也恐怕難見成效。所以回國以後，決定以私人能力，來創辦一個以合乎實用，循序漸進為目的的新聞專科學校。經過相當期間的籌劃，到今年二月正式招生。我們將這個學校，分為初級職業，高級職業，本科三班。現在開辦的是初級職業班，以後兩班，當陸續開辦。初級職業班，學額本只限四十名，當時應考的竟達四百多人，超過名額十倍以上，可見一般青年對新聞事業，大概很感興趣。今天這初級職業班，已正式開學。初級職業班，是打算造成一班新聞事業中的基本社員，就是一個報館內最重要也最神聖的印刷工人。以一半時間實地練習排字，鑄字，製版，機器等工作，以一半時間講授中國文，外國文，自然科學大綱，社會科學大綱，新聞學等。務使在二年內，技術和知識同時並進。畢業後願作事的當然可以作事。其環境好，不願即刻做事，

---

[1] 在創辦北平新聞專科學校前，1926 年 10 月 4 日的北平《世界日報》第 3 版，曾以專件方式刊登〈世界報社附設報童工讀學校章程〉。說明將招收 10 歲以上，16 歲以下的男童入學，預計成立二十所報童工讀學校。詳細內容請參考本文集附錄〈報童工讀學校章程〉。

[2] 據賀逸文、夏芳雅、左笑鴻（1982：74）所撰之〈北平《世界日報》史稿〉記載，1930 年 3 月北平大學法學院計畫成立新聞學系，聘成舍我為教授兼主任，但成舍我未到職。1931 年 1 月 25 日，於旅歐期間自德國柏林寫信辭職。

還願意深造的，則可以升入高級職業班。高級職業班，是以訓練外勤記者、助理編輯，及事務方面、發行廣告、會計等職員為目的。一面有實習工作，一面以有學科講授。畢業以後，願作事的作事，願再深造，可以入本科。本科的目的，則在造就主筆，總編輯及事業方面的指導人才。他的課程，則專注意於法律，政治，經濟和若干主要的社會科學，其程度，將與一個完全的

北平新專錄取名單，《世界日報》1933 年3 月9 日1 版

法科大學相當。這三班的畢業期限，都是兩年。假使一個人能從初級職業班，進到本科畢業。那麼，他的能力，一方面可以做社長，當主筆，一方面也可以排字，管帳。這樣，才可以算一個完全的新聞記者，而腦力勞動和筋肉勞動，也就可以合而為一了。

我們創辦這個學校的計劃，大略如上所說。我們將來還想在這個學校內，附辦一個理想的報紙。一方面給未畢業的學生做實習，一方面就讓畢業的學生去工作。報館內全部的職務都由本校未畢業或已畢業的學生去做。由印刷到編輯，都由學生擔任。照著我們改良中國新聞事業的理想，這個報，一方面要注意到大眾，同時要把這個報作為全體社員所公有。我們的學校，是一個工廠，同時又是一個報館，希望將來凡在本校畢業的，能做一個用腦的新聞記者，同時也能做一個用手的排字工人。各位同學畢業以後，除由本校指派工作外，也可以自由分散到各報館去服務。世界上任何事情，都是新陳代謝，在座的諸位同學，雖然都還很年青，

將來長大了都可以成一個完全手腦並用的新聞記者，或新聞事業的支配者。我們的事業將來就會要讓給你們去作。所以各位的希望和責任，都是重大而無窮的。不過現今我們辦學的能力有限，設備也很簡單，好在無論任何事，只要努力作，一定總會有相當成功。雖然我們的設備很簡陋，基礎可以說一點沒有，房子是租的，經費差不多全由我個人，和北平《世界日、晚報》南京《民生報》捐助，工廠裏的東西，也是《世界日報》捐來的。但是實際上，我們還是有很偉大的基礎，在那裏等著，這個偉大基礎，就是我們全體努力的精神。只要同學和各位教職員，都來共同努力，將來新聞專科學校一定可以成一個完全的學校，一天天的發展起來，或者能造起一個十層樓八層樓的工廠化的學校也未可知。不然，大家因循敷衍，辦事的混飯吃，當學生的混文憑——其實這個學校的畢業文憑，並不能當衣食飯碗——那麼，就馬上有八層十層的洋房，也一點沒有用處。再就我們以往的經驗，覺得一種事業，起初都應從小處作起。從小處作起一天一天進步，根基才能穩固。剛才管翼賢先生進來問在座的一位小同學，進這個學校，希望來做什麼，他說想作《世界日報》的社長。《世界日報》社長，並沒有什麼可羨慕，但是你們的心目中，一定覺得這個報館，現已有相當基礎，不過，你若在十年以前，《世界日報》剛剛創辦，房子還沒有現在這個學校好，最初的資本才幾百塊錢。在那時，你一定不會說想做這個報館的社長，現在的基礎，是許多同事，用十年的腦汁和血汗換來的，不僅一個小小的《世界日報》如此，世界知名的《泰晤士報》，它在一七八五出版時，不過是一張八開大小的小報，和現在《世界晚報》一樣大小。經過了約翰霍特（John Walter）父子幾代的努力，才得到現在地位。

可見大的成就，必先從小的基礎，一點一點的做起。我生平做事，始終抱此方針。我所以不去辦一個大學中的新聞學系，而願意先來訓練你們幾十個小朋友，也就是這個意思。若拿現在的新聞專科學校和十年前《世界日報》來比，新聞專科學校，可以說現在的規模還比《世界日報》好得多。所以新聞專科學校將來的發展，實是不可限量。希望各位同學和我們同人都要互相努力，共圖發展。將來學校一天一天擴大，畢業的人一天一天加多，那麼，我們改革中國新聞事業的理想，「報紙要向民間去」和「工作者有其報」，就自然可以慢慢的實現起來。我們的實習工廠，張貼了一塊橫楣，和兩句對聯，那橫楣說「手腦並用」，對聯說「莫刮他人指責，要滿自身血汗。」這幾句話雖是偶然湊成，但各位若仔細體會，也就是本校真正的精神所在。

今天承各位來賓，教育界，新聞界先進，和黨部陳委員，光臨指導，不勝感激，惟倉促成立，設備簡陋，將來尚賴各方面多加援助。至招待未週的地方，更要請各位多多原諒。我昨天才由南京趕回，這裏一切都由吳範寰先生和虞建中先生主持籌備，我對他們兩位的幫助，應特別表示感謝。現在我們準備敬聆各位新聞界教育界先進，和黨部陳委員的教訓，請各位不要嫌棄我們是小學生，而有所吝教！

我們的兩個目的

舍我

原載：1933 年 12 月 14 日，北平《世界日報》，〈新聞學週刊〉第 13 版

　　我們這個小小的刊物，——新聞學週刊 [1]——在很匆忙中，今天來和我們的讀者相見。以我們知識能力的淺薄，和籌備時期的短促，當然這個刊物，不足以饜滿讀者的期望。但我們自信，從今天起，決將藉著這小小的刊物，來努力促進我們所懷抱的兩種目的。這個刊物創辦的旨趣，也即在此。

　　第一，我們認定，新時代的報紙，不但一派一系的代言性質，將成過去，即資本主義下，專以營利為本位的報紙，亦必不能再為大眾所容許。新時代的報紙，他的基礎，應完全真確，建築於大眾「公共福祉」的上面。新聞記者，雖然不是真接受了大眾的委任，但他的心中，應時時刻刻，將自己當作一個大眾的公僕。不要再傲慢驕縱，誤解「無冕帝王」的意義。他只知有大眾的利益，不知有某派、某系或某一階級的利益，更不知有所謂個人政治或營業的利益。所以報紙上的言論，記載，一字，一句，均應以增進「公共福祉」為出發點。他並當時時刻刻，了解報紙對於大眾利益影響之重大。一篇不純正的批評，一條不真確的消息，他的貽害社會，就數量言，可以有無量數的男女讀眾，就時間言，可以延長至幾十百年以後。至於關係個人私德的事，尤當

---

[1]《世界日報》〈新聞學週刊〉，起自 1933 年 12 月 14 日至 1937 年 6 月 24 日，共出版 180 期，多數刊登於《世界日報》第 13、14 版。

〈新聞學週刊〉創刊號，《世界日報》1933 年 12 月 14
日 13 版

謹慎，稍一疏忽，小之可使當事者飲恨終身，大之可迫其羞愧自戕。編輯室中的每一編輯，在揮舞他自己的工具——筆——的時候，當設想，在這個工具的下面，有整個民族的命運，待他決定，有無數個人的生死禍福，聽其轉移。因為如此，所以我們這個刊物第一目的，即在如何聯合我們的報業同伴，來努力於新時代報業的樹立。以「擁護公眾利益」為我們的職責，打倒那些漠視公眾利益，輕率狂悖，對社會不負責任的傳統謬見。

　　第二，我們認定，新時代的報紙，既然是建築於「大眾利益」的基礎上面，那麼，報紙是擁護大眾利益的，報紙的本身，又靠誰來擁護？現在的報紙，尤其中國現在的報紙，他的環境，實比任何國家為惡劣。報館的生命，和新聞記者的生命，都是毫無保障[2]。封閉報館，槍斃記者，已成了中國時代巨魔，所施於報業者的家常便飯。至於言論的多方束縛，新聞的百般封鎖，更天羅地網，隨處皆是。若是報館或記者，與當代巨魔的衝突，他們是發動於私的原因，全國大眾，袖手旁觀，尚有可說，不然，他們既真為大眾利益奮鬥而被犧牲，則全國大眾當然即應有羣起抗爭的義務。只有全國報紙，與全國大眾，打成一片，通力合作，才可

---

[2] 1934 年華北地區就有 110 家各種類型的報刊被暫時停刊或完全查禁（林語堂，2008：179）。

以小之增進社會的福祉，大之完成民族的復興。否則全國大眾，與全國報紙，各行其是。時代巨魔，一方面既可以儘量摧毀全國報紙的生命，他方面即亦可儘量剝削全國大眾的利益。其勢非同歸於盡不止。抑更就報紙之經濟關係言，今後報紙，既將自機關報紙，及資本主義下的營業報紙，蛻變為新時代真正代表大眾利益的報紙，則其經濟生命，當然亦惟有賴於大眾之購讀，與各種公告費用之收入。因為如此，所以我們這個刊物的第二目的，即在喚起大眾，如何對於一切報紙，能有精確的認識。誰真能擁護大眾利益，即誰應受大眾所擁護。惟大眾能制裁不良之報紙，亦惟大眾之真誠擁護，始能產生真正擁護大眾利益之報紙。欺騙大眾，愚弄大眾者，固當為大眾所共棄，而擁護大眾利益者，大眾亦不能聽其任人摧殘，然後新時代報紙，才有確實建立的可能。

現在全世界報紙，普遍的，被壓迫屈服於許多時代巨魔——資本主義和獨裁政治——的淫威下，真正代表大眾利益的報紙，既百不獲一，而因大眾和報紙，不能密切結合，以致有志於擁護大眾利益之報紙，亦無法產生，即產生，亦決難久存。此種現象在中國尤為顯著。這是全世界報業走進新時代的嚴重障礙，也就是全世界人們爭自由光明的成敗關鍵。所以我們願意，一方面誠懇的要求一切有致樹立新時代報業的同志，設法喚起報業本身的自覺，不要再以擁護一部份或個人的利益為目的，而要以擁護大眾的利益為目的。一方面誠懇的要求，有志爭取自由、光明的人們，對於一切報紙，應具有真確的認識。凡真能擁護大眾利益的報紙，則大眾即當予以熱烈的擁護。這就是我們的兩大目的，也就是我們創辦這個小小刊物的宗旨所在。

我們服務於現存制度下之報紙機構，多者十數年，少亦五六

年。在這新舊時代交替的期間，我們縱然有時，博得大眾的喝采，但我們不能否認，我們所經營的報紙，他的言論、記載，沒有達到我們最高的期望。現在腐惡勢力，如此瀰漫，外患內憂，如此切迫，我們做新聞記者的，實在不能不承認，負有造成這種形勢的一部份責任。但同時，就民眾一方面說，過去所以不能樹立此種擁護大眾利益之良好報紙，大眾不能予此種報紙以有力擁護，固實為最大原因。封閉的儘管封閉，槍殺的儘管槍殺，有誰對那些為大眾利益而奮鬥犧牲的報業先進，予以有效援助。不過這都只是過去的追悔，我們今後，只有努力融合報紙和大眾的勢力，來造成新時代的報紙，造成整個的新時代。

續報學瑣談：
報紙其「神龍」乎

舍我

原載：1933 年 12 月 28 日，北平《世界日報》，〈新聞學週刊〉，第 13 版

兩年前，偶為〈世界日報副刊〉，日撰〈報學瑣談〉數則，以補餘白，無何南行，此事遂廢。今〈新聞學週刊〉編者，以撰稿鑑屬，因踵前例，續有記述。溲勃雜揉，自知固無當於宏達也。

報紙雖然不是一部嚴格的歷史，但無疑的，現代最大部分的史料，要從報紙中去尋覓。除誇大，誤傳是報紙的通病，使尋覓史料者，在選擇上，極感苦痛外，而報紙記載之缺乏連續性，實亦現代報紙最普遍的一重大缺陷。往往今日用大號題目登載之新聞，此事發展或其結果如何，在明日報端，竟可一字不見。譬如說：某人被刺，此在報紙，通例應為一可注意之新聞。當其被刺之日，報館類多專派記者，親往調查。並攝影製版，於出事情形，被刺人物及未獲兇手之推測，與刺殺原因之擬議，聯篇累幅，刻劃盡致。但一至次日，則此被刺者生死如何？兇手曾否就獲？等等重要關鍵，在此同一之報紙中，竟或不再提及。彷彿此一凶案，已成過去，無再行記載之價值。實則讀者所最需要之消息，即在此等重要關鍵。若報紙截然而止，其足使讀者失望，自不待言。此種缺乏連續性之弊害，最足引起讀者對報紙之不滿。國內報紙，

犯此種通病者，逐目皆是。屬於政治新聞者，固有時為政治的原因，被檢查刪扣，以致無法維持某一新聞之連續性。如最近閩浙形勢緊張[1]，報端所載某要人行蹤，每有中隔數日，不及一字者，致忽浙忽贛，讀者莫明其妙。此其責當然不在報館。但普通政治新聞，及一般社會新聞，亦類多同樣情形。尤可怪者，即通常之法庭旁聽記，於某一案件，在其開庭審問時，案情經過，及當事人供詞，均不惜詳盡記載。然法庭最後之判決如何，則十九不再揭登。殊不知讀者於讀完一篇旁聽記後，既明瞭案情內容，及雙方辯答，則其唯一最欲先知之消息，即為法庭對此，如何判定其是非曲直。今若捨此不登，其為違反讀者心理，固極顯然，而就一事之史的意義言，亦有首尾不能完全之憾。「神龍見首不見尾」，今日之報紙，尤其中國現在之報紙，固朝朝暮暮，到處皆可發現無量數之神龍也。

此種缺乏連續性之弊害，國外新聞界，亦多同抱此感，而亟思有以改正。今年十月二十四日英國自由黨機關，《時事日報》（*News Chronicle*）的新任編輯處事務主任華萊士（G. Aylmer Wallance）在艾德衛俱樂部講演，認為今後報紙，應特別注意到新聞之連續性。他說：今天的報紙，當然沒有人願意再看和昨天同樣的消息，但昨天某一消息新的發展，則實在是人人所願意要看的。並且，我們還應當時刻留意，今天報紙上刊出的新聞，我們要預先替明天報紙找出一些新的線索來。就這幾句話看來，新聞之需要連續性，而且為今後報紙之一重要特質，不已昭然明白，中外同感嗎？

---

[1] 此處所指應為閩變。據劉紹唐（1989：605）編著的《民國大事日誌》所載，1933 年 11 月 20 日陳銘樞、蔡廷鍇、李濟琛、蔣光鼐等人，在福建發表通電，宣布成立「中華共和國政府」，定年號為中華共和國元年，首都設於福州。

報學瑣談之六：
羅斯福歡迎報紙指責政府

舍我

原載：1934 年 1 月 11 日，北平《世界日報》，〈新聞學週刊〉，第 13 版

　　箝制輿論，在專制時代，其必為統治階級之主要信條，固不待言，乃二十餘年來之中華民國，無論為「北洋軍閥」抑「南洋軍閥」，其力謀箝制輿論也，亦復殊途同歸。甚且較專制時代，有過之無不及。捕戮記者，封閉報館，幾若司空見慣，無足驚奇。當局之所以嫉惡報紙，大抵因對其行為設施，或有不滿，一見某報有不洽己意之批評，即動輒視若寇仇，必摧毀懲罰而後快。反之，若能善頌善導，則高官重幣，可不頃刻而致。昔人謂袁世凱統制報紙之方術，為左手執刀，右手執支票，袁世凱雖逝，彼袁世凱之精神，固依然充滿活躍於此二十餘年來之中華民國，而報紙厄運，所以至今未已，或尤變本加厲也。

　　報紙在刀與支票之兩大勢力之下，事實上，早已無處可以覓得所謂真正之輿論。而一部份自詡為純正中立，以營業為本位之報紙，一方面惟恐摧殘其私有之「生財寶庫」，一方面則正可藉此招財進寶多多益善，試觀國內報紙，幾乎寒蟬仗馬，千篇一律，昔人謂暮氣為亡國之先兆，今則豈僅暮氣而已哉，蓋已由暮氣而進為死氣矣。

　　近讀美國某報載：羅斯福氏，最近於招待記者席次，發表演

103

羅斯福新政報導，《世界日報》
1933 年 8 月 22 日 4 版

說，謂：自彼就職以來，所最引為遺憾者，即美國報紙，對彼之復興計劃，類多贊美，而少指摘。夫以經濟國難異常嚴重之今日，若謂個人所見，全無紕繆，不僅欺人，實以自欺。政府總攬萬幾，偶一不慎，影響全國。故報紙如發現政府錯誤，最宜立予指正，俾政府能及先匡救，則國人所遭受之損失，或可稍減。若報紙只知贊美，甚或對政府之錯誤，亦隨同附和，是不僅重違國人之期望，抑亦非政府所願有。蓋政府固冀得諸君之擁護，但尤願得諸君之盡量批評也云云。羅氏以報紙不能極陳其過失為憾，以視吾國當局，惟箝制報紙，不使有所非議者，人之度量相越，何一至此極耶？

報學瑣談之七：
巴黎之「無敵晚報」

舍我

原載：1934 年 1 月 11 日，北平《世界日報》，〈新聞學週刊〉，第 13 版

　　巴黎各報，就設備言，較倫敦、紐約遠有遜色。惟《無敵晚報》
（*L'Intransigeant*）尚能與英美最大報紙抗衡。建築之宏麗，與機
械之精美，在巴黎可稱第一。雖以銷路最大之《小巴黎人報》，
亦不如遠甚。最近該報為增進採訪部之效率起見，除飛機外，特
定購高速度之特別汽車四輛，專為外勤記者，供特別事件採訪之
用。奧總理陶爾斐斯 Dollfuss[1] 被刺，該報紀載，最詳速精確，即
因該報於得訊後，立派員乘此車赴奧，由巴黎至維也納，僅十七
小時即達。當時全世界之特派記者，聞此迅而抵奧者，以此報記
者為最先到達之第一人。故訪問詳記，該報獨能首先刊出。按近
代報紙之特質，即在利用最新式之印刷機械與交通器具，以視吾
國今日，大部份內地報紙，印刷尚用手搖，而外勤記者，惟恃人
力車以採探新聞，固宜其閉塞停滯，無從進步也。雖然，報紙之
發達與否，以整個社會環境為轉移，吾國內地報紙之閉塞停滯，
夫豈報紙本身所得負其咎實哉？

---

[1] Engelbert Dollfuß (1892～1934)，奧地利基督教社會黨領導人，1932 年出
任奧地利總理，1933 年 10 月躲過行刺，最終仍因反對德國併吞奧地利於
1934 年 7 月 25 日遭奧地利納粹份子殺害。

報學瑣談之八：
國難期間政府與報紙

舍我

原載：1934 年 1 月 25 日，北平《世界日報》，〈新聞學週刊〉，第 13 版

　　愚前曾舉羅斯福最近向新聞記者談話，要求報界，對彼一切國策，嚴厲批評，為言論界與政府善意合作，打破國難之良好典型。固然，羅氏為一狡獪之政治家，所言未必出自至誠，然較之專以壓迫異己求獲言論統制之效者，究屬彼善於此。按羅氏此種要求與報紙善意合作之行動，大戰時，英首相魯意喬治，實先行之。當戰機初發，全國國民，激於愛國情緒，誠有生死禍福，一惟政府是命之慨。及戰局持久不決，死亡枕藉，飢餓日增，政府措施，亦難免無失當之處，雖政府對新聞記載，特設專門機關，從事檢扣，然國民對政府態度，則漸有日趨惡化之慮。魯意執政以前，政府當局與新聞記者，接唔其希，雙方情感，時有疏隔。今情勢日急，知非徹底改善政府與報紙之關係，不足以共當大難。彼更知國民忍耐苦鬥之愛國情緒，必有賴於報紙之繼續激發，而在大敵當前時政府之一切措施，更須報紙，隨時向國民疏導解釋。彼認定此點，囚即任命與報界素有好□之蘇德蘭爵士（Sir William Sutherlend）[1] 為宣傳部長。加且時邀各重要報社社長及名記者赴

---

[1] 蘇德蘭（William Sutherland，1880 ～ 1949），蘇格蘭人，英國自由黨政治人物。

唐寧街早餐。將戰局真況，及國民對政府某種措施，不能諒解，而政府又無法正式宣布其內容者，隨時以極坦白誠摯之態度在可能範圍內為各報社長，分別剖析。外勤記者來訪，苟為時間所許，無不立時接見。對各問題之詢問，均於無間接資助敵探以諜報危險之原則下，盡量解答。宣傳部各種活動，多邀各報記者參加。各報因此，乃得與政府密切合作，共臨強敵。其政府有確應改正者，一經報紙之善意糾彈，政府亦即竭誠接受。而各報於政府在作戰期中所予報紙之束縛，亦能完全諒解毫無怨色。說者謂英帝國所以能於亘五年之大戰期間，舉國上下，一致應敵，卒獲最後勝利者，政府與報紙之密切合作，實為其主要原因。然則羅斯福氏之要求報紙，予彼以嚴厲批評，以共圖解救經濟國難，亦不過效法魯意而已。彼日惟以國難當前不能統制國論為焦慮者，奈何不一鑒及此耶？

新聞史料述評之一

百憂

原載：1934 年 3 月 1 日，北平《世界日報》，〈新聞學週刊〉，第 13 版

（一）不服檢查者停版

統制新聞[1]的聲浪，現在已逐日高漲。各重要都市，如南京，上海，北平，都設有新聞檢查所。不過他們的任務，僅在刪扣政府所認為不應刊登之各種消息，至於不遵令刪扣的，應怎樣處分，各檢查所的辦法，都沒有十分明確規定。二月二十二日，國民政

---

[1] 黃天鵬（1953a：111-112）曾對抗戰時期國民政府的統制新聞作如下說明：「九一八事變後，敵人的侵略兇燄反映到新聞界上，在國家方面是新聞管制之建立；在報界本身是言論自由說轉到輿論的統一，即『國家至上』、『民族至上』國論的形成……。九一八後國難日亟，翌年（1932）中央注意及此，決議整頓黨營新聞事業，擴充《中央通訊社》為國家發佈新聞的機關，改組《中央日報》以為各地黨報的楷模。同時公布《直轄報社組織規則》，統一編制及管理指導。二十二（1933）年中央公布《重要都市新聞檢查辦法》，及《取締不良小報暫行辦法》，二十三（1934）年行政院通令《新聞報紙檢查期間不服檢查之處分辦法》，以後新聞檢查法令，續有頒佈補充，執行機關組織也漸完備。新聞之發佈既由《中央通訊社》負責，輿論之運用又有主管部為之指導，更有檢查以濟其窮，戰時政府管制之政策，至是已漸收實效。五屆三中全會復有新聞政策之決定，以三民主義為全國報界之總準繩，以完成民族獨立，實現民權使用，促進民生發展為總目標，對全國報業為有效之統制，必要時得收歸國家經營之……。在 1939 年敵機狂炸抗戰司令台的重慶，來自京、滬、津、漢的《中央》、《大公》、《時事》、《新華》和本地的《新蜀》、《國民》等十大報，在中央領導下，出聯合版，第二日即繼續發行，給敵人以堅強不屈的答覆……。從民國二十一年『一二八』（1932）到三十四年『九三』（1945）日本投降，這十幾年間，尤其『七七』到『九三』這抗戰八年間，姑名之約戰時新聞統制時期。

府，特為此事訓令行政院及軍事委員會，規定凡有不服檢查者，
予以停版三日至一星期之處分。原令如下：

> 為令遵事，案准中央政治會議函開，據行政院函稱，
> 查有少數報紙，不遵首都新聞檢查所刪扣，將不實消息任
> 意登載，致奉行刪扣之報紙，疑為待遇不公，設詞攻擊，
> 該所於檢查工作，不無阻礙。茲經本院第一四七次會議決
> 議，如新聞有不服檢查者，得予以停版三日至一星期之處
> 分，函請鑒核等由，經本會議第三九五次會議決議，在檢
> 查期間如新聞有不服檢查者，軍政機關得予以一日至一星
> 期之停版處分，及其他必要之處分。相應錄案函達即希查
> 照，分別飭遵等由准此，自應照辦，除函復並分令外，合
> 行令仰遵照，並傳飭所屬一體遵照，此令。

這個命令，在高唱統制新聞的聲浪中，當然是應有文章，無
足驚異。但命令中有兩點，我們認為文字上頗費解釋。一、此令
起源，係中央政治會議，據行政院函開，「查有少數報紙，不遵首都新聞檢查所刪扣……」因而由中政會決定予不服檢查者，以三日至一星期之停版處分，而由國民政府明令行政院軍委會遵行。就所令機關之性質言，當然包括全國報館在內，就文字言，則又似乎專對首都報紙。二、行政院致中政會函：「如新聞有不服檢查者，得予以停版三日至一星期之處分」。

政院令軍委會嚴厲執行新聞檢查，《世界日報》1934 年 2 月 23 日 3 版

其處罰限度，似有一明確範圍，但是中政會的決議，卻更加了一句「及其他必要之處分」，這一句卻真廣大到太無邊際了。林白水、邵飄萍、劉煜生[2]的死，在那些統治者的口中，何嘗不說這是必要的處分。由此觀之，行政院原擬的辦法，還是比較寬大。到底我們幾十年前的老同業，四五年前還熱轟轟高唱民主政治，言論公開的汪院長，對我們這些被統制者，仍多少保留了些香火之情！

　　這命令頒佈，不到兩天，南京的《報聞通訊社》，就因沒有照檢查所所刪扣的消息發表，被停刊五天，從二月二十四日起。這《報聞社》在首都，從來無赫赫之名，不料卻做了命令下的第一個犧牲者。有人說：這是「殺雞給猴子看」，但中國的新聞界，尤其首都，我們何處可以發見猴子？！更有何人敢做猴子？！

（二）三三三一

　　據內政部最近公佈：全國新聞紙及雜誌，截至二十二年底止，經向該部核准登記者，共有三千三百三十一種。計南京三三五，上海四六〇，北平二二五，青島四十，威海衛四，蘇四三七，浙三四六，皖九七，贛五六，豫一〇八，冀二四六，魯八八，晉六〇，湘二四一，顎三〇五，滇一五，川七八，閩三八，粵

---

[2] 1932 年 7 月 26 日江蘇省主席顧祝同下令查封鎮江《江聲日報》，逮捕主筆劉煜生，罪名是「蓄意煽起階級鬥爭，鼓動紅色恐怖」，並於 1933 年 1 月 21 日遭槍決。1 月 22 日上海《申報》刊載劉煜生遇害的消息後，全國輿論譁然。在輿論壓力下，國民政府於 9 月 1 日頒發《保障新聞從業人員》訓令。1934 年 8 月杭州記者公會向新聞界發出提議，建議定 9 月 1 日為記者節，該年 9 月 1 日北平、杭州、太原、廈門、長沙、南京、青島等地新聞界皆舉辦慶祝活動。1935 年「九一」記者節得到新聞界的承認（黃瑚，1996：408-409），為目前台灣記者節之由來。

六五，桂二二，陝八，黔四，察一六，綏一六，寧二，甘二六，青一。

　　這個數字，三三三一，以我國面積，和人口來計算，當然是小到萬分可憐。尤其以青海、寧夏那樣廣大的區域，青海只有一種，寧夏兩種，更使我們傷感文化衰弱，無淚可掉。政府天天在那裏高唱開發西北，但像這樣文化閉塞，試問高唱開發，有何用處？倘統制新聞的高潮，再流入這些省區，恐怕連這一兩種出版品，也要壽終正寢了！

新聞史料述評之二

舍我

原載：1934 年 3 月 15 日，北平《世界日報》，〈新聞學週刊〉，第 13 版

中宣會召集三種會議

　　最近統制新聞之呼聲，日漸高漲。中央宣傳委員會，在本月內，有三種會議之召集。一為新聞檢查會議，出席者為各重要都市新聞檢查所主任，對於檢查標準及範圍，均有所研討。議決各案，一部份送請中央常會核示，一部份即請中宣會執行。其主要結果，聞即為決定徹底實行上月國府通令，不遵令檢扣者，予以停刊處分之通令云。該會已於日前閉幕。此外則一為「文藝宣傳會議」，定本月十五日至十七日舉行。一為「新聞宣傳會議」，定本月十九日至二十一日舉行。「文藝會議」，大部份固將注重於各種「反動刊物」之遏制，然報紙中各種附刊，亦將由此次會議，規定一指導方針。至「新聞會議」，為三種會議中最重要者，各省市黨部負宣傳責任者，及各直轄黨報之主持人員，均被召出席。北平方面，河北省黨部由閻敬熙，北平市黨部由董霖[1]代表前往。閻、董，已於開會前南下，聞均攜有議案多項。將於會議時提出。

---

[1] 董霖，1907～1998，字為公，江蘇海門縣人。上海復旦大學畢業後，赴美國伊利諾大學攻讀博士學位。返國後，擔任西安中山大學、復旦大學等校教授，1933 年獲選為北平特別市參議會議長，歷任中央政治會議秘書、國防最高委員會參事、中央宣傳部主任秘書、立法委員、外交部顧問、參事、美洲司長、常務次長及駐荷蘭全權大使。1950 年後赴美任教，1998 年病逝於紐約。

統制新聞，與國民黨標榜「人民言論出版，完全自由」之原則，雖嫌矛盾，但在此外患切迫之時，政府若果由於集中國論，一致對外之立場，而欲喚起全國輿論界，取同一之步趣，此就國家利害，民族存亡言，全國報紙，即受任何重大之苦痛，亦自無不樂於接受。所可慮者，統制新聞之目的，事實上或未必在此。縱觀國民政府成立以來，數年之間，其於全國報紙，可謂有宣傳而無政策，即使有之，亦可謂為盲目的，亂動的，消極的，至積極的如何領導，督促全國報紙，一致為救亡圖存之工作；則可謂從未一見。流弊所及，全國報紙，皆充滿死氣，人人以登官訊，不多事為原則，而致其全力，於病態的社會新聞之爭取。一般讀者，亦多認報紙信用破產。任何消息，與政府有利者，即使其千真萬確，並非政府方面之宣傳，讀者亦往往棄置不信。即如上次閩變，在陳蔡[2]逃亡，福州收復後十餘日，尚有人疑其偽造者。報紙只有長篇小說，姦盜新聞可讀，幾乎已成社會間普遍之心理。此不能不謂為數年來國民政府在宣傳方面之重大失敗也。此次中

---

[2] 陳蔡分別為陳銘樞、蔡廷鍇，閩變領導人物。陳銘樞（1889～1965），字真如，廣東合浦人，早年曾加入同盟會，並領軍參與東征及北伐。1933 年 11 月 20 日，聯合李濟琛、馮玉祥等人，在福州召開「中國各省人民臨時代表大會」，22 日成立「中華共和國人民革命政府」，陳銘樞擔任人民革命政府中央委員兼文化委員會主席、軍事委員會委員兼政治部主任等職。在國民政府的軍事行動下，人民革命政府無疾而終，陳銘樞逃往香港。抗日戰爭爆發後，國民政府解除對陳銘樞的通緝。中華人民共和國成立後，陳銘樞擔任中央人民政府委員，1954 年擔任第一屆全國人大代表，任全國政協第二屆委員會委員。1965 年因心臟病發逝世（邱濤，2011）。蔡廷鍇（1892～1968）字賢初，廣東羅定人。在陳銘樞的聯繫下與蔣光鼐等人，共同籌組「中華共和國人民革命政府」，擔任人民革命政府委員、人民革命軍第一方面軍總司令兼十九陸軍總指揮等職。閩變失敗後，蔡廷鍇出洋遊歷歐美與澳洲等國。抗日戰爭爆發後返回南京，擔任軍事委員會參議官一職。中華人民共和國成立後，當選過第一、二、三屆的全國人民代表大會常務委員會委員。1968 年 4 月 25 日於北京病逝（鄭全備、薛謀成，2011）

宣會召集三種會議，若動機在糾正前此之錯誤，將由消極的取締，進而為積極的推動，則其影響國家前途自極良好。否則循此錯誤之途徑，變本加厲，未來弊害，誠恐有非吾人所敢懸測者矣。

新聞宣傳會議開幕，《世界日報》
1934 年 3 月 19 日 2 版

希特勒統制新聞之結果

德國自希特勒執政後，實行新聞統制，其所頒佈之新聞律，摧殘壓迫，無所不用其極。報紙被封閉，或自動停刊者，幾無日蔑有。其統制之結果，據最近柏林報學院（Berliner Institut fuer Zertongskunde）公佈：去年（一九三三）一年中，全國日報數目，由二千七百種減至一千二百。銷行總額，由十萬萬份，減至三萬萬。從事於新聞職業者（以編輯部人員為限），由一萬九千，減至五千三百。較之希氏未執政以前，多者減至四分之三，少亦在二分之一以上。今年情勢，或將更見惡劣，亦未可知。

德國報紙，如此巨量衰退，其為政府壓迫結果，固極顯著。此外因在希特勒統制之下，報紙不能自由發言，有志為新聞業者，多不感興味，棄此他圖。一般民眾，則以報紙胥在政府統制之下，千篇一律，無可觀者，多以讀小說雜誌代日報，為消遣之資。此兩種原因，則乃政府壓迫之消極的反應，要非希氏始料所能及也。

日本《時事新報》社長武藤山治被刺逝世

日本《時事新報》社長武藤山治，本月九日上午九時十分，在神奈川縣鎌倉別莊附近散步時，被一青年名福島信吉者，突出槍狙擊，立受重傷，其秘書青木亭，且當場被流彈擊斃。福島於達到目的後，即就地自戕。武藤被送至醫院治療，雖其初經過尚佳，然卒因傷勢過重，延至十日下午九時二十分逝世。年六十七。

被刺原因，業已證明，起原於一火葬場問題。福島信吉，曾任京橋機械公司之事務員，旋被裁失業。去年五六月間，欲在尾久，建立一火葬場，挾其計劃，往見武藤，並請資助，為武藤所拒。但不久，武藤忽自於報端，發表一火葬場計劃。福島疑武藤有意弄己，乃蓄志殺害。最近因失業愈久，生活愈窘，該項決議，遂即實現。此外並無其他背景，或政治關係。

武藤為日本紡織業資本巨頭，其接辦《時事新報》，尚不及三年。《時事新報》在日本之勢力，僅次於《朝日》，《每日》，自武藤接辦後，銳意整理，欲與兩大報鼎足而三，今既慘斃，該報發展勢將受一大挫。從來日本發生之各種要人暗殺，類多含有政治原因，以武藤之地位，而其死亡，乃為如此渺小事件，此在武藤，當決非始料所及。報紙因一稿件之登載與否，往往極易引起關係者之誤解，然竟以此而訴諸暗殺，且以本身之生命為殉，則尚不多見。於此亦足見日本民族性之偏狹恨戾，而失業之恐慌，則尤為此種暴行竟於實現之一重大原因也。

新聞史料述評之三

中宣會兩種會議已開幕

百憂

原載：1934 年 3 月 22 日，北平《世界日報》，〈新聞學週刊〉，第 13 版

　　中央宣傳委員會，召集之文藝宣傳會議，及新聞宣傳會議。均已於本月十五日上午九時。及十九日上午十時，分別在中央黨部會議廳開幕。其開幕情形如左：

文藝宣傳會議

　　開幕時出席者，有各省市黨部代表，及宣委會職員，共五十餘人。宣委會主任委員邵元沖[1]主席。邵致開會詞，略謂：文藝宣傳，為目前重要工作之一。希望本屆會議中，能得一美滿結果。俾本黨主義，能因文藝政策之樹立，而更見發揚，並發生最大效

---

[1] 邵元沖（1890～1936），字翼如，原名驥，字伯瑾，浙江山陰人。17 歲入浙江高等學堂，選為宣統己酉科拔貢生，後加入同盟會從事革命。民國成立後，曾任上海《民國新聞》總編輯，參與二次革命。1924 年以大元帥行營機要秘書，陪同孫文北上共商國是，1925 年 3 月與孫科、宋子文、何香凝等人共同署名見證〈總理遺囑〉。同年底，邵元沖與國民黨內右派人士於北京西山碧雲寺集會，反對連俄容共。北伐後，陸續擔任考試院考選委員會委員長、考試院副院長、國民黨中央執行委員會委員兼政治會議委員、宣傳委員會主任委員、撫卹委員會委員。1936 年與蔣介石同赴西安視察，於西安事變中身中數槍，1936 年 12 月 14 日不治身亡（國史館現藏民國人物傳記史料彙編第21 輯，pp.192-197）。

力云云。繼由中委陳立夫[2]，及宣委會副主任委員羅家倫[3]演說。後由宣委會祕書孫德中報告中宣會對於文藝宣傳之過去工作，及今後計劃。十二時，攝影散會。

新聞宣傳會議[4]

開幕時，到出席各省市黨部代表，及各黨報負責人員，又中委及中宣會職員，共六十餘人。仍由邵元沖主席，並致開幕詞。葉楚傖[5]演說。中宣會新聞科長彭革陳報告本會籌備經過。次由

---

[2] 陳立夫（1900～2001），浙江吳興人，陳英士（其美）為其二叔。早年入天津北洋大學求學，畢業後赴美入匹茲堡大學深造，取得採礦學碩士。返國後歷任黨政要職：國民黨中央黨部祕書長、中央組織部部長，行政院教育部部長等職。北伐後，與兄長陳果夫共同創立中央廣播電台，並於國民黨內形成具有重要影響力的 C.C. 派。1949 年國民黨敗退來台，1950 年國民黨通過「黨務改造方案」，陳立夫引咎辭職，離台赴美。1969 年奉召返台，以總統府資政身分，推動中華文化復興運動，1970 年任中華文化復興總會副會長，1972 年擔任私立中國醫藥學院董事長。2001 年病逝於台中中國醫藥學院附設醫院（國史館現藏民國人物傳記史料彙編第 25 輯，pp.304-309）。

[3] 羅家倫（1897～1969），字志希，浙江紹興人。1917 年考入北京大學，1919 年為反對巴黎合約，提出「內除國賊，外抗強權」口號，發起五四運動。1929 年當選為中國國民黨中央委員，任中央黨務學校教務處副主任、主任，兼代教育長。1928 年任國立清華大學校長，1932 年任國立中央大學校長。戰後奉命任印度、錫蘭大使，1948 年當選為中華民國第一屆國民大會代表。1952 年任考試院副院長，1957 年改任國史館館長，1969 年病逝於台北榮總（國史館現藏民國人物傳記史料彙編第 6 輯，pp.399-401）。

[4] 1931 年九一八事變後，國民黨面臨嚴重的統治危機，為有效地控制與動員群眾，於是大量地汲取德國、義大利的法西斯主義經驗，於 1934 年 2 月宣布推行「新生活運動」。在新聞控制上，1934 年 1 月國民黨第四屆中央執行委員會，通過中央宣傳委員會的任務為：「集中經費於少數報紙，培養成有力量之言論中心，對全國新聞界作有效之統制」的決議。新聞宣傳會議即為此召開（黃瑚，1996：395）。

[5] 葉楚傖（1887～1946），原名宗源，字卓書，筆名小鳳，江蘇吳縣人。1903 年考入南洋公學，1909 年加入同盟會並赴汕頭主持《中華新報》筆政。

出席各代表分別報告。十二時，攝影散會。

以上為兩會議開幕情形，至開幕後，繼續開會之內容，則因中宣會為整齊劃一，且預防消息誤傳起見，禁止各報，除《中央社》所公布外，概不得自由刊載。故迄至本刊發印時止，兩會議所議決之案件，

文藝宣傳會議閉幕，《世界日報》1934年3月18日3版

及討論經過，外間無從詳悉。大約須至兩會完全結束後，始或有一整個之發表也。

此次兩種會議，雖關係於文藝及新聞方面，至為重大，但就所出席之人員言，除黨部及黨報代表外，實際從事文藝及新聞事業之黨外人員，無一參加，則由此種會議所討論者，是否能切合全國文藝界新聞界之實際利病，殊不能無疑。一旦成為決議，實行則動多扞格；束諸高閣，又何貴有此會議？或謂此種會議，在製定統制文化，統制新聞之方案。此種方案，只能由黨內決定，而責令全國遵行，有敢違抗者，可以黨的力量制裁之，故無徵集黨外意見之必要。果能如此，就提高黨的力量言，亦未嘗非一辦法，特以目前環境言，黨的力量，是否即能勝此，殊可考量耳。且即使有此力量，而因實行統制之結果，使一般國民，疑一切文藝，新聞，均不過統治當局有作用之宣導，造成德國希特勒統制

1912 年於上海創辦《太平洋日報》，1913 年入于右任主持之《民立報》主編副刊。1915 年與陳英士等人集資，於上海創辦《民國日報》，葉楚傖自任總編輯，胡樸安、成舍我等人分任撰述編輯。1923 年任中國國民黨宣傳部長，並隨蔣介石北伐，之後歷任黨政要職，1946 年病逝於上海（國史館現藏民國人物傳記史料彙編第 15 輯，pp.541-547）。

新聞之現象，此於國家，又有何裨益？

　　尤其不幸，當此新聞宣傳會議開會之時，首都《華報》，忽因十九日著論批評該會，主張言論自由，當局竟以其蓄意詆毀，罰令停刊兩週。該報著論，是否蓄意詆毀，吾人因未閱原文，無從臆測。但主張言論自由，本為國民黨主要政策之一，既規定於《約法》，復為此次《憲法》草案所鄭重列舉，無論如何，似不至應受停刊兩週之嚴重處罰。吾人當認，在敵國外患，嚴厲變迫之時，統制新聞，有時誠感必要。惟其方法，必當使政府與報紙，開誠合作。若僅恃威權，一意壓迫，怨憤所積，一旦潰決，其弊殆必有過於不統制者，當局如欲於國難時收統制新聞之效，奈何不一取鏡於歐戰時英法各國，政府與報紙合作之成績。今計不出此，且對主張言論自由者，即立予嚴罰，此誠吾人所不敢妄置一詞也。□一聞也。

新聞史料述評之四

舍我

原載：1934 年 4 月 5 日，北平《世界日報》，〈新聞學週刊〉，第 13 版

法院與報館

因為滬少女徐玉英，控姬覺彌誘姦，姬宣告無罪，卻將兩個報館的總編緝，節外生枝的牽涉在內。一個判徒刑四個月，上訴結果改判罰金四百元。一個初審，就判罰三百元，並未上訴。他們的罪名，一個是誹謗，一個是侮辱官署。不僅全國的新聞界。對這事異常注意，社會各方人士，似乎都有抱不平的。中央宣傳委員會。根據各方呼籲，對於初判徒刑的《商報》總編輯張季平上訴一案，且曾函請司法院，傳司法行政部，飭知持平審慎辦理。

事實的經過，是這樣的。姬覺彌被控後，經法庭審理結果，認為證據不足。沒有成立。這個案子的內容，及有無背景，因事涉曖昧，外間自難臆測。但就案情及上海的社會環境看來，所謂徐玉英者，或許含有若干敲詐的意味，也未可知，法庭如此判決，未嘗沒有充分的理由。不過姬覺彌擁有數千萬鉅額財產之實際支配權。自其故主哈同逝世以後，各方對彼，覬覦者大不乏人。徐玉英控案之不能成立，法庭固未嘗不有見及此。而各方因見法庭之開脫姬氏，根據向來中國國民，不十分信任法庭之傳統心理，反疑姬之無罪，法庭方面，或另有不可告人之祕密。於是有意的或無意的，許多離奇而不利於法庭的謠言，遂紛紛發生。上海《商

報》[1]館，因登載此類新聞，被特區第一法院判處總編輯張季平四個月徒刑。《金鋼鑽》[2]小報，因登諷刺畫，大門兩扇，一人作欲入狀，門上書一「法」字，此人之背，書一「佛」字，門兩旁則書「衙門堂堂開，無錢莫進來」，及「禁止旁聽」「後門出入」等字樣。法院認為侮辱公署，依《刑法》一四六條第二項判處該報總編輯鄭逸梅罰金三百元。鄭不欲多事，認罰結案。張則以處刑過重，提起上訴，至三月二十日，經最後判決，始將原判撤銷，張亦改處罰金，計金額四百元。

任何機關，或個人，如果有罪，當然應受法律之制裁，報紙，及新聞記者，當然不能例外。並且，因為中國法治精神之迄未樹立，行政衙門，和軍事機關，對於報館，可以任意封閉，對於記者，可以盡情拘殺。那麼，我們即使在正式法院公開審判之下，受了冤屈，較之不明不白被官僚軍閥蹂躪一番的，總還覺得彼善於此。顧祝同之槍殺劉煜生，不就是一個先例？所以我們對於前面所說，因姬案而引起的兩個報館記者被罰，雖然感覺得不很公平，然就「反正總是被壓迫的記者階級」說來，區區罰款了事，總算還是萬幸！

---

[1] 上海《商報》，由唐節之於 1921 年 1 月 1 日所創，總編輯為陳屺懷、陳布雷為編輯主任、潘公展為電訊編輯。陳布雷於《商報》服務期間，以「畏壘」為筆名每日發表政論，轟動上海各界；潘公展則以新式編輯法，編排電報與要聞，為其他報紙所仿效。《商報》最大特色為成立〈商業金融〉欄，除了刊登行市價目表外，每天另有關於商業金融評論，以及引介經濟思潮之文字（朱傳譽，1989b：331）。

[2] 《金剛鑽》於 1923 年 10 月 18 日創刊，與《晶報》、《福爾摩斯》、《羅賓漢》被稱為上海小報「四大金剛」。內容傾向於文藝，注重長篇小說連載，常登名人隨筆、掌故、軼聞。最初由施濟安、陸澹安、嚴獨鶴、孫玉聲、嚴芙孫、朱大可、鄭子褒等人各出十塊大洋所創，公推施濟群主持。於 1937 年八一三淞滬抗戰爆發後停刊（李楠，2005：42）。

不過我們若站在國民立場，來替努力想維持司法尊嚴的法界當局打算，卻倒覺得有點意見，可以供獻。上海第一特區法院，此次對姬案之各種流言，所以不惜雷厲風行，斷然制裁者，其理由無非為維持司法尊嚴。但司法尊嚴與否，要有事實為證。我們縱然很相信此次法院對姬案本身，確屬毫無可以非議的地方，外間流言，盡不可靠，然司法尊嚴的金字招牌，豈是僅僅一件案子所能撐

張季平改判罰金四百元，《世界日報》1934 年 3 月 21 日 2 版

持得起。社會上所以造成對司法尊嚴，一致不敢十分信賴的心理，也絕非一朝一夕之故。即以上海法院而論，法官們因為不名譽的事件而去職，甚至至今還成為懸案的，檔案具任，何止一二，現在若果僅憑處罰一兩個報館的散佈流言，實際上是否即能樹立司法的尊嚴，究屬不能無疑。即使今後上海的報紙，再不敢有片言隻字，冒犯法院虎威，而數百萬上海人民甚至四萬萬中國人民之口，是否即能從此全部封閉，恐任何法官先生，亦不能擔保。因此，我們感覺到此次上海第一特區法院的舉動，如果其動機全然出於維護司法尊嚴之一念，那麼，實未免有因果倒置，棄本逐末的錯誤。

再就法院檢舉的範圍來說，一張插畫，就算是侮辱官署，那麼，上海的其餘大報，小報，大之對中央政府，小之對各級地方官廳，其批評諷刺，較《金鋼鑽》小報所畫，更明顯更深刻的，何以不聞法院有所檢舉。實在說，中國報紙，尤其上海小報，若拿《金鋼鑽》那樣的漫畫，來作犯罪的標準，每個報館，起碼每天總會有十個以上的有期徒刑或罰金。而且，報紙對於善良風俗

的破壞，現幾乎已成了全國風行，他對於一個民族的影響，比僅僅侮辱了一個什麼官署，恐怕還要利害百倍，何以從未聽見上海法院，來自動的依法檢舉。如果法院的檢察處，真來執行他「替國家作告發人」的義務，那麼，侮辱自已的官署，就檢舉侮辱其他的官署——甚至中央政府就可不管，其餘一切的一切，給國家，民族精神上以重大危害的，更從來不管，試問，我們縱說，法院的尊嚴，應該是神聖不可侵犯，其如全國人民的心理，恐未必即作如此設想何？

我們不反對法院依法取締或制裁報館的犯罪，我們更承認，現在的報館，因多半沒受過法律的嚴格訓練，無意中，走入了錯誤的犯罪，的確不少。我們為整個民族的利益，為整個中國新聞事業的進步打算，也贊成法院來依法取締或制裁。尤其切望，將來只有法院，能審判報館的犯罪，取消了一切行政或軍事機關的非法蹂躪。這是我們真正維護司法尊嚴的誠意表示。但是挾有偏見或私意，甚至逞一時意氣，利用威權壓迫報館，我們卻不能不聯合起來，來一致反抗。

南京《民生報》停刊經過

舍我

原載：1934 年 6 月 1 日，北平《世界日報》，第 2-3、5 版

　　《民生報》今天復刊了 [1]。從五月二十六日，到二十八日，這三天被罰停刊期內，首都幾十萬市民，甚至全國民眾，從行政院命令「不服檢查」四字上推想，一定會疑心《民生報》，已犯了如何嚴重的滔天大罪。我們因為要使全國國民，知道我們這次被罰的真相，同時希望全國國民，及負有保障人民權利，糾彈官吏錯誤的政府機關，能給我們一個公平的裁判起見，所以，不得不於復刊第一日的今天，來寫出下面這一篇真憑實據，童叟無欺的報告。

　　行政院罰我們停刊三日的命令，是於二十五日下午七時半，

---

[1] 1934 年 5 月 24 日南京《民生報》刊載彭學沛涉嫌貪瀆一案新聞後，於 5 月 25 日遭勒令停刊三日。7 月 27 日，《民生報》刊載新聞稱監察院對汪精衛的一名部屬提出彈劾，該消息由一家通訊社所發佈，已通過審查，但蔣介石卻仍由南昌行營電令南京憲兵司令部關閉《民生報》，逮捕成舍我並拘禁 40 天。據成舍我好友程滄波（1948：10）回憶：「回想十餘年前，《民生報》被封，舍我先生禁閉在首都衛戍司令部，那時也正值盛夏，我三兩天常去看他。他住的房間是一大通間，和陳雲閣先生同室對床，那間房子真是透風而明亮，每天吃飯可以到外面飯館叫進來吃，當時大家十分的羨慕那種坐牢。」另據林語堂（2008：176-177）所載，拘禁成舍我期間，汪精衛派唐有壬協商釋放條件，包括：（1）《民生報》永遠停刊；（2）成舍我保證今後不再在南京出版報紙（包括雜誌、小冊子或其他任何形式的印刷物）；（3）成舍我如離開南京到外地，需向當地政府報告行止，以備檢查。

由首都警察廳派警傳到。命令全文，照抄如左：

> 行政院密令第二八四九號查《民生報》於本月二十四
> 日登載關於本院之惡意新聞，毫無事實根據，肆意造謠，
> 不服檢查，應即依照中央政治會議第三九五次決議，予以
> 處分。著自本月二十六日起，停版三日示儆，合亟立令該
> 廳遵照，即日執行，此令。

當我們接到這道命令的時候，幾乎疑心到，或許是行政院的
書記先生，將罰令別報停刊的命令，誤寫了《民生報》三字。因
為我們遍查二十四日的本報，不但沒有一條對行政院表示「惡意」
的新聞，甚至那天的報，與行政院有關係的新聞，都是少而又少。
但是奉令執行的警察，卻一再聲明，千真萬確，絕未錯走門戶。
不特當天的報，不許付印，就連一張通告奉令停刊的傳單，也說
未便在社內印刷。行政院並很嚴厲的，令警廳將我們報館，前後
左右，佈滿了好幾道防線，似乎怕我們的機器，在半夜裏，會自
由的跳起來。其實，我們這班無拳無勇，安分守己的老百姓，窮
書生，一個「不服檢查」的罪名，已經嚇得三魂出竅，那裏還敢
對於行政院堂堂皇皇，雷厲風行的命令，再道半個不字。當然，
我們只好在莫名其妙的莫須有之下，將行政院給我們的命令，再
傳達給我們所有的大小機器，從二十六日起，實行休息。

我們費了一夜的功夫，才打聽出來，行政院所指為「惡意新
聞」，原來就是二十四日所登的下面這一條：

> 某院處長　彭某辭職真相
> 有貪污嫌疑……某當局大不滿
> 某院處長彭某，此次向某當局提請辭職之真實原因，

外間鮮有知者。茲據記者探悉：彭某此次經手建築某院新
屋，經核定預算原為六萬元，及至興工以後共用去十三萬
餘元，竟超過預算一倍有餘，而彭某適於是時另在鼓樓自
建新式洋房一幢，因之外間頗多非議，且某當局素以廉潔
勖勉僚屬，自得知此項情形後，表示非常不滿，故彭某迫
不得已即呈請辭職，並聞辭意甚為堅決，外傳可望打銷辭
意之說，實非事實云。

自從這個「犯罪的原因」尋到以後，固然使我們十分悲憤，
同時，也使我們弱者的膽量立時從「呵！原來我們並不犯罪」的
自覺中，解放而增強起來。我們站在法律和正義的立場，對於行
政院處罰我們的命令，無論如何，是不能甘服的。

第一：這條「某院處長彭某辭職真相」的新聞，假使確如行
政院所云，「毫無事實根據，肆意造謠」，那麼，請問行政院，
從什麼地方，可以證明，這條新聞，就是說的高高在上的貴院。
因為從頭至尾，並沒有「行政院」三個字，國民政府下：機關而
以院名者，大之有五院，次之有中央醫院，中央研究院，北平研
究院，各種學院，下之有瘋人院，救濟院，
總不下數十千百，至處長，及處長而姓彭者，
而袞袞皆是。何以其他大中小三等之院，均
不出面，而行政院獨挺身而出，將此項新聞，
一肩擔當。行政院這樣勇於負責的精神，固
然令我們佩服，但為何竟肯如此負責？及何
以「毫無事實根據肆意造謠」之無頭新聞，
行政院一看，即能認定，這是《民生報》「指
著和尚罵禿子？」同時又即能斷其「毫無事

南京《民生報》復刊，《世界
日報》1934 年 6 月 1 日 3 版

實根據，肆意造謠？」這種奇異的推斷，真可算「神妙已達秋毫巔」。

第二：我們這條新聞，縱如行政院所想，新聞中的某院，讀者很易看出即指行政院，彭某，即指五年前流亡海上，貧至不能舉餐之彭學沛[2]先生。但是，請問行政院，又從什麼地方，可以看出這條新聞的文字，有對行政院表示惡意之處？我們是否有一個字，污辱了行政院這一個全國最高行政機關？是否說了，「行政院這個機關，簡直是賄賂公行，無惡不作？」行政院諸位先生，當然總不會認不得中國字，那麼，儘可從這條新聞內，一字一句的去推敲，看從那一個字縫裏，可以證明我們對行政院懷有「惡意」。不僅沒有惡意，且新聞內大書特書，「某當局素以廉潔勗勉僚屬，自得知此項情形後，表示非常不滿」則我們對於行政院的最高當局，是表示如何贊佩，如何敬愛。假如行政院之意，我們這樣的說法，是惡意，那麼，難道我們應該換過來：「某當局素以貪汙勗勉僚屬，自得知此項情形後，表示非常滿意」那才能算善意麼？

第三：不但我們對行政院整個機關，絕無惡意，即對於彭學沛先生個人，也是絕無絲毫惡意的。因為在這條新聞內：「彭某此次經手建築某院新屋，經核定預算，原為六萬元，及至興工以後，共用去十三萬餘元，竟超過預算一倍有餘，且彭某適於此時，另在鼓樓自建新式洋房一幢，因之外間頗多非議……故即呈請辭

---

[2] 彭學沛（1896～1949），江西安福人，日本京都大學畢業，返國後任北京大學政治學教授。1928 年任《中央日報》主筆，之後歷任代理內政部長、行政院政務處長、全國經濟委員會委員、交通部常務及政務次長等職。1946 年擔任國民黨中央宣傳部部長，1947 年擔任行政院政務委員，1948 年因飛機失事身亡。

職……」

　　實在找不出有一個「惡意」的字樣。行政院建築新屋，及彭先生自造新宅，這都是鐵一般的事實，無法否認，也不必否認的。因為行政院造屋，固然公開，而私人造屋，也並未犯法。不過這兩所房子，是否有聯帶關係，那麼這是監察委員，和法院檢察官的職權，我們當然不便越俎。而我們在這條新聞內，所說的，也止於外間「頗有非議」。我們並沒有說：「彭某原極窮困，當其五年前逃亡失業時，貧至無以自活，其離婚夫人蕭女士，每月向索生活費，均無以應，及一旦榮任政務處長，不特對蕭女士，立將巨萬之生活費，完全清付，俾本人眠花宿柳，從此了無罣礙。且將行政院另建新屋之款，吞沒若干，另建新屋，此實國民政府最大之汙吏，非加重懲，不足以樹立廉潔政治。」因為我們固然相信，貪污者滔滔皆是也，但是像彭先生這樣素以學者自命的人，總不會也來做這罪該槍斃的勾留。彭先生所以一朝飛騰，而即能將離婚巨款，一筆付清，及自建新屋者，或許彭先生所著的什麼「各國政黨」忽然銷了幾百萬，或許床腳下面，忽然半夜裏掘出了一個金窖，這是彭先生財運亨通。近人信科學而不信運氣，致將行政院建屋，與彭先生造屋，誤會聯想。所以我們記載這條新聞，完全是從客觀落筆。而我們的小題目，也止說「有貪污嫌疑」。

　　說到嫌疑兩字，真是古今同慨，大聖至賢，也難避免。「子見南下，子路不悅」，「曾參殺人，母為投梭」，若果《民生報》社在那時就已出版，那麼我們一定來個小題：

　　　　「孔丘有誘姦嫌疑……子路極表不滿」

　　我想孔二先生也不會因此發怒，而慫惥當時的官長，來叫我們停版三日。因為任何嫌疑，總會有事實來做證明。黑是黑，白

某院處長辭職真相，《民生報》1934 年 5 月
24 日 3 版

是白，終久水落石出，不至奇冤難辨的。到了證明不確以後，對於曾被嫌疑者之人格信譽，仍舊絕無損害。最近我在上海，從一位老先生口中，得到一個最近關於吳稚暉先生有趣的故事。吳先生家中，因為他的大公子，是研究化學的，所以藏了許多化學藥品和試驗機械，有一夜忽然

一個儲藏紅燐的櫃子內，自己燃燒，將電線引著，連房子也燒起來。吳先生正在樓上，聞警出奔，幸喜法捕房的救火隊，立刻趕到，火焰方息。吳先生回到家中，法捕房的巡捕，正在檢查起火處所，當時發現起火的屋子，藏有許多藥品機械，認為此處係製造紅丸機關，吳先生即此機關首領，立時繩索齊下，欲將吳先生帶走，吳力辯不聽，說出「我係吳稚暉」巡捕疑其冒充。嗣鄰居齊出證明，並由捕房派一高級職員而識吳者親來察看，始將繩索解開。而吳先生已飽受「你是犯人縱非主犯也是一個嫌疑犯」等等指斥。然真相既明，於吳先生的「人格」「地位」試問究有何損？往往許多正人君子，因竊盜，殺人嫌疑，而被捕，而起訴，而初審，再審被判有罪，但最終裁判，儘可嫌疑盡釋，無罪出獄。此時之社會，只有對此無辜被冤者，表示無限同情，其個人之「人格」「地位」，反更因此而增加社會信仰。其最初捕彼，訴彼，判彼有罪之警察檢察官，只須出自依法行使職權之所為，自亦不能謂其對此曾被嫌疑之犯人，而有任何惡意，更負任何責任。此可見《民生報》這次登載關於彭先生的新聞，是如何慎重！不僅對於整個

行政院，無絲毫惡意，即對彭先生個人，儘以「嫌疑」二字出之，謂為嫌疑，正所以表示對外間非議，並未確信。且並彭學沛之名，亦未提出，這還能說我們是懷有惡意嗎？

我們對於行政院命令所謂「關於本院之惡意新聞」，既已解釋明白，現在，我們再來恭請全國國民，及負有保障人民權利，糾彈官吏錯誤的政府機關，來看看《民生報》是否如行政院所云，「肆意造謠不服檢查」。

在未入正題以前，先來談談我們對「檢查新聞」這一件事，究抱有什麼意見。我是《民生報》的負責者，老實說：「檢查新聞」，在九一八以前，我，及我們的同人，都是反對的。因為我們慮到，國民政府，既然為奉行孫先生遺教而建立，那麼，最低限度，孫先生手定的國民黨政綱對內政策第六項：「確定人民有言論出版之完全自由權。」無論如何，總不應置之高閣，永不兌現。所以我們在民國十八九年間，曾和那時在北平，香港，海外的汪先生一樣，做過不少「厲行民治，開放言禁」的文章，那時且曾被仇恨我們的人，加過我們一項可怕的帽子，說：接近汪派，更有人說「有改組派嫌疑」，然而那幾年汪先生的面孔如何，和「改組派究竟是什麼」，我們真萬分慚愧，一概不知。幸而我們在那時，也極力反對一般巧立名目，破壞統一的分離運動，所以我們的嫌疑，也就不辯自銷。這是我們在九一八前對於「檢查新聞」這一個問題的態度。到了九一八事變發生，我們的主張，立時起了一個巨大的轉變。——不是因為做了官而轉變，請讀者不要誤會——當中央通過《重要都市新聞檢查辦法》，並決定在北平成立檢查所之時，我正在北平，敵人的飛機，整天的在北平天空，自由盤旋。一般輿論都說：「國都快亡了，不去拿著槍口對

成舍我講「對外作戰時之言論自由」，
《世界日報》1933年5月11日7版

敵人，卻還要拿槍口來封鎖自己人民的嘴巴，真太沒心肝！」但我的意見，在下面一段演說中，却可證明，並不如此。這個演說，是民國二十二年五月某日，北平民國學院院長魯蕩平[3]先生，要我向他們全院學生，作一個「戰時新聞界應取之態度」公開講演。我記得講演中間，曾這樣說過：

> 新聞記者的唯一使命，在擁護整個國家和民族的利益，我們在平時，要集中全力，來要求我們的言論自由，因為在現代的政治組織下，尤其現今中國政治的情況，最大多數的老百姓，都不說話，不敢說話，不會說話，若果新聞記者，也是一樣，那麼，中國政治，將永無清明可望。

但在戰時，則新聞記者個人的言論自由，當不能不為爭整個國家民族對外的自由，而相當犧牲。我覺得歐戰時，法總理白利安答覆巴黎報界公會的幾句話，在今日抗日戰爭中，最可引來作我們的借鏡，因為法國三次共和成立以後，言論自由，已成為全國公認神聖不可侵犯之信條。歐戰期間，政府對報紙，多所取締，

---

[3] 魯蕩平（1895～1975），字若衡，湖南寧鄉縣人。早年曾加入同盟會參與革命，先後擔任《長沙日報》、《國民日報》編輯、《大同報》經理，並與彭厚端創辦長沙《民國日報》。1924年陪同孫文北上商議國是，於北平創辦《民立晚報》。1928年北伐成功，創辦天津《民國日報》。1930年接受私立北平民國大學之邀，擔任民國大學校長一職。1931年出任北平政務委員會委員，並創辦《北辰報》。1947年獲選為中華民國第一屆立法委員，1966年應私立健行工專董事會之邀，出任常務董事與校長。1975年6月4日，病逝於台北空軍總醫院（國史館民國人物傳記史料彙編第8卷，pp.501-510）。

報界公會，即推代表，質問白氏，何故蹂躪此神聖不可侵犯之信條。白氏當時答稱：「你們空談一些「自由」的原則，那是沒有用處的。你們豈不知道，真正愛護自由的方法，應當怎樣？我可奉告：諸位先生！你們應該永遠記著，如果勝利（指歐戰）不屬於我們，那麼，自由將離開我們和這個世界。而永遠死去了。」

由一九一六年一月十六日倫敦《泰晤士報》所記白氏談話中摘譯：

> It is in vain, that you talk only of the principles of liberty,
> liberty I but know you not what is the true way to defend it？
> Never forget. Gentleman. That if victory should not be ours.
> Liberty will be dead for us and for the world.

白氏這一段話，雖然多少含有一些麻醉的作用，但仔細想來，異地以處，假定我們的北平，已經被敵人佔領，那麼，試問我們向誰去爭言論自由？所以新聞記者，在平時應當爭自己的自由，但在對外作戰時，則應當爭整個國家和整個民族的自由。

我這樣的意見，當然有些人贊成有些人反對。但是我在北平經營的新聞機關卻總是守著這個原則來盡力忍耐政府的檢查。我們南京的《民生報》，當然更不待說。雖然長期抵抗的招牌，現在已快要被人扔到毛坑去做撒汙的板子，但敵國外患，究竟仍在一個極嚴重形勢之下。我們新聞界，自然還要以「為國家民族爭自由」做唯一的前提。所以從九一八直到今天，我們全國的新聞界，都還在盡力來忍受不自由的苦痛。就《民生報》言，凡是與軍事，外交，和地方治安有關的新聞，我們無不先送檢查。有時，我們發現不甚妥當的稿件，雖然還沒有奉令扣留，我們為擁護國

家利益起見，往往也不惜先用電話，和檢查所商討研究。縱在深夜，報已上版，一遇檢查所來電通知，有臨時禁載事件，我們從沒有藉時間太晚報已出版的話，來推卻搪塞。這種事實，歷任的檢查所主任，和負責人員，假使他們沒有遭受任何的困難，他們在良心上，職責上，總可以很公正的，來證實我們這些說話，決沒有半句欺飾。

我們為什麼對政府檢查，要如此恭順，服從？我們不是黨報，更沒有受過任何黨部或政府機關物質上分文的補助，我們「恭順」「服從」完全是自動的受著國家思想的驅使。但是，真想不到，高高在上的行政院，居然還會把「不服檢查」的罪名，來加到我們身上。查此次行政院所指為不服檢查之「某院處長彭某辭職真相」一稿，在二十二日，由採訪部某君訪得後，因其與軍事，外交，地方治安均無關係，本擬不送檢，但為慎重起見，仍全文送往。檢查所對此新聞，並未扣留，僅於稿上用紅筆書，「緩登」二字。依照公佈《首都新聞檢查所新聞檢查手續》，不能登載之稿，只有扣留與刪改二種，並無「緩登」辦法。其批令「緩登」者，大抵係非正式的希望各報再有一自行考量之機會。此本檢查所與新聞界一種善意的諒解，在法則並無根據。此與扣留，刪改而有絕對拘束力者，當然迥不相同。且即退一步言，批令「緩登」，奉令者有服從之義務，然本報於廿二日奉令緩登，延兩日，至二十四日始行登出，其於「緩登」之義務，亦已不可謂為不盡。且登出時，內容語氣，已較送檢之稿盡量改輕，並行政院彭學沛之名，均行刪去，此如何可判為不服檢查？試問緩登二字，作何解釋？二十二日送檢之稿，二十四日始行登出，難道尚為不緩嗎？

總括以上所說，可以證明行政院罰令我們停刊三日的處分，

我們無論從任何方面設想，都是不能甘服。因為我們既沒有登載「任何關於行政院之惡意新聞」更沒有「肆意造謠，不服檢查」。且換一句話說，我們所登載的，只有關於行政院之善意新聞，我們所登載的，確已超出本分，十二分的服從檢查。

除了說明我們不但沒有犯任何「滔天大罪」，並連行政院所謂「惡意」及「不服檢查」都是絕對的莫須有以外，我們現在更拋開本身的問題，來鄭重的再向政府和全國國民，提出下面最嚴重的問題：

第一檢查新聞，是否可以於有關對外之軍事，外交，及地方治安以外，而任意禁止其他不利於某一機關或某一個人新聞的發表。尤其像我們所登有貪污嫌疑，這一類的消息。我們相信，現在全國新聞界，所以肯忍受苦痛，來服從政府檢查，並不是畏懼政府的權威，更不是受了政府任何物質上的賄賂，而完全是為整個國家民族爭自由著想。政府正應在此時，披肝瀝膽，與全國新聞界，開誠合作，共籌如何可以喚起民眾，打開國難的方法。同時更應獎勵全國新聞界，對於政府設施，儘量批評，貪官汙吏，儘量揭發。從前專制時代，遇到外患危迫的時候，皇帝尚要下詔罪己，廣求直言，誅戮姦邪，豈有號稱民國，而反利用國難，封鎖輿論之理。現在各地的新聞檢查，往往多已超過應該檢扣的標準，甚至一個當地要人的汽車疾馳闖禍，都可叫檢查所傳令報館，不許登載。一個官辦印刷局長的被監察院彈劾，都可以請託檢查員，禁止發表。試問這種檢查，於國家是否有利？是否對得起為國家而犧牲自己自由的新聞界。

談到貪官汙吏，真令人萬分痛憤，倘使新聞檢查所，可以檢扣一切貪污消息的發表，那麼，國民政府的前途，就會要不堪設

想。因為我們覺到，擺在我們前面的敵人，對外是我們的強鄰，對內則除漢奸赤匪以外，最可怕的，還是那些大大小小殺人不見血的貪官汙吏。國民政府正應廣勸國民，盡情檢舉，嚴法峻刑，加重處治。若計不出此，對報紙登載政府官吏，有貪污嫌疑者，不但不予嘉勸，反指為惡意，應予停刊，那麼，中華民國，恐怕不久，就會要變成一個「中華貪國」，廉潔政府，何日完成？抗日剿匪，更無從談起了。

貪官汙吏，是我們當前最大敵人之一。所以軍委長蔣中正先生，本其數年來剿匪經驗，曾創為「三分軍事，七分政治」之名言，最近倡行新生活運動，其第三項，特勉人保持廉潔。而於屬僚之稍涉貪汙者，重則誅殺，輕亦斥逐，都是有見於貪官汙吏，實不能與國民政府共戴一天。所惜蔣先生現在所負的主要任務，還止限於軍事，那麼，我們所最屬望的，當然要推我們政治最高領袖行政院院長汪兆銘先生，能照著蔣先生的方法，一樣做去。

我們相信汪先生決不貪汙，並且相信汪先生確是「素以廉潔，訓勉僚屬」。但是誰能擔保，行政院，以及行政院所屬成千累萬各機關的工作人員，都是人人能如汪先生的廉潔。假使人人都是汪先生，那麼，監察院盡可不必設立，因為監察院的主要目的，無非在糾彈貪汙，既然中國已沒有貪污的官吏，那麼，又要監察院何用？然而事實並不如此，汪先生自汪先生，貪官汙吏，還是貪官汙吏。我們認定：無論是抗日，是剿匪，無論如何，總先要一個強有力而極得國民信任的廉潔政府，要建立這樣的廉潔政府，就非政府當局和全國輿論，共同合作不可。

現在固不能肯定，行政院政務處長彭學沛，確是貪污，但外間對彭的非議，確是並非沒有。像我們這次所刊的新聞，京滬

方面，登得更加倍詳細的還不知尚有多少。即如領有中央登記證一二四七，內政部登記證二一六二的《社會新聞》在他的第七卷第十九期上，也有一個題目〈彭學沛辭職內幕〉我們真不勝慚愧，我們所知道的，還不及他們十分之一，竟連建築費的詳細經過，都已說出。《社會新聞》，我們不知是何人主辦，但既已正式依法登記，則當然非匿名揭帖可比。如果說我們肆意造謠，那麼，天下的謠言，竟會如此的不謀而合！

若果像我們那樣善意的促起當事者「有則改之，無則加勉」的新聞，可以任意刪扣，那麼，貪污兩字，從此行將與報紙絕緣。這是多麼危險！所以我們願意藉著這個機會，向當局和國民提議，全國國民，人人應以糾彈貪汙為己責，報紙關於此類之記載，不特不應處罰，刪扣，並「緩登」亦可不必，因為貪汙的揭佈，只有越早越可減輕國家之損失，當然不應該緩登的。而新聞檢查的範圍，尤當切實規定，以有關對敵之軍事外交地方治安為限，其餘一切，都應儘量開放。

第二：對於因檢查新聞而施予報紙之處分，總應於可能範圍，儘量求其輕減，因為在國難期間，只須辦報者，並非漢奸赤匪，則在一致對外之原則下，縱偶有疏忽，亦何嘗不可諒解。政府今日，乃在以誠意求取輿論之合作，而不在以威權，箝制人民之喉舌，即萬一不得已而須予以處分，則決定處分之機關，即應力求統一。即以首都言，依照《首都檢查所新聞檢查手續》第七條規定，只中央宣傳委員會，有轉函政府機關依照《出版法》處罰報館之權。若如此次行政院所為，則一紙密令，即可以自由對報館濫行處分。且其處分之理由，即為揭載對本院含有惡意之新聞。此例一開，則首都機關，不下數百，任何機關均可以對本身含有

北平記者公會聲援《民生報》，《世界日報》1934年6月13日3版

惡意為理由，轉函警廳，處分報館，不僅報館有動輒得咎之苦，即於中央宣傳委員會之職權，似乎亦侵越過甚。

我們說的話，已經太多了，現在，謹向全國國民，及有保障人民權利，糾彈官吏失職的政府機關，宣示我們對於此次被迫停刊的意見：

一，我們認為這次行政的處分，全然為一種非法行為，我們為使此種非法行為，不再發生起見，決向法定機關，提起抗告。

二，我們認為現在新聞檢查的標準，日益浮濫，裁制新聞的機關，太不統一，我們不僅為保障自身及全國新聞界權利，應聯合全國同業向中央宣傳委員會，提請糾正。即為促成政府與輿論開誠合作，一致對外起見，此種糾正，也實在認有必要。

最後，我們要感激，在停刊期內，社會各界及同業先進所給予我們各種的援助與同情。我們唯一的答謝，只有本著八年來嚴正獨立之精神與各種腐惡勢力，繼續奮鬥。

報業史料彙誌

百憂譯輯

原載：1934 年 12 月 6 日，北平《世界日報》，〈新聞學週刊〉，第 12 版

世界之部
德報銷路日感衰退

德國日報銷行數量，並不能抗肩英美。而自希特勒厲行新聞統制以來，人民讀報興味大減，因是報紙銷路，益感衰落。據最近「德報概覽」所載：銷行十萬份以上之日報，全國僅十四家。其中最多者為 *Valkischer Beobachter* 日銷三三七·九六一份。次 *Berliner Morgenpost* 約三十萬左右。此外三萬以上，十萬以下者，有九十一家。一萬至三萬者二百四十五家。五千至一萬者，三百六十四家。五百份以內者，一百一十九家。銷數最小者，為巴威路邦（Bavaria）之 *Ottobener Volksblatt* 計日刊一百六十五份。

德報駐外通信員 須儘量撤歸國境

希特勒之宣傳部長哥伯爾[1]，最近勸告德國各報館，請儘可能範圍，將其駐各國特約通信員，設法撤駐國內之邊境。如駐英通信員，可改駐德境之阿爾薩登（Alsatian），駐法通信員，可改駐漢堡。即在此邊境，儘先接讀法英兩國之重要報紙，然後從此種

---

[1] 哥伯爾（Paul Joseph Goebbels，1897 ～ 1945），畢業於德國海德堡大學哲學博士，納粹黨員，威瑪時期曾當選德國國會議員，1933 年希特勒奪權終結威瑪共和後，出任宣傳部長。1945 年 5 月自殺身亡。

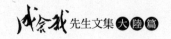

報紙，選取教材，藉作長篇通信之用。其所以有此勸告，蓋因駐外通信員，身處異國，每月所費，數必不貲，此種消耗，實際上，即不管增加他國之收入，而減損自國之財力，實非經濟國難時之德人所應出此。現德國各報，對此勸告，已表示接受，但在必要情形之下，則仍可暫留一部份。如在倫敦之德國通信員，約二十人，現撤退者，僅三分之二云。德政府之新聞與經濟的統制，據此，似亦無微不至矣。

美國新創之報人訓練學校

美國新聞教育，雖極發達，但主辦者多為教育界人士，而將其科系，附屬於各國立洲立大學中。至由新聞界本身主辦，而卓然自成一獨立學校者，則尚未曾有。茲據最近報告：美國費，甘兩城報界公會（Philadelphia-Camden Newspaper Guild），近創辦一「報人訓練學校」，由若干報社代表，組織一教育委員會，負責主持。此種學校，由報業主辦，訓練報業人才，為報業所用，其與一般大學中所設之新聞科系，性質自屬迥異。美人認此，尚為美國新聞界，及新聞教育之創舉云。

【按】北平新聞專科學校，由《世界日報》，《民生報》主辦，其目的及方法，固與上述情形吻合。所異者彼有一同力合作之公會，而此則僅報館獨自經營耳。

國內之部
蔣汪通電開放言論

軍事委員長蔣中正，行政院長汪兆銘，以五中全會即將開幕，特於十一月二十七日，發佈通電。列舉今後，劃分中央地方權限，

即開放言論，發展國民思想等意見。原電約兩千餘言，茲摘錄其
關於言論思想者一節如下：

> 抑尤有進者，國內問題，決取於政治，不取決於武力，
> 不獨中央地方間對此原則應格守弗渝，即人民及社會團體
> 間，依法享有言論結社之自由，但使不以武力及暴動為背
> 景，則政府必當予以保障而不加以防制。蓋以黨治國，固
> 為我人不易之主張，然其道當在以主義為準繩，納全國國
> 民於整個國策之下，為救國建國而努力，決不願徒襲一黨
> 專政之虛名，強為形式上之整齊劃一，而限制國民思想之
> 發展，致反失訓政之精神。蓋中國今日之環境與時代，實
> 無產生義俄政制之必要與可能也。以上所陳，於培養民
> 力，發揚國力，所補至大，願與同志在決議之前，則集思
> 廣益，以折衷於至當，在決議之後則精心果力，以黽勉於
> 實行。庶幾民困可蘇，國難可解，和平統一之途徑，復興
> 民族之基礎，胥在乎斯，掬陳惆悒，惟共鑒之。

史案兇手有人謂知線索

史量才被刺案[2]，迄今已將一月，當局雖一再嚴令搜捕，但尚
毫無線索。在義烏被捕之嫌疑犯湯雲生，則據各方佐證，似屬無
甚關係，惟因待史宅受傷人治癒後到杭指認，確無嫌疑後，始可
釋放，故現尚在羈押中。

最近據杭州三日電，有自稱杭州公民王樂清者，呈浙省府謂：
渠知史案兇手行踪，今日省府已批示，原文如左：「呈悉：所稱

---

[2] 史量才（1880～1934），名家修，江蘇江寧人。先後任教於南洋中學、江
南製造局兵工學堂。清末與黃炎培發起江蘇學務總會，參與回收鐵路路權運

史量才遇刺報導，《申報》1934 年 11 月 14 日 2 版

事果屬事，自應立刻嚴緝，惟究竟真相如何，來呈未曾詳細聲敘，仰即來署聽候詢問，再行核辦」云云。王果確知兇手行踪，於此案前途，自可大有裨益。惟如此重大暗殺案，通風報信，乃以呈文，批令之手續出之，似尚未曾多見。所謂王樂清者，恐亦係艷羨巨額之賞金，而故出此玄虛耳。

動。1908 年任上海《時報》主筆，辛亥革命後被選為江蘇省議員，1912 年在張謇等人的支持下，取得《申報》經營權。史量才自任總經理，陳冷為總主筆，張竹平為經理。並於上海漢口路＼山東路口興建五層高的《申報》大樓，為近代中國新聞事業發展的重要里程碑。據黃天鵬（1953a：111）所述，史量才深受英國北巖勳爵影響，在 1929 年合併競爭對手上海《新聞報》，在天津控制《庸報》，在杭州發行《申報》地方版，朝報業托拉斯的集團化方向發展。1932 年《申報》六十週年時，進行大幅改版，其中最顯著為將〈自由談〉主編一職，由鴛鴦蝴蝶派的知名作家周瘦鵑，改由黎烈文擔任主編，大量刊載左派文人作品，同時舉辦多項文化事業：設立流通圖書館、新聞函授學校、發行《申報月刊》。1934 年 10 月 6 日史量才赴杭州休養，11 月 13 日由杭州返回上海途中，於下午三時行經海寧翁家埠時遭歹徒行刺身亡。

談晚報

成舍我

原載：1935 年 2 月 7 日，北平《世界日報》，〈新聞學週刊〉，第 12 版

> 本文為成舍我先生為《北平晚報》五千號紀念而作。原來
> 的題目，是〈一篇沒有題目的廢話〉。曾刊於去年 12 月
> 29 日之《北平晚報》五千號紀念特刊。因此文內容，係
> 一普遍論晚報之文字，因特轉錄於此，以介紹於尚未讀到
> 本文之讀者。

碰著國家，個人，都是「流年不利」的時候，白紙黑字，儘可能範圍，總是越少寫越安全。然而自家老兄的生日──《北平晚報》，五千號紀念──且事先已被派定了一角跑龍套，無論如何，總不能也藉著「流年不利」的理由，來脫身事外，推卸乾淨。所以，只好胡亂的說些廢話。好在不談國事，只算替自家老兄湊點熱鬧，大約總不成問題吧！

說起現在中國的報業，總算整個都陷在不景氣中，而號稱擁有一百五十萬人口，為全國文化中心的北平，報業的不景氣，較其他通商大埠，尤為顯著。至於北平的晚報，尤其是不景氣中之最不景氣者。目前存在的，就是我們這一對，零丁孤苦，無依無靠的苦孩子。也可以說，這兩個苦孩子，在不景氣和種種環境的壓迫中，已經變成了一對患難生死，共同奮鬥的好弟兄──《北平晚報》和《世界晚報》。

在十年前，當我當了大衣手錶，來創辦《世界晚報》的時候，《北平晚報》，已先降世了兩年有餘，粉雕玉琢，已長得如何可愛！在社會上，曾受到許多的讚許，而《世界晚報》，尚正在呱呱墜地。十幾年的時間，本不算怎樣長遠，然即此不長遠的時間，北平的報業，已經過無數的風雲變幻，雷雨交作。晚報由最盛期的十餘家，到現在卻逐漸凋謝只剩有我們這一對無獨有偶的老兄弟了。從無數疾苦災厄中，奮鬥有今日的紀念——五千號——《北平晚報》同人艱苦卓絕的精神，怎能不讓人們，尤其我們作小兄弟的萬分敬佩！雖然這兩家報館同人，一見面，總不免要互相歡惜，「中國無如辦報難，而在北平辦報，辦晚報尤其難。」因為一方面是政治、外交的環境複雜，不易應付，一方面是國民經濟破產，看一份早報，已非一般市民經濟力量所能擔負，何況再要他們加看晚報。但是，即在如此的環境困難，報業不景氣的形勢下，《北平晚報》，還仍能繼續他的使命，並且今天大家來祝賀他的五千日誕辰大慶。無論從任何方面說，總都是一件極有價值，可以使我們同業——尤其小兄弟，得到無限安慰的快事。

有些人，因為看到北平的晚報業逐漸凋謝，遂不免發生疑問，以為晚報的存在，或許根本困難。他是報業的附屬品，即使環境好，社會景氣，而晚報的發達，也似乎決不可能。這種懷疑，實在很可以阻止晚報業的進步。我們在解除這種懷疑以前，且先舉出下面幾個國家內晚報發達的實例，來看看報業中的晚報，是否僅是附屬品？是否應該長遠停頓在不發達的階段？

專就歐洲來說：英國的北巖爵士，在他辦《每日郵報》以前，已購買了《晚新聞》（*Evening News*）。他一切革新報紙的計劃，都是首先從這個晚報做起。據黑爾特（Harold Herd）的計算。

《晚新聞》已是世界上一切晚報中的銷路最多者。現存的英國三大晚報──《晚新聞》，《星》（*Star*），《標準晚報》（*Evening Standard*），他們的銷路，都沒有在四十萬以下的。雖然比不上日銷兩百萬的《民聲報》（*Daily Herald*），《每日郵報》（*Daily Mail*），《每日快報》（*Daily Express*），但較之不足三十萬的《泰晤士報》，卻已是加倍發達。至於法國，數到最有價值的報紙，晚報比早報更多。甚至還可以武斷的說：只有晚報，是法國最有價值的報紙。譬如可以代表法國外交政策的《時報》（*Le Temps*），曾在拿破崙時代出過風頭的《辯論報》（*Journal Des Debats*）及建築設備一切都最新式的《無敵報》（*L'Intransigeant*），那一個不是晚上發行。即報業比較不甚發達的比利時，在她國內，銷數最多的，還是《晚報》（*Le Soir*）。記得有一次我同謝壽康[1]先生去參觀時，我問那位報館的總編輯，可否告訴我們這報的每日銷行數目。他起初吞吐了許久，我以為他是不願意宣布。但是他終於答覆了。原來他吞吐的意思，據他說：「因為比國是一個小國，報的銷路，當然不能如地廣民眾的中國大。說出來很寒憎，這張報，在比國算第一，但是每天僅銷四十萬，實在太少了，見笑得很！」我當時聽見，真幾乎心上慚愧到無地自容。四十萬份的晚報還算少，請問全中國，所謂最大的報紙，能比得上他十分之一的，有幾家？至於晚報，則更不必說了。以上不過約略列舉歐洲幾個國家內晚報的情形，來證明晚報在報業中，並不是特別

---

[1] 謝壽康（1893～1974），字次彭，江西贛縣人。1911 年以公費生資格留學歐洲，先後畢業於巴黎政治學校、瑞士羅山大學政治學士、比京大學經濟博士，獲選為比利時皇家文學院院士。1929 年歸國，歷任外交部駐比利時使館代辦、駐瑞士公使館代辦，1942 年奉命開設駐教廷公使館並任命為全權公使，1959 年特任為駐教廷特命全權大使，1974 年逝世（國史館現藏民國人物傳記史料彙編第 25 輯，pp.470-471）。

不應該發達。那麼，我們又怎能自暴自棄的說：辦晚報根本是自家瞎了眼睛？不發達，活該！逐漸凋謝，更是適者生存的自然公例。

本來，報業的發達與否，決非報紙本身所能單獨決定。他是與一個國家的政治安定，教育普及，生產興旺，交通便利等，都有密切不可分割的關係。英國的近代報紙，北巖所以能獲得驚人奇蹟，固然有北巖的天才，但若使北巖生在中國，甚至到北平來辦晚報，恐怕也一樣的要感到凋零。尤其教育問題，談英國報業發達史者，無不歸功於一八七〇的教育普及案[2]，因為若沒有這個教育普及案，英國報紙的大眾化，是沒有那樣容易。就北平說，試問在一百五十萬人口中，不識字的佔多少？字尚不識，如何看報？至於年來政治的不安定，和生產，交通種種的衰落閉塞。特別是國民經濟已瀕破產，一百五十萬北平市民恐怕就有半數以上，天天在那裏生活恐慌。吃飯尚發生問題，看報，自然要放後一步。所以北平報業，整個的陷在凋零的氛圍。至於晚報，是人們知識程度愈進步，生活愈優裕，需要消息傳達的迅速愈迫切，然後晚報乃愈發達。比如法國的《無敵晚報》，他幾乎從每天下午起，每隔一小時，出版一次，每次不過將他的「最後消息」隨時抽換，其餘大部份內容，並不變更，但是在巴黎的人，儘管買了第一版、第二版，若果第三版、第四版來了，還是一樣的搶著購讀，這是因為他們知識進步，生活較好，有消息傳達迅速的需要。現在北平的市民，根本還大多數沒飯吃、不識字，談不到看報，那麼，消息的迅速與否，自然更談不到。再加上其他環境的壓迫，所以

---

[2] 此處所指為《1870年小學教育法》（Elementary Education Act 1870）。將教育視為公共服務與需求的教育改革方案，為當代英國教育國家化的關鍵法案，規定5-12歲的兒童必須強迫接受教育（周愚文，2008）。

北平的晚報，就成為不景氣中之最不景氣者了。這是整個的政治，教育，經濟，交通問題，決不是僅僅報紙本身的缺陷。——固然，在這樣形勢之下，報紙本身的缺陷，當然也就無法避免。

北平淪陷後《世界晚報》被迫更名《新民晚報》，《世界晚報》1937年12月30日1版

不過我是一個相信：「中國亡國則已，如不亡國，則最近的將來，中國報業，尤其晚報，一定會要有驚人的進展的」。因為中國的政治，教育，生產，交通，若果長是停滯在現有的階段，那麼，中國必亡無疑。既不亡，則政治必安定，教育必普及，生產必興旺，交通必便利，在整個國家，那樣的進步發達之下，中

國報業，自然也會跟著進步發達。而晚報因為人們對於消息迅速的需要增加，更有比一般報紙，特別發達的可能。北平擁有巨額的人口，又是我們貴國的文化中心，所以，未來北平的晚報，一定會打破現在的不景氣，這是無可懷疑的。

因此，敢乘著我們老兄五千日誕辰的機會，來敬祝他「壽比南山。」並期望我們整個的報業聯合起來，繼續奮鬥，繼續為國家、民族的利益奮鬥。不過這整個國家民族生死存亡的過渡時期，是否未來的環境能容許我們這班無依無靠的苦孩子，——職業記者——存在下去，尤其強鄰的壓迫，是否我們的國力，能保護我們這班民族意識比較堅強的苦孩子，還長久站在國防前線的北平，為國家民族的利益奮鬥，那卻都是問題。我們只有照抄兩句古話來做這篇廢話的結束。

「鞠躬盡瘁」，「盡其在我！」

報紙救國

成舍我

原載：1935 年 11 月 14 日，北平《世界日報》，〈新聞學週刊〉，第 13 版

「救國」兩個字，根本已被人聽得討厭了。而我們還要提出什麼「報紙救國」，姑不論理由如何正當，但至少總要受著「濫調」「無聊」的譏評，甚至還有人說『正和火腿店的廣告一樣，賣一隻火腿，送一條航空獎券，廣告上就登著大字，「火腿救國」，新聞記者提出「報紙救國」的口號，其用意比著「火腿救國」，一定沒有差別。』然而笑罵由他笑罵，.管他「火腿救國」也好，「鹹魚救國」也好，我們在報言報，做新聞記者的總不得不受著愛國熱情的驅使，所以，我們現在，還只有大聲疾呼，「報紙救國」。

我們在這個時機提出這個口號，並不是憑空妄造。因為我們最深切感到的，最近幾十年來，中國的政治，為什麼一天比一天腐化？中國的國勢，為什麼一天比一天衰落？許多人說，政治不良，是因為政治制度太壞，非徹底革命，打破現有的政治制度不可，國勢衰落，是因為科學不發達，大砲飛機，造得不如人家好，非拚命提倡科學不可。這些話，當然是言之成理，持之有故，我們是無可反對的，然而，推本求源，這都還不是真正的根本治療。

中國真正的根本毛病，究竟在什麼地方？說破了，老生常談，一文不值，但我們卻堅決不移的認定，只有開發中國最大多數國民的知識，讓他們都能了解個人和國家的關係，這才能有起死回生的希望。否則頭痛醫頭，腳痛醫腳，決不是根本治療。因為中

國真正的根本毛病，只是最大多數的國民，知識太低，不認識國家，過分缺乏了國家意識。

這大概每一個到過國外的人都知道的吧，在所謂一等強國的國土內，無論農民也好，工人也好，做生意的也好，甚至六七十歲的老媽子也好，假使你和他談起他的國家前途和世界大勢，雖然他比不上知識階級的對答如流，最低限度，總不會說，「國家太平要靠真命天子出世」，「出美人的就是美國，齊天大聖或許到過的」那一類荒謬絕倫的話。記得民國十八年，我和幾位朋友住在巴黎都來福街一所小房子裏，這房子的主人，是一個鐵廠工匠，一切家務，由他一位六十多歲的老太婆管理。那時正值義大利和法國，為著一些零星問題，忽然形勢嚴重起來，兩國各陳兵邊界，大有一觸即發之勢。報紙上天天登著驚人的大字，並鼓勵人民，準備一切，作政府後援，這位六十多歲的老太婆，是天天要到所有住客的房間，鋪床掃地的，平時進來，她總滿面春風，歡喜和客人談些小故事，在這意法風雲緊張的時候，我們忽發現，她神情大變，老是哭喪著臉，一言不發的低頭做事。我們為著好奇心驅使，於是趁著一次她有事情來交涉，就想出方法來探問她最近有什麼不快樂的事情。不料她竟滔滔的不絕的，將真心話告訴我們。她說：『因為這幾天，義大利太欺負我們法國了，看這樣情形，假使義大利不讓步，我們的政府，是會要不惜一戰的。我有三個兒子，大的、和第二的，都在歐戰中被犧牲了，只剩第三個，那時還沒到服兵役的年齡，現在他的年齡已足，一旦打起仗來，免不了被徵入伍，現在飛機大砲的兇猛，比歐戰更加百倍，我一想到大二兩兒的死去，就替我這碩果僅存的孩子擔心，所以這幾天幾乎連飯也吃不下了』。我們就安慰她，說：『你不可以

150

想法子，叫你兒子，早些躲避麼？』她把臉一沉：『這是什麼話，國家榮辱所關，我怎能作這樣無心肝的事，況且我就要做，我兒子也不會答應的』。我們問她，這些意法交惡的消息，從何處聽來？她於是指著我們桌上放著的一份小日報（*Petit Jonsnal*）說：『我天天看這個報，一切都是他告訴我的』。老太婆走了，我們一方面固然覺得她神經似乎過敏，一方面我們卻不能不特別感動，這樣勞動社會中的一個老太婆，居然會有如此飽滿的國家思想，比起我們貴國闊人們的老太太，一聽見風聲不好，就逼著兒子搬家的，豈不要令人愧死！

勞動社會的老太婆，尚且如此，等而上之，他們國家觀念的發達，當然更不待說——自然也有不少的例外——所以對內無論被路易十六，拿破崙叔姪如何壓迫，對外無論一八七一，被普魯士如何蹂躪，而他們的民主政治，到底完成，他們的國家，總是滅亡不了。他們並不是菩薩保祐，唯一原因，就在最大多數的國民，能認識國家和自己的關係，國家的榮辱存亡，就是自己的榮辱存亡，他們本著這種精神，掀起了一七八九的大革命，五十年後，報復了一八七一城下之盟的恥辱。至於這種國民精神的養成，最大功臣，無疑的，一方面是國民教育，另一方面就是大眾化的報紙。

的確，我們在這些被認為一等強國的國土內，即以上面所說的老太婆為例，每天早起，總看見他從菜市回來，手上挽著一個菜籃，籃子裡面，裝些麵包小菜，而蓋在籃子上面的，總是一份人人可以買得起看得懂的大眾化報紙。她並沒有兒子女婿親戚朋友做大官，想在報統上面得到他們的消息，但她對於國家大事，卻能如此了解、如此關心。中國呢？廣大的鄉村，固不必說，即

《世界日報》〈婦女界〉抗日救國專號，《世界日報》1932年
3月19日5版

以重要都市而論，有幾個被目為下層社會的人，能買得起看得懂一份報，因為買不起，他們也就索性不買了，因為看不懂，他們也就索性不看了。再加以國民教育的不發達，所以最大多數國民，對於國家，總覺得那是另外一些人的私有物，與他們不生關係。他們的腦筋，沒有什麼國家存亡榮辱的觀念，大清帝國也好，中華民國也好，甚至再換一個招牌，似乎也無所謂。人家幾千萬國民，就有幾千萬國民和國家共存亡，我們號稱四萬萬五千萬大民族，但是遇到敵國外患，恐怕至少就會有五分之四，天天在那裡要想掛洋旗。「民為邦本，本固邦寧」，試問這樣的國民思想，如何可以撐得起幾百萬方里一個世界上偌大的國家？

因為有這樣不幸的現象，所以我認為「報紙救國」，實在是中國眼前的對症良藥。我們必須藉著報紙的力量使每一個中國人，都知道國家和個人，是一而二，二而一。貪官污吏侵吞了國家一個小錢，大家心痛，就等於自己家裏辛苦餵成的雞鴨被扒手偷去一樣，縱然不能請求警察作有效的追捕，但是假若知道了這個賊的所在，一定要去和他拚個你死我活。至於國家領土，若是遇到異族的侵略，那麼，佔去了國家的一寸土，就等於各人自己的一間屋、一畝田被人霸擄了一樣，只要有一分力量，子子孫孫，總不肯善罷甘休。人人如果都有這樣國事等於家事的精神，豈但目前的內憂外患，不成問題，就是中華民國，整個被人家征服了，

我們也自有光復舊物、還我河山的一日。

　　所以我們雖然在這「救國」二字極不景氣的
要揭起「報紙救國」的大旗。因為我們認定了，
眾化報紙的興起，那才是中華民國的根本救星。

我所理想的新聞教育

成舍我

原載：1935 年 4 月 11 日，北平《世界日報》，〈新聞學週刊〉，第 12 版

最近上海《申報電訊社》所辦《報學季刊》[1]，第一卷第
三期中曾有關於普及新聞教育問題的討論。下面成舍我先
生的這篇文章，就是為應該刊徵請而作。因為新聞教育，
是目前中國新聞事業發展中一個比較最可注意的問題，成
舍我先生，近年來曾在平自辦新聞專科學校，提倡手腦並
用。這篇文章，又是發表他的一種對於新聞教育的理想，
自是極可注意的。故茲特徵得其同意，轉錄於此。

《報學季刊》的各位先生，因為本期要討論普及新聞教育問
題，叫我寫一點對於新聞教育[2]的意見；同時，並要我將正在嘗
試中的北平新聞專科學校概況，介紹給大眾。我對新聞教育，本
沒有深刻研究，至新聞專科學校，他創辦僅僅兩年，還正在幼稚
時期，也實在沒有向大眾介紹的價值。不過，我欠《報學季刊》
的文章債，實在不好再賴，為還債並答謝各位先生的盛意起見，

---

[1] 《報學季刊》為上海《申報電訊社》於 1934 年 10 月出版，但在 1929 年張
靜廬於上海創辦光華書局時，也曾發行由黃天鵬主編的《報學月刊》，作為
原由北京新聞學會出版的《新聞學刊》之延續（黃天鵬，1956）。1941 年燕
京大學新聞學會也曾出版《報學》。1948 年南京《中央日報》出版《報學》
半月刊，1951 年台北市編輯人協會也曾出版《報學》半年刊。

[2] 中國近代新聞教育，於 1918 年北京大學成立新聞學研究會，定新聞學為選
修課，聘徐寶璜主持課程為起始。之後，1920 年上海聖約翰大學創辦報學系，
1921 年廈門大學將報學為創校八科之一，1922 年北平平民大學設新聞學系。

所以將這兩個題目，合併起來，勉強寫出下面這篇卑不足道〈我所理想的新聞教育〉。

所謂理想，或許會被人指為一種烏托邦，也未可知。但我的原意，要想替中國今後的新聞事業訓練一些手腦並用的小朋友。假使這些小朋友，真能完成他們的學業，那麼，他們將來的技能，是一方面穿上長衫，做經理，當編輯，一方面也可以換上短衣，到印刷工廠中，去排字，鑄版，管機器。當然這種理想，難免不失敗，然而這確是我現在對於新聞教育所懷抱的意見，也就是我們創辦新聞專科學校的唯一動機。

這種理想的試驗，是從民國二十二年四月十二日新聞學校成立時開始，到現在已恰將兩年了。我們抱持這種試驗，分作三個階段。第一，初級職業班；第二，高級職業班；第三，本科。第一、第二兩階段，各為兩年，第三階段三年。換一句話說，就是起碼七年，才可以將這個理想，試驗終了。不過一個學生，從初級到本科，雖然共需七年，但他若因為家庭經濟，或個人興趣的

成舍我於燕大新聞系講「新聞家必具條件」，
《世界日報》1930 年 3 月 1 日 5 版

1923 年美國密蘇里大學新聞學院院長威廉博士，與英國北巖勳爵陸續訪華後，對新聞教育日益重視，各大學陸續成立新聞系：1924 年燕京大學、1925 年南方大學、1926 年光華大學，1929 年復旦大學，1934 年南京中央政治學校外交系增設新聞學一科，1935 年正式成立新聞系。除學院體制化新聞教育外，上海滬江大學與《時事新報》合辦新聞學訓練班，隔年改制擴充為新聞系。1933 年上海《申報》成立函授學校，1933 年北平《世界日報》與南京《民生報》成立北平新聞專科學校（黃天鵬，1953b）。

關係，不能一次繼續度過如此長久的時間，那麼，在每一個階段終了，我們也已替他準備了相當工作的能力。所以三個階段，也儘有分劃的餘地。第一階段的初級班，他主要課程，是屬於印刷方面的排字，鑄版，管機器，第二階段的高級班，主要課程是屬於事務方面的發行，廣告，會計，簿記，至於第三階段的本科，則當與法學院中各種分系相當。而在每一階段中，

北平新專舉行開學典禮，《世界日報》
1933 年 4 月 9 日 7 版

都兼包有新聞學概論，採訪，編輯和新聞事業中必須的技能，如攝影，速記，譯電等。初高兩級，並講授社會科學大意、自然科學大意，以充實其常識。我們訓練初級班，目的是造就印刷工人，高級班造就發行，廣告及事務上管理人員，本科則為造就一方既常識充足，一方且學有專長，而對新聞事業，又已得到深刻了解的編輯採訪和報業指導者。依據這樣計劃，所以一個真能經歷三個階段，修畢七年課程的學生，他一定對於新聞事業全部的必需技能和知識，都可以相當明瞭。那就是前面說過的，他穿上長衫，可以做經理，當編輯，換上短衫，也馬上就可以排字，鑄版，管機器，這就是我們所提倡的手腦並用。即使僅僅經過第一階段的學生，他在畢業後，除印刷以外，對於編輯採訪和其他報業技術，也不會和其他工人一樣完全不懂的。

從民國二十二年四月十二日起，新專成立，初級職業班開辦，今已兩年，快到畢業的時候。這一班初級學生，共四十人。他們現在已能排字，製版，開機器。雖然編輯，採訪，不是他們主要

的課程，但因為他們十分愛好的原故，經過這兩年的附帶訓練，似乎也勉強可編，可訪。學校中有排，製，印的實習工廠，並舉行過自編自印小型日刊的練習。在這個小型日刊上，從社論，編，訪，排，印，以至用自行車將刊物送給讀者，都是由學生擔任，不許有半個外人參加工作。經過這樣假「日刊」演習以後，到了第二學年開始，就更進一步將北平《世界日報》的〈北平增刊〉和《世界畫報》，在教授指導之下，都劃歸他們去實地排版印刷。並將一部份編輯採訪的職務，也交他們負擔。而《世界日報》的社會，教育，婦女等版的新聞，有時並指定他們出外採訪。他們編訪的能力，固然還談不到十分滿意，但就他們的學程說來，實已出乎我們的預算之外。

過去兩年中，他們對於實習，都很努力，尤其採訪，在被派出以後，除非得到結果，他們是不願空手回來的。有一次，因為採訪一條重要新聞，派兩組學生，分別活動，甲組從早晨等到午夜，算是有了圓滿結果，但已兩頓飯都犧牲了，乙組不幸得很，雖然也是同樣的時間回來，但終於沒有結果，於是有一個學生，回到學校，就抱頭痛哭。這種精神倘他們將來還能永遠繼續的保持，那麼，新聞記者的第一個信條「忠於職守」，或許會不致被他們違棄。依據我過去辦報的經驗，新聞記者，尤其外勤，他們最容易也最危險的毛病，就是不能「忠於職守」。所以不「忠」的原故，第一，是缺乏忍耐性。有些外勤往往因為急於銷差的關係，消息竟任意捏造，騙自己，騙報館，騙讀者。我在北平記得有這樣一個故事，好多年前，有一家現已停版的晚報，某次，派一外勤，到車站接晤與時局有重要關係之南來某君。適火車誤點，這位外勤，不能久等，遂離開車站，杜撰了一段新聞說：「某要

人某時抵站，詢其任務，多不置答，惟言，此次北來，沿途印象甚佳」云云。在這位外勤的用意，必以為早報上已有某要人昨夜過濟南的電報，而一般人，又向來不願對記者說真話，「印象甚佳」，幾乎是千篇一律的要人口吻，火車雖然誤點，但總是要到的，等著了，也不過這幾句話，倒不如先造幾句，省得在車站苦守。在他必以為聰明過人，萬無一

北平新專成立採訪新聞組，《世界日報》1933年5月16日7版

失，不料某要人的行止，卻偏軼出這位外勤的意想。他中途從天津下車，當日並沒有到平。於是這家晚報，大標其某要人今早到平談印象甚佳的新聞，結果是竟被人笑為「白日見鬼」。這個故事，我常常拿來警告一般擔任外勤的朋友。而我對於這些學生的訓練，採訪方面，總是叫他們守著「與其信用耳朵，不如信用眼睛」的原則，如果眼睛真沒有法看見，也只好自認失敗，終比捏造的好。就這過去兩年的情形看，似乎他們還能夠相當忍耐，而沒有那些造謠捏報的惡習。

初級職業班，定今年四月十一日畢業，在他們四十人中，有三分之二，已決定升入高級，有三分之一，則請求學校，送《世界日報》服務。《世界日報》，也已決定將此三分之一的畢業生，儘數留用，打算每天以一半時間，叫他們用手（印刷），再以一半時間叫他們用腦（採訪或報業管理），實行我們手腦並用的初

步理想。

今年秋季始業，就開辦高級職業班，試驗我們第二階段的理想。同時還再招一初級職業班，以補足本年畢業的班次。初高兩級的學生，是完全免費，不收分文。至於學校的經費，則過去均由北平《世界日報》及南京《民生報》擔任，兩年來，已經用去的，大約兩萬元左右，今後的擴充，董事會正在設法籌劃中。

除初級職業班以外，去年因為受《世界日報》的委託，還先後辦了一個報業管理特班，和電訊特班，前者半年，後者三月畢業，都現在《世界日報》服務。報業管理班，是應當時《世界日報》改用複式簿記的需要，電訊班則為翻譯電報，及收聽國內外廣播電報之用。服務成績，均尚不惡。這是不能等到高級職業班畢業，所以才先開辦兩種特班的。

我所理想的新聞教育，及這兩年來在新專試驗的經過，其輪廓大致已如上述。至於我為什麼要決心來作這種或者被人指為烏托邦的嘗試？第一，我從未來新聞事業的組織上設想，覺得未來的新聞事業，他的內部組織，不但應消滅資本勞動兩階級的對立，並且連勞心勞力的界限，也應該一掃而空。因為新聞事業，是社會組織的中堅，是時代文化的先驅，我們固然不敢預想未來的中國，將有怎樣方式的社會和文化，但無論如何，若將中國未來的報紙，也組成像資本主義化的美國黃色報紙一樣，試問這種報紙，於未來的社會文化，有什麼利益？民國二十一年，我在北平燕京大學，演講〈中國報紙的將來〉。關於報紙的組織問題，我的意見，是：

　　未來的中國報紙，他應該受民眾和讀者的控制，他的主權，應該為全體工作人員，無論知識勞動或筋肉勞動者

所共有。他在營業方面雖然還可以商業化，但編輯方面，

卻應該絕對獨立，不受商業化任何絲毫的影響。

　　這就是我不但想打消勞資對立，並且連勞心勞力的界限也要打消的一種建議。但是我們既打算將一個報館的主權，交給全體工作人員，那麼，就現今一般報館中的勞力者尤其印刷工人而論，他們知識和道德水準的低下，自然無可為諱，一旦叫他們接受並行使這種主權，當然非常困難，就是貿然接受，等到行使起來，其結果也會要有名無實，像辛亥革命後中華民國的老百姓一樣。中國國民黨有訓政，我們想要改進未來新聞事業的組織，似乎也應該先有一個訓政。這個訓政工作，一方面設法就已有的勞力者，提高他們知識和道德的水準，一方面我們來從根本做起，徹底訓練一般新的報業人員。這些新的報業人員，他們將沒有勞心勞力的區別，他們一方面可以做勞力的工人，一方面也可以做勞心的經理，或編輯。整個報館，就是他們的所有，他們儘可各盡所能，各取所需，如此，則不但整個報館的組織，可以得到新的改革，而報館內部，也一定容易協調，大家都感到共同團體，努力奮鬥的必要。像現在一般報館中常發生的勞資糾紛，及印刷工人與編輯間每每無謂的爭執，衝突，總可以不致再有。我辦新專的理想，就預備最後能將這些新的報業人員，多應用到這種新的組織上去。第二，再就報館的技術方面說，勞心勞力，實在也有融會貫通的必要。固然學術愈進步，工作愈專門，一個人決難全知全能，報館的技術，當然也不能例外，專門的工作，自當讓專門的人才去做。不過一個報館的工作者，一方面應該有專門的技術，一方面對報館全部工作，也應該普遍了解。正如一個專門醫生，他儘管是喉科，或是眼科，而他對於人身整個生理的構造，卻不能不普

遍了解一樣。往往受過高等教育，甚至在大學新聞系畢業的人，當他開始走進報館的編輯室時，他最易感到的麻煩就是印刷工人不能指揮如意。有時編輯方面，要這樣排，而印刷方面，偏說這樣排是不可能。有時編輯方面，以為稿子還不夠，而印刷方面卻說已經發多了。如果發生爭執，編輯方面，總大多不能說明技術上的理由。固然有時係印刷工人，故意偷懶搗亂，但當編輯的，假使他對於印刷，早就有過經驗，最低限度，他已知道排版和計算的方法，那麼，這種麻煩，是很易解決的。如果照我們的計劃，編輯就是工人，工人也就是編輯，那自然更不成問題了。無如直到現今，編輯和印刷，還差不多是劃成兩個世界。許多初到報館當編輯的，連字體大小，一行大題，應該用幾個頭號，幾個二號，還弄不清，那裡還能從技術上，使印刷工人，完全折服。所以遇到一個印刷技術的爭執，儘管編輯方面的主張確當，也往往不能不為工人所屈服，反過來說，有時印刷方面的主張確當，但因為編輯地位較為優崇，在工人勢力不很強大的地域，他們恐怕開罪編輯，也只好將錯就錯，敷衍編輯的面子。這種情形，當然從報館立場說，都是於報館不利。一個有印刷知識的編輯，不但他不會感受到印刷方面的麻煩，並且的確可以在技術上，使報紙形式，比一個沒有學過印刷的編輯，編得生動美觀。至於在印刷方面工作的，假使他有編輯同樣的學歷，那麼，工作的迅速，和錯誤的減少，甚至編輯發稿時匆忙中沒有注意到的疏忽，都可以代為糾正。這與普通工人的效率，當然是不可並論。而平常因為改正排字錯誤，以犧牲於初校二校大樣等的巨量時間，也可以從此節省不少。這就是我主張勞心勞力不可分別的第二理由，並且這樣的例子，不僅印刷與編輯為然，普通一個報館中所謂階級最低之報

差、信差，實在同時也可以兼做一種很重要的職務——外勤。比如《世界日報》，他平時有五十名以上騎自行車直接送報的報差，他們每日除送報的兩三小時工作以外，其餘都閒坐無所事事，如果這班人是受過新聞教育的，那麼，他們於北平情形，甚至在他送報的區域以內，每條胡同中，每一重要住戶的生活起居，他平時照例都十分清楚。因為他們天天送報的緣故，自然也就有了同郵差警察同樣與住戶熟習的機會。他們騎車技術，很好很快，每天必須有幾個小時，穿行全市，如果指定他們同時負起採訪的責任，那些街上突發的事件，自一定很少逃過他們的眼睛。這比報館專請幾位無事不出門，出門必僱車的外勤記者，效力要如何來得偉大！諸如此類，不勝枚舉。總之，報館的工作，都應該由受過新聞教育的人擔任，尤其今後的印刷技術，突飛猛進，中國的排字方法，也一定會要大大革命。這都絕非無知識的工人所能肩負得了。凡是同在報館工作的人，沒有什麼上等下等的分別，換一句話說，就是沒有什麼勞心勞力的分別。第三，從未來報紙大眾化的傾向著想，消弭勞資對立，並訓練手腦並用的工作者，更有急切的必要。因為我們要報紙大眾化是要報紙真能走到民間去，如果大眾化的結果，只是造成幾個像美國一樣的黃色報紙大王，他們只知道個人發財，不管社會遭殃，那麼，這種大眾化的報紙，試問於大眾有何利益？綜括以上所述，由報館的組織，技術和大眾化三方面來看，所以就形成了我對於新聞教育的一種理想，更催促我下了開辦新專，從事試驗這種理想的決心。

本來新聞教育，是一個新興的部門，他是否有獨立的價值，到現今還在許多人的爭論中。雖然歐美各重要國家，他們的大學中，不少有新聞課程的設置，但十分之九，都不過聊備一格，就

北平新專三週年紀念，《立報》1936 年 4 月 12 日 4 版

歐洲各國與美國比，美國的新聞教育當然較歐洲發達。歐洲多偏重學理的探討，而美國則偏重實用。美國最完備的新聞學校，當首推密蘇里大學的新聞學院。據該大學發表的校務報告上說：自一九〇八起修新聞學者，得授予學位，在全世界當以此校為最先（It is the oldest school of journalism in the world. Having begun instruction leading to a degree in journalism in the fall of 1908.）。他課程內容也以實用為主。學校內並有三種實習的刊物，他的日刊 *Columbia Missouri* 簡直和一個普通的地方報紙沒有分別。他在當地銷行很廣，除印刷部分外，廣告和編輯採訪的人員都全由學生分任。他們當學生時，已有這樣由實習得來的豐富經驗，所以畢業以後到美國各地報館去服務，都很有滿意的成績。我們隨便到美國那個報館中去，幾乎總可以遇見這個學院出身的學生。中國的名記者，從這學校畢業的也不少[3]。雖然這是美國人辦的學校，是為美國報紙而訓練的學生，裏面所教授的，不能盡如我們今日的願望。然而就現在全世界已有的新聞學校看來，似乎能像他那樣完備的，實已是不可多見了。

---

[3] 中國第一位赴密蘇里大學新聞學院取得學位者為黃憲昭，之後陸續有董顯光、馬星野、汪英賓、梁士純、沈劍虹、謝然之、王洪鈞等人。以《紅星照耀中國》、《西行漫記》享譽中外的斯諾（Edgar Snow），也畢業於密蘇里新聞學院。

　　自來輕視新聞教育的人們，總以為新聞教育，其目的只是訓練一些技術的人材，是職業教育的一種，沒有什麼高深學理的研究，不能成為一個學術上獨立研究的部門。所以到現今中國的大學中還沒有正式允許新聞學系的存在，更談不到正式的新聞學院。其實新聞教育，一方面固然是職業教育的一種，一方面何嘗不含有高深學理的研究，尤其號稱民本主義的國家，新聞教育，更有積極提倡的必要。韋爾斯著《世界史綱》，曾反覆聲述，民主政治之鞏固與發展，惟視新聞事業之能否普及光大。至於新聞教育的學理方面，如新聞道德對於社會之影響，公共輿論之如何形成，羣眾心理之如何善導，及各國報紙與其國內政治文化演變關係之所在，何一不需要有系統的高深研究？豈可以職業教育，而抹殺其學術地位？如果說，受新聞教育的人，將來不過想做一個新聞記者，沒有什麼高遠的目的，就認為新聞教育，沒有學術上獨立的價值，那麼學醫的，百分九十九，做醫生，學法律的，百分九十九，做法官，當律師，為什麼國家不禁止辦醫科大學，和法科大學，這真是有點奇怪。況且自民本主義的立場看來，職業教育，與文化教育本沒有什麼分別。杜威民本主義的教育，就曾極力打破這種界限。徹底的說，無論哪一種教育，都包括著實用和研究。寇墨留氏（Comenius）嘗謂：增進知識，須先教以實物，又謂：教育須能實際應用於日常生活。現在已有許多教育家，將法律，政治，經濟甚至陸海空軍事學科，都認為職業教育，那麼即使認定新聞教育只是職業教育的一種，也不應該有任何被人輕視的理由。

　　我的意思，新聞教育，一方面是職業教育，一方面也是文化教育的一種，技術的訓練和學理的研究，都應該同樣重視。不過

就學習的便利，可以有先後時間的分劃。像我們這個小小的新聞學校，在第一第二兩階段，比較的偏重技術，在第三階段，則大多數課程，都已研究為主。當然我們的目的，是要他們將來能在新聞事業中，做一個真能手腦並用的工作員，但同時也盼望他們能對於新聞教育的學術方面，將來有相當的供獻。不過我們現在所試驗的，僅止是一種未成熟的雛形，成功與否，還要靠國內同業和新聞教育家先進的指導與援助。我生平最佩服斯賓塞兩句話：『不能遮雨，不是好雨傘，正因為雨傘的目的就是遮雨。』那麼，我們要判斷這個理想的前途是好是壞，只有看他將來是否能達到我們改進中國新聞事業的目的。

因為對上面所說的話，想再給他一點補充意見，特再將民國二十二年四月十二日新專開學時，我所講的一段話，附抄如下，以作此文的結束。

（請參考本文集〈如何使報紙向民間去〉一文）

一個真正的報人

成舍我

原載：1935 年 11 月 14 日，北平《世界日報》，〈新聞學週刊〉，第 13 版

　　我所知道的戈公振[1]先生，只是一些片段的回憶。因為從認識到他的死亡，雖然至少在七年以上，但我們有著見面談話的機會，恐怕至多還不到二十次。

　　他並不是一個三頭六臂的超人，我們正不必因他死了，而去過分的恭維。過分的恭維，只足使虛矯狂妄的活人，聽著高興，在道德水準，達到相當程度的人們，活時聽著，固然要感覺肉麻，死後有知，靈魂也會要不安的。我們同時代、同職業的朋友們，在他生前，或者既很誠懇的不忍，或者很吝惜而別有懷抱的不肯讓他肉麻，那麼，當他死後，我們又何苦反要使他，或許要增加靈魂上的不安，所以，在我理性的認識中，無論生死，公振只是一個平常人物，不過，正因為他平常，才可以顯出他許多地方，

---

[1] 戈公振（1890～1935），名紹發，字春霆，江蘇東台人。1912 年經人介紹進入《東台日報》，擔任編輯與圖書管理工作，1913 年由夏寅官介紹，擔任由上海《時報》創辦人狄葆賢所經營的有正書局圖畫部學徒，1914 年正式進入上海《時報》，服務於上海《時報》期間，戈公振首創圖畫附張、增出《圖畫時報》。1925 年，根據 F. N. Clark Jr. 所著之 *The Handbook of Journalism*，編譯成《新聞學撮要》（上海新聞記者聯誼會出版）。1927 年，出版《中國報學史》（商務印書館出版），為中國第一本新聞史專著。曾先後於上海國民大學、南方大學、大夏大學、復旦大學擔任報學系（或新聞學系）主任與教授，講授新聞學和中國報學史。1927 年赴歐美遊歷考察，1928 年應史量才之邀，進入《申報》工作，擔任總管理處設計部副主任兼攝影新聞社主任。1935 年 10 月 22 日因腹膜炎，病逝於上海（熊尚厚，2011）。

值得我們的敬佩和追憶！

　　現在就我所能浮起的一些片段記憶，寫在下面：

　　第一，公振是一個很謙和而不自滿的人。記得民國十八年，當我出國的時候，他曾將新著的《中國報學史》，送我一部，並很鄭重的說，因為這種東西，在中國還是初見，我大膽嘗試，一定有不少錯誤，希望朋友們能儘量替我校正，三十五天的海上旅程，是最好替我校書的機會，希望你能細細的看一遍。公振這本書，在中國確是創作，一經出版，早已譽滿天下，而他還這樣不肯自滿。我雖然不配替他校正，但我卻很細心的在船上一頁一頁的讀過，有幾處地方，覺得有可懷疑的就圈出來，預備將來寫信或當面供給他一點意見。其中有幾句話，在全書並不重要，然我卻覺到十分奇怪的。就是《報學史》中曾說：英國的報紙，真能替民眾說話，如果一個人為著公共利益的事件，投函到報館，一連三次，報館仍不登載，那麼這個投稿的人，是可以向法庭控訴的[2]。大意如此，因手邊並沒有這本書，所以沒有引錄原文。我想，英國報紙，如果真能有這樣法律，那真不愧為「輿論機關」到了倫敦以後，我時時設法，想得到這段話的證明，問了好些人，都說不知道。有一次，一位倫敦大學的教授，約程滄波先生和我，在他家裡茶會，同座的有好幾位英國名記者，我當時曾將這話，

---

[2] 據戈公振（1964：454-455）《中國報學史》所載：「報紙為公眾而刊行，一評論，一記事，又無往而非關於公眾者。故為公眾而有所陳述，報紙實負有介之義務也。此種陳述，依其性質，可分為二：一為積極的，希望公眾事業之進步者；一為消極的，更正新聞記載之謬誤者。我國報紙之態度，普通對於前者似認為主筆之專責，對於後者只視為當事人之特權。其偶設有「自由投稿」欄者，亦明難符實。一則因報紙不肯盡量宣布以開罪於人，一則因投函者嘗取謾罵態度，有越討論範圍。於是「議論公開」之說，在我國遂未由實現！其在歐美無論何人，凡關於公眾之問題，均可投函報紙，苟三次不予發表，得訴諸法律；不過報紙為節省地位，得酌量刪削耳。」

問一位《泰晤士報》的編輯，他趕著連忙搖頭說：「沒有，沒有。」
還說，「假若英國有這種規定，我們報館，只好天天打官司了，
因為即就《泰晤士報》而言，每天登出來的「致記者函」，總不
過佔投函總額中百分之二三，最大多數，都是擲在字紙簍的。

　　我記住這話，回國時，公振請我吃飯，我首先告訴他這件事，
同時還提出一些別的意見，在我本覺得太直率了，不料他竟很坦
白的答應：「這本書，錯誤和應該補充的地方太多了，我正在準
備修正」。這是如何誠懇而光明，的確我在歐洲的時候，同時聽
到公振在歐洲的許多朋友告訴我，公振幾乎每個月都有信給他們，
指出一些可以蒐集中國報史材料的地方或書籍，請他們代為抄寫
或購買。像這樣求真實的態度，試問現在一般東抄西抹自命學者
的人們，那裡能比上他的毫末。何況公振這本《報學史》，無論
如何，在中國報學著作中，總可以算得不朽呢！

　　第二；公振辦事，責任心特別強烈。當他第一次歸國以後曾
擔任某大報整理參考部材料的職務。參考部之於報館，在歐美，
恆以為報館的靈魂，在前五六年的中國，甚至現在，其重要性卻
似乎還沒有被一般報館主人，和編輯先生所認識。所以在那時候
雖然添了這一部，實際只是虛設。但公振並不因為別人不重視，
而即放棄其責任。我每次從北方到上海來，訪問他，總可以看見
他，在一些相片和剪報的紙堆中，埋頭工作。我笑著問他，「這
不是勞而無功麼？」他歎著氣說：「有功無功在人，肯勞不肯勞
在我，只要我肯勞，就不管有功無功了。」其勇於負責之精神，
大抵類此！

　　第三，公振待人的誠懇。我在北方，曾接到好幾封公振介紹
青年人到報館請求工作的信。普通替人寫介紹信總是當面寫好一

戈公振像

封信讓被介紹者拿去，就算人情做到。公振則幾乎每次都另有幾封更詳盡的私信，說明這個人那幾點是他長處，那幾點是短處，因為這人的長處多於短處，所以敢介紹，請給他練習的機會。這種態度，對兩方面都可算誠懇到了極點。這次他由海外歸國，恰巧我也旅居在滬，在他死的前三天——十月十九日——他有一封信，給我和嚴諤聲[3]先生，信裡說到一個醫生被誣的事件，他說明他和這個醫生的友誼，同時告訴我們，不是要我們偏袒這個醫生，只要我們據實記載。他寫這信那天，聽說病況已很嚴重，但他還能夠扶病寫信，一方面不負朋友的請託，一方面也不願意要朋友因為友誼而犧牲了「報紙應該忠實」的天職。這都是可以使我們十分敬佩的！

我所知道的戈公振先生，僅僅只此。不自滿能盡責，和待人誠懇，老實說來，這只是每個人，應該具備的最低條件，既然要做人，自然應該向人的路上走。公振所具備的三個條件，本只是人生大道的起點，很平常而並不特別，但就是這樣平常的起碼標準，恐怕舉世滔滔，尤其我們貴行同業，沒有好多，可以像公振那樣的做到。我們不必過分恭維公振是超人，我們只很忠實的說，活了四十六歲的戈公振先生，他現在死了，我們可以蓋棺論定，

---

[3] 嚴諤聲（1897～1969），浙江海寧人，筆名小記者。歷任上海大同大學、商科大學教授，上海《商業日報》社長等職。1935 年 9 月成舍我創辦上海《立報》，由嚴諤聲出任總經理一職（王檜林、朱漢國，1992：477）。

上他一個等號，他是做了四十六歲的「人」，尤其是在這亂七八糟的報人社會中，做了幾十年的一個真正「報人」。

　　這就是我獻給公振先生的一個最後的敬禮。

新聞檢查
僅因對外而存在

他是暫時的 不得已的
應慎重運用而不可當做束縛民意的工具

百憂

原載：1937 年 3 月 11 日，北平《世界日報》，〈新聞學週刊〉，第 12 版

　　在「民主」制度之下，所謂「新聞檢查」本來是不能存在的。
但當一個國家受到空前災難，為維護整個國家生存起見，「新聞
檢查」也就有種暫時不得已存在的意義。即「為爭國家自由，不
得不犧牲個人的自由」，不過這種犧牲，一定要有它犧牲的價值。
像中國這幾年來的「新聞檢查」，則簡直可以說無關大計，徒滋
紛擾。甚至徒然蒙蔽國民視聽，減低國民團結救國的力量。有時
且為一部份貪官污吏張目，遇到揭發貪污的消息，都可以藉著新
聞檢查的招牌，予以刪扣。諸如此類，都有鐵一般的事實，在全
國存在著。最大原因，就是中央缺乏統一確切的檢查標準，而一
般當局，又多半沒有認識「新聞檢查」的意義：——它是對外的，
暫時的，不得已的——而誤以為這是一個長治久安束縛言論的絕
好工具。其次被任命從事於這種工作的人員，大部份位卑祿薄，
他們既不能時時與上官接觸，知道內外時局的形勢，又沒有充分
的知識修養，去判斷每一新聞應否刪扣。所以，幾年來新聞檢查
的成績，與「為國家爭自由」的目的，正可謂適得其反，而許多

可笑的喜劇，也就在這種制度下，時時產生。下面所錄的一封平
津漢駐綏記者團給綏遠省政府傅主席[1]信，就是一個絕好證明。
以全國敬仰的傅先生，在他所控制的地方政府之下，尚有如此現
象，我們實不能說，不是一種絕大遺憾。記者團的原信：

宜生主席勛鑒：

敬啟者，關於綏省檢查新聞電報，同人等感受困難，
非止一日，近頃以來，尤為特甚。此中經過既非主席所盡
知，恐亦非主席所及料。長此以往，非但同人等精神上痛
苦靡已，亦適足為主席盛名之累，茲特披瀝略陳數事，幸
垂察焉。

（一）新聞電報，貴在時間之迅速，現在綏遠新聞檢查所
檢查電報，因檢查員常識不足而檢查所主任係省府公告組
長兼任，不能駐所辦公，任何新聞，均需電話請示，往往
數百字之電報，檢查留中時間，至少在半小時以上。午夜
發電，時間至為寶貴，稍一擱置，發出已不及上版。尤有
甚者，二月十九日天津《益世報》駐綏記者於晚七時送檢
之電報，經四小時之久，始檢查竣事，如此遲緩，誠屬驚
人。

---

[1] 傅作義（1895～1974），字宜生，山西榮河縣人，1915 年入保定軍官學校，
畢業後分發至閻錫山晉軍見習。中原大戰後，於 1931 年 7 月出任綏遠省政
府主席。對日戰爭期間，陸續指揮部隊參與平型關戰役、太原保衛戰、五原
戰役等。戰爭結束後，代表國民政府赴熱河、察哈爾、綏遠接受日軍受降，
1947 年 1 月就任察哈爾省政府主席，12 月擔任國民政府華北勦總總司令，
並遷移勦總至北平。1949 年 1 月 22 日，傅作義發表《關於和平解決北平問
題的協議》公告，1 月 31 日人民解放軍進城，和平解放北平。中華人民共和
國成立後，歷任中央人民政府委員、軍事委員會委員、國防委員會副主席、
第二、三屆全國政協常委、第四屆全國政協副主席等職。1974 年 4 月 19 日，
因病於北京逝世（李仲明，2011）。

（二）省府公告組，一向公佈新聞消息，係原則上供給材料性質，同人等自可根據事實，另行編撰，避免雷同。不意近頃以來，新聞檢查人員，膠柱鼓瑟，竟欲以刻板式之文字，使同人等作千篇一律之敘述。如二月十四日省府公告組公佈張世英反正消息，天津《益世報》，津滬《大公報》，上海《時事新報》，北平《晨報》駐綏記者根據公佈消息，編為電報，送檢時，檢查員逐字逐句與公布之稿對照，於是遂以文字不同而一律扣留。

（三）檢查新聞，貴在持平，絕不能同一消息，此報放而彼報扣，本埠放而外埠扣，綏遠新聞檢查所則時有此種情事。如二月十二日上海《申報》，北平《世界日報》駐綏記者所發張世英反正消息完全放行，而同日上海《新聞報》，漢口《掃蕩日報》駐綏記者所發同一消息，則完全被扣。此種事例，不勝枚舉。

（四）檢查新聞電報，扣刪原為不得已，而增添竄改，尤非正當之舉，綏遠新聞檢查所則反以扣刪為能事，增添竄改，更數見不鮮，同人等發電係同人等各向報館負責，今經檢查人員增添竄改，發生責任問題，殊深遺憾。

（五）新聞傳播貴在敏捷，省府公告組公佈消息，予同人等以方便，自所感激，但往往有極普通之事件（非突發事件可比），送達時亦在夜十時以後。又，新聞價值，時效最大，果其事關軍政大計，發表時間之前後，自應遵從當局之意見。若事實上非發表不可之件，或下午准發而上午扣留，或今日扣而明日放行，在新聞上殊為不可償補之損失。如紀守光君被刺，事實確鑿，轟動社會，當晚同人等

得知，即發新聞電，僅簡單報告性質，但經扣留，次日解禁，同人等僅將被扣之電重送檢查一次而已，時間上遲一日，新聞價值已滅。此外如下午放行，上午扣留，種種事實，不堪列舉。遇一事變之發生，新聞檢查所，應定有檢查標準，不能圖省事而一律禁止，因如此則徒見檢查者之低能而已。

（六）檢查新聞，同在綏省境內，應當一律，而事實則不盡然。包頭、集寧兩地亦駐有外埠各報記者，拍發電報，較綏垣為便，最近如鄂托克旗烏審旗糾紛，在綏垣發電，已遭扣留，越數日集寧則可拍發，二月二十三日北平《實報》刊有集寧二十二日電稱：「烏鄂兩旗形式惡化」，可為例證。此種情形，不一而足。究竟當扣與否，為另一問題，而一省之內畸輕畸重，軒輊若此，實令人大惑不解。

以上種種，同人等深感困難，精神至為痛苦，略舉數端，可概其餘。抑尤有言者，綏境蒙政會週年紀念會，津滬《大公報》發表消息，已有一月之久，而同人等近日發電涉及沙王，輒遭扣留。各界聯合擴大紀念週，公開報告絲毫無秘密可言，竟亦禁止新聞記者參加，同人等碰壁之下不知省府何以防範新聞記者竟如此嚴密也。主席挺戰名將，舉世敬仰，扶植新聞事業，尤為同人等所欽佩，關於綏遠新聞檢查事宜，尚祈設法改善為禱。肅此 謹請
勛安

　　　　　　　　《中央社》綏遠特派員，北平《世界日報》，
　　　　　　　　《晨報》，《北平新報》，天津《大公報》，
　　　　　　　　天津《益世報》，上海《申報》，《時事新

報》，《大晚報》，漢口《掃蕩日報》，《武
漢日報》，重慶《新聞報》，南京《中央日
報》，河南《民國日報》，駐綏記者王華灼，
吳希聖，孟可權，王錫周，關煥文，李丕才，
楊令德　　　　　　　同叩

二月二十六日

像記者團信中所說情形，完全是檢查人員，缺乏常識所致，
衝突矛盾，固然絕非各地方最高當局所授意，但地方當局，不重
視新聞檢查，將這種重大責任，交付給一班缺乏常識的低級人員，
這實在不能說不是一種錯誤。此種流弊，中央方面，似乎也已看
到。二月二十一日蔣委員長在三中全會開會時所發表時局談話，
關於開放言論一點，他的意見如下：

開放言論此次提案中提及此點者甚多，且亦為各地
言論界所注意，中央當然重視之，但中央過去並未限制言
論自由，除《刑法》及《出版法》已有規定外，祇對於下
列三種，不能不禁止，一、宣傳赤化與危害國家擾亂地方
治安之言論與記載，二、洩漏軍事外交之機密，三、有意
顛倒是非捏造毫無事實根據之謠言。除此三者之外，本屬
開放，本屬自由，而且亦希望全國一致尊重合法之言論自
由。但我國疆域廣大，各地對於開放言論，每不能一致，
往往有中央所許可或為中央所發表之消息，而地方當局轉
不許發表，與論界時有煩言。須知中央極尊重言論自由，
斷不欲有意外之限制，今後更當本此主旨，改善管理新聞
與出版物之辦法，且當進一步扶助言論出版事業之發展，

使言論界在不背國家利益下，得到充分貢獻之機會。現各
地當局既亦有此種要求，希望各地當局，今後一致做去，
對於中央所許可發表之消息，不可隨便禁止，務使全國
所有消息，得以暢達於國家之每一部份，以收統一意志之
效。

新聞紙雜誌登記聲請書，《世界日報》1934 年 3 月 15 日 13 版

　　我們根據這篇談話，希望今後的新聞檢查，能有下列幾點改
善，尤其需要真正切實的改善：

　　（一）限制言論，檢扣新聞，除法律規定外，能確依所述三

項標準辦理。第三項，於適用時，尤須注重「有意」二字。

　　（二）應切實做到「全國一致」，但我們還有一個最後也是最誠懇的請求，就是無論中央也好，地方也好，當局諸公應切實認識：「新聞檢查，是與民主制度不能並立的東西，雖然在一個國家受到空前災難時候，有它存在的必要，但這是對外的，暫時的，不得已的，應當儘量慎重為國家利益民族生存而運用，而不可借著國家的招牌，當它作一個束敷民意長治久安的工具。」

紙彈亦可殲敵[1]

抗戰宣傳應與軍事並重
動員民眾應先使報紙到鄉村去

成舍我

原載：1938 年 5 月 13 ～ 18 日，漢口《大公報》
　　　1938 年 6 月 3 ～ 8 日，香港《立報》

　　漢奸多，徵兵困難，一到距離戰區稍遠的縣，市，鄉鎮，大多數老百姓即渾渾噩噩，不但看不見抗戰的準備，連抗戰氣氛，都無處尋覓。一切的一切，這是什麼原故？我們可以追根索原，得一個結論，就是我們由過去以至現在，忽略了孫先生一個很寶貴的遺訓，把宣傳太看輕了，宣傳沒有和軍事配合，軍事進展，而宣傳落後，所以造成眼前種種不良的現象。

　　在孫先生的《建國大綱》中，其第六條[2]，曾明白指出，軍事發展到什麼程度，宣傳就應該馬上跟著發展，這雖然指的是革命

---

[1] 在曾虛白編著的《中國新聞史》中，認為抗戰時期的宣傳輿論情勢，首重統一言論，加強宣傳。對此，各方建議頗多，特別是成舍我所撰此文，主張由政府普設地方報，影響頗大。國民政府受限於條件與環境無法充分實現此一建議，因而致力於黨報的發展。國民黨中央宣傳部曾擬具編發簡要新聞計畫，由《中央通訊社》每天綜合國內外消息，編成千字左右的明碼，免費廣播電訊。並由中宣部令飭各縣市黨部轉知所屬黨部和一般報社，設法收登。據 1944 年的統計，省、市、特別市黨報 41 種，縣市黨報 397 種（朱傳譽，1989c：410-439）。

[2] 《建國大綱》第六條：在軍政時期，一切制度悉隸於軍政之下，政府一面用兵力掃除國內之障礙，一面宣傳主義以開化全國人心而促進國家之統一。

戰爭，但這次對日抗戰，更是我們民族革命戰爭中一個最嚴重階段，我們應該動員四萬萬五千萬民眾，和日本軍閥，作生死的搏鬥，我們只有十分活用孫先生這個宣傳與軍事並重的原則，來達到動員全民的目的。宣傳和軍事，看來是兩樣東西，實際只是一個。飛機大砲，固是制敵的武器，精神的宣傳戰爭，根本上，卻更足制敵人的死命。

不僅動員民眾，宣傳是最主要工具，而宣傳對象，實際上，是包括對敵、對友邦，和對自己民眾的三種。盧登道夫[3]，於歐戰結束後，曾痛切申論歐戰勝敗的原因，說同盟國不是敗於協約方面的鐵彈，而是敗於北巖爵士等的「紙彈」。希特勒在「我的奮鬥」中，也說：歐戰勝敗，實由於雙方宣傳技術的巧拙。協約方面，把宣傳當作無上武器，而同盟方面則不過視為告朔餼羊，他最感痛而有力的幾句話：「我輩視宣傳為失意政客謀生的末路，為無名英雄棲身的微職，所以宣傳成效，全等於零。」固然，歐戰結果，是有各種必然的原因，但同盟失敗最主要的三件事，捷克獨立，美國參戰，德國革命，無疑的，大部份由於協約方面巧妙宣傳所促成。

從蘆溝橋事變到現在，軍事上，我們雖遭遇不少的挫折，但抗戰十月，越抗而我們軍隊的力量越見堅強。照著孫先生十幾年前預測，中日開戰，日本兩星期可亡中國，我們現在的軍隊，比孫先生十幾年前所估量的軍隊，其力量加強多少倍，這已是一個顯著的鐵證。但和軍事同等重要的宣傳呢？不但對敵人和對友邦的部份，我們沒有看見什麼成績，僅就自己的民眾部份說，上面提過，也就是大家痛切感到的不良現象──漢奸多，徵兵困難，

---

[3] 魯登道夫（Erich Ludendorff，1865～1937），一戰期間曾任德軍副參謀長。

內地的民氣消沉——又那一件不是宣傳失敗的表現？我們是否已重蹈希特勒所說到的錯誤，姑且不論。但我們要抵抗到底，博取最後的勝利，軍事以外，我們還必要從宣傳方面作極大的努力。

中華民國立國的基礎，也就是我們這次抗戰最可靠的本錢，第一是，我們擁有巨額的人口，第二，我們還擁有無限資源。拿中國與歐洲任何強國比，人口土地，相差十倍，何以中國的國勢，反不如人？這就因不但天然資源，迄今還多半埋藏在幾千萬年的地層下面，沒有開發，即最大多數的人力，也是同樣被埋藏著。人家每一個國民，幾乎都能了解本身和國家的關係，國家的榮辱存亡，就是自己的榮辱存亡。所以一千萬人口的國家，就有一千萬人，去以身家財產，擁護國家的生存。我們呢，則除國防軍隊和極少數所謂知識階級外，其餘幾乎將國家和自己，認為風馬牛不相及。數字上雖然極大，實際則擁護國家生存的，是極少數——連國防軍隊也不過幾百萬人。明白了這個道理，我們的弱不如人，自然理有必至，事所固然。

造成這種畸形的現象，一方面是教育沒有普及，另一方面就是宣傳的不足，和過去宣傳方法的錯誤，宣傳工具中最主要的一種——報紙，沒有深入民間，尤其是造成這種畸形現象的主要原因。我們走進歐洲任何國度，凡是人跡可到的地方，也就是報紙可到的地方。儘管是貧苦的工人，他也要買份報看看，而每一家庭，於早晨採購食糧，當回來的時候，菜籃上面，總是蓋著一份當天的報紙。所以，你儘管和一個年老龍鍾的老太婆談天，她也可以批評內閣政策的良否，和國際形勢的演變——縱然不盡正確，她心目中總還有這些觀念。比起我們來，報紙只集中於幾個最大的城市，儘管我們也有第一流最有價值的報紙，但他的內容，僅

極少數人，買得起，看得懂。不特窮鄉僻壤，野老田夫，與報紙絕緣，就是有十萬左右人口的縣市，月入一二十元的小學教員，找一份報讀，也是困難萬分，彼此相去，真不知幾千萬里！所以抗戰十月，儘管我們失去了許多重要省市，死傷了若干萬忠勇健兒，而離開戰區較遠的內地，簡直還彷彿不知道有什麼抗戰，為什麼抗戰。一般人所認為最能動員民眾最能普及宣傳的某路軍，在他們的防區內，有一位記者曾寫過一篇訪問記，中間有這樣一段：「在鄉下，這樣跑來跑去，感覺到最苦悶的，就是消息太不靈通了。人人都跟聾了耳朵一樣。到處費多大勁也找不到一張報紙看，我最想知道的一點，是最近國際間的情勢。所以當我聽到一個年輕的同志告訴我們說：村公所有報看。立刻我抓著他，一同跑到村公所，可惜報紙還是前五六天的呢！」

這位記者所說的地區，還是臨汾未失陷前，某路軍總部在同蒲南段上所駐紮的一個大鎮市。由此類推，我們現有的報紙，未能普及內地，和人民需要報紙的迫切，可以想見。我們要想糾正抗戰時期民眾方面的畸形現象，我們就必須從宣傳方面，積極努力，而第一步工作，就應設法，如何使宣傳的主要工具——報紙——像水銀瀉地似的，鑽入每一個鄉村，每一個識字民眾的神經中樞。換一句話說，就是「如何使抗戰宣傳到民間去！」

在討論具體辦法以前，關於宣傳的方法論，我先應提出三個原則——統一、集中和普及。

第一：宣傳機關，儘管因事實和歷史的關係，有種種主管不同的存在，但宣傳的最高決策和宣傳的主要資料，則必須絕對統一。如果各不相謀，甚至互相矛盾，結果不僅不能收到預期的成效，且必有絕大弊害，因以發生。

第二：宣傳目標，應集中在最重要、最簡單、最明白、人人應知、
　　　人人必做的幾樁大事件上。瑣碎，複雜，艱深都應該絕對
　　　避免。我們過去，就是犯了目標太多的毛病，墨索里尼的
　　　成功，他的口號，只是恢復歷史上羅馬的光榮，希特勒的
　　　成功，他的口號，只是完成大日耳曼民族的統一。我們現
　　　在要博取抗戰的勝利，我們的口號，也以越單純越好。因
　　　為宣傳終極，在造成舉國一致的信仰。瑣碎，複雜，艱深
　　　則共信最難造成。在宣傳目標決定以後，我們就可以集中
　　　全力，去求這些目標的實現。方法儘可花樣翻新，但目標
　　　則必百變而不離宗。每一個目標，都以各種不同的方法，
　　　適應事實，反覆叮嚀，一年三百六十五天，無時無刻，不
　　　斷的向每一國民的神經中樞輸送，至造成共同信仰為止。
　　　宗教家的傳道，就正是利用這個原理，天堂地獄，翻來覆
　　　去，總不外那幾個重要教義，結果要人人信奉，變成他們
　　　忠實的信徒。

第三：統一了，集中了，最後的原則，就是普及。我們要將已經
　　　集中的宣傳目標，普及到全國大眾。使全國的每一角落、
　　　每一國民，不論他識字不識，都受到宣傳的影響。

　　　上面的三個原則，互相關聯，缺一不可。如果都能做到，則
我們的宣傳工作，即可有十分美滿的把握。關於宣傳標準，好在
最近臨全大會，已有了一個最合理想最切實際的抗戰綱領，現在
只需要一個宣傳上的統一組織，將這種綱領，集中全力，普及到
全國民眾。尤其重要的，我們要將這些綱領的每一字每一句，貫
注到站在國防前線的幾百萬忠勇士兵。因此，在技術方面，我建
議應該以特殊方法，創辦一個足供五千萬人閱讀的報紙，方案內

容，略如下述。

一、工具器材應求簡便

依普通公開張貼，及輾轉傳觀的情形，每報一份，平均可供五人閱讀，如此則五千萬人閱讀的報紙，至少每天須出報一千萬份。但全世界現尚無日銷一千萬份之報（世界銷行最多之日報，現亦不過三百萬份左右），我欲辦此大規模宣傳機關即在平時，印刷工具、紙張來源、發行方法，在在已不易解決，況現值軍事期間，普通日出一二萬份之報，一遇形勢變化，機器紙張，即難遷運。過去東戰線陣中，日報之無法繼續出版，及《中央日報》大部份機器之隨首都而淪陷，即其明證。且普通辦報，一切器材，多來自國外，抗戰十月，各地已極感困難，則此大規模報紙，若仍依通常辦報方法，自絕無產生可能。故技術方面，必須另行策劃。如何使此日銷千萬份之報，印刷，紙張，傳佈，在戰時均因應裕如，甚至一地陷落，立時可在附近另一地點，照常出版，工具器材，絕不至有笨重難遷之危險，此均事先所應逐一預籌解決者，蓋不如此，此一千萬份之普及計劃，則將無由實現。

解決方法，即廣設分社，由總社將所有報紙內容，以短波無線電報播送，各分社接到後，再用吉士得速印機印刷，該項印機，不需鉛字排版，非常簡便，如此，則全國二千五百個分社，即可同時出版內容完全相同之報紙一千萬份（詳細辦法見下節）。

二、如何統一？如何普及？

上節所述辦法，其詳細程序如左：

（1）選定一重要都市，足為抗戰時期政治及軍事重要樞紐者，為

此報總社所在地。

（2）總社為使一般民眾士兵，明白易解及便攜帶起見，於所在地出版一小型報。內容簡要，文字淺顯，依據宣傳原則，以發揚民族精神，報告抗戰消息，及國際情勢。

（3）總社自設短波無線電電台，將當晚本報所有評論、要聞、文藝等，再加精選。評論通常勿超過三百字，須絕對代表中央意旨，最好能由各負責當局，親自執筆。國內外要聞，自七條至十條，及足以鼓舞抗戰情緒之小說詩歌，總計以三千字為度。並標題大小，次序先後，均由總社編定，每夜依一定時間，用短波無線電，普發全國。

（4）總社於國內各地，以縣為單位，每縣設一民眾版，於國軍所在地，以團為單位，每團設一陣中版。民眾版可選拔當地黨部人員，陣中版選拔各該軍政訓人員，每一民眾版或陣中版，約需職員三人至五人，開辦前，應集中總社，予以思想上及技術上之訓練。

（5）各民眾版及陣中版，每一單位，應備短波收報機二具，每夜接收總社拍出之評論，要聞，文藝。其所以不採用廣播收音機者，一因收音易被擾亂。二因各地方言不同，易致舛誤。三因報告時如有文言，往往需要解釋，時間上殊不經濟。故不如無線電報，穩妥便利。

（6）每一單位，應備一英製吉士得式特大號簡便速印機。該項印機，形式輕巧，用法簡單，全機重量，不過百鎊。每一小時，用電力可印五千份，不用電力，可印一千五百份至二千份。

（7）每一單位，於接到總社發出之電訊後，完全依照總社指示，即標題大小，次序先後，亦不得擅自更改。惟應有一條至三

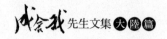

條，為該單位區域內之消息，或其他公告事項。此項消息，由該單位職員自行負責採編。如此可使在該區域內閱者，不但明瞭整個國內外重要形勢，而與本身關係密切之當地新聞，亦得隨時知悉。所有全部材料，均由各單位自行騰入蠟紙，印成一較總社更小一半之八開報。此報在軍隊中，可完全為非賣品，義務贈閱，在民眾方面，則可酌定一最低售價，其原則以收回紙張成本為限。

（8）每一單位，可稱為某某報某某分社，其報首可刊為某某報某某版。各單位均一律於每晨出版。因每一單位，其地區並不遼闊，陣中版，即可於出版後立時分達於各士兵，民眾版，城中閱戶，亦可立時分佈，餘則可以郵寄或其他方法，配達於各鄉村。

（9）每一單位，其職員約自三人至五人，以一人為主任，全體職員除分任收電，繕校，印刷，發行各技術工作，及編採本單位內之重要消息外，每日並應根據本報所載評論，要聞，文藝，向民間廣大宣傳。在陣中者，軍隊長官應以此為向士兵訓話之資料。在各縣區者，行政機關，黨務機關，及各級學校，應以此為向民眾宣傳之唯一標準。同時並採用講演，遊行等方法，使不識字之民眾，亦受到與讀報同樣之影響。

（10）由各負責宣傳機關，選拔代表，合組一宣傳最高委員會。除宣傳原則，根據抗戰綱領外，並承最高領袖之命，對此報全權指導。所有每日根據宣傳原則而採編之一切資料，由總社傳達全國各分社，各分社根據第七條所載，無絲毫自由竄改之職權。而軍隊長官，與地方工作人員，又須根據此報，作訓練士兵訓練民眾之準繩，如此，則全國宣傳，

自趨一致。下級幹部之負宣傳責任者，既能有所依據，又絕無意志龐雜，甚或□入反動宣傳之危險。宣傳統一，即意志統一。最高領袖欲如何領導全體士兵，全國民眾，即均可藉此舉國一致之宣傳工具，直接注入每一士兵、每一民眾之靈魂與血液，收效之大，自可操券以待。

（11）假定陣中版以團為單位，則現在應約有一千三百個陣中版。民眾版以縣為單位，除已陷落及邊遠地區外，應約有一千二百個民眾版。陣中版每單位以三千份計（除士兵外，附近民眾，亦可分令閱讀，並藉此可以促進軍民間之聯接），民眾版每單位以五千份計，則每日共可發行九百九十萬，連總社本報，即約合前述一千萬份之數。通常每報一份，閱及五人，依此數推，此報所能直接發生影響者，即可如前所述，有五千萬人。如再以其他宣傳辦法，普及不能直接讀報之民眾，則全國即幾乎可謂無一人不受此報影響。

（12）此報工作時間，除總社與普通報紙無甚差異外，其發致各分社者，預定每夜自十二時至晨三時，分批將三千字電稿，拍發完畢（因各單位只有收報機，如遭受擾亂，或字句錯誤，即無法與總社校正，故每次發電，應用兩種波長，使每字每句，均得重發一次，故不能不較普通發電所需時間，加倍計算）。各分社收到電稿，隨譯隨繕，當晨四時半以前，可繕畢付印。該簡便速印機，因內地有電力處所較少，故擬一律以人力搖轉，預計每小時印一千五百份，則陣中版需兩小時印畢，即每晨六時半前出版，民眾版需三小時至四小時印畢，即每晨八時半前出版。

三、開辦及經常費預算

每日印一千萬份之報紙，其全部預算：

（1）開辦費

甲、總社：十萬元。設備印刷，裝置短波無線電台，訓練各分社人員，及其他用項。

乙、分社：每一單位，應備短波無線電收報機兩具，約三百元。英製特大號吉士得式簡便速印機一具，約一千元。零件及雜費約二百元。共一千五百元。全國以千五百社計，共需三百七十五萬元（按速印機，我國亦有傲造者，但容易損壞，且不能多印，惟價格僅及英製十分之一強，如大批製造，特約該項廠商，設法改進，倘有大效，費可大減）。

以上總分社合計，共需開辦費三百八十五萬元。

（2）經常費

甲、總社：每月一萬元。

乙、分社：薪給：每社職員，平均以四人計算，每人平均以五十元計算，共二百元。工友二人，每人平均十五元，共三十元。印刷原料：蠟紙，油墨，電池等，約共一百元。紙張：每社平均以印四千份計算，或用報紙，或用當地國產紙張，平均按報紙價格，暫以六元一令計算（報紙依現在香港市價，約為四元五角，但內地則因運輸困難，紙商居奇，價格有時特巨，本報在運輸方面，應設法取得便利，如決難辦到，則可就地採用國產。因此種機器，國產紙張，任何種類，大抵均可印用）。每令足用一日，每月約二百元。雜費：約七十元。以上每一分社，月需六百元，全國以二千五百社計，應共需一百五十萬元。

以上總分社合計，月需一百五十一萬元。

四、分期舉辦力求撙節

經費預算，如上所列，驟觀之，雖似過巨，但我們既認定宣傳與軍事同等重要，則此種普及全國之創舉，事實上並不算多。甚至可以列為軍費之一部。不過抗戰期間，國庫支出，總以愈省愈好，故上項計劃，不妨分期舉辦。各機關若通力合作，將現有用於宣傳方面之經費，設法調整，則一切開支，必更可抵補不少。

（1）開辦費：總社方面，可就現有黨報或政府機關主辦之任何報紙，擇其設備較為完整者一所，照前述原則，予以改進，作為總社出版之日報。無線電台，就現有軍用無線電，或《中央社》置備之無線電，指定兩機，在一定時間，為總社拍發電訊，如此，則最多新撥二萬元，訓練技術人員補充各種器材，即可足用。全國分社第一期暫先設一百所。陣中版，先以師為單位，並專以前線作戰部隊為限。民眾版暫以湘鄂贛等省，其行政專員駐在縣或其他人口較多之縣市為限。如此，則只需十五萬元。其民眾版開辦費，並可由各省社會教育經費，黨部宣傳費中，撥充一部份。

（2）經常費：總社既就現有之報改進，則經常費只須酌增三四千元。分社方面，其陣中版，主辦職工，可由政訓人員擔任。民眾版，由縣黨部人員擔任。分社辦公處所，並可附設於政訓處及黨部內。且政訓處，黨部原列預算之宣傳費，因已有此報，可大部移撥分社。而民眾版則尚可酌收報費，如此，則每社每月，平均只增支約二百元，既可足用。

依上估計，則最初試辦，開辦費，總分社共需十七萬元。經常費，每月約共需二萬餘元，僅等於一普通日報之所需，當較為輕便易行。

　　以後再分期舉辦，當視國家財政狀況，於半年或一年內，設法全部完成。

　　此報目的，既在普及全國，統一宣傳，則與普通營業報紙，側重牟利者，自極不同。但果擁有一千萬份舉世無匹之銷行數量，發行，廣告，即均有大量收入可能。將來戰事結束，政府儘可以營業部份，付託於一商業性質之公司主辦，而編輯部份，及宣傳方針，則仍由國家全權統制。如此，則國家不費一文，甚且能分得若干盈利，亦未可知。

五、初期試辦需時三月

　　按上述初期試辦方法，其進行步驟：

（1）選定總社地址，籌辦印刷，裝置無線電台，如完全新設，約須兩月至三月，如以原有設備改充，一個月即可完成。

（2）徵調政訓及縣黨部人員，約五百人，至總社所在地，受技術上之訓練——即收電，繕寫，印刷，採訪，編輯，宣傳術等——約需兩月至三月。

（3）訂購無線電收報機，吉士得速印機及其他有關器材，約兩月至三月，可全部交貨。

（4）籌備時間，共定三個月，以上三項，同時並進，自第四月起，總分社即可一律出版。

　　總括上述，就是我所建議的——「如何使抗戰宣傳到民間去？」如果這個建議，能得到政府的採納，那麼大家所焦慮的漢奸問題，壯丁問題，民眾麻木問題，在最近期間，或就可一一解決。而全國民眾，尤其數百萬站在國防前線的忠勇士兵，因為我們有了統一，集中，普及的大規模宣傳，與軍事進展得到配合，

抗戰力量，必更可絕對加強。從此，我們四萬萬五千萬人口的中國，就可以真正有四萬萬五千萬人參加抗戰。發揮我們最大寶藏的人力，最後勝利，還有什麼疑問？

至於對敵和對友邦的宣傳計劃，俟異日再行論述。總之，我們佇盼最近的將來，宣傳方面，能有重大發展，使跳樑倭寇，於鐵彈以外，再嘗嘗我們「魯登道夫」所謂「紙彈」的苦痛！

上海《立報》奮鬥的經過

貫徹我們報紙大眾化的主張
使《立報》走進上海社會的每個角落

原載：1938 年 11 月 24 日，香港《立報》，第 2 版

　　雖然停刊，並沒有忘記我們的責任。相信廣大讀眾也不會忘記他們自己的責任。我們並不急於在上海復刊，因為相信只有長期抗戰的結果，可以使我們得到凱旋的歸來。

　　去年今天，我們的上海《立報》，在第一版上，突然發表了下面這樣的一個啟事：

　　　　本報因環境關係，自本月二十五日起，停止發刊，敬以滿腔熱忱，於此臨別之時，向愛讀本報諸君，致其最大之謝忱。

　　同時，我們還發表了一篇〈本報告別上海讀者〉，鄭重提出我們和讀者的共相策勉。其中一段，是：

　　　　我們雖然暫時在上海停刊，我們決不放棄我們的責任；我們也相信我們在上海的數十萬讀者，雖然暫時不能和我們相見，也決不會放棄他們對民族的責任的……。

「小記者」先生，在他一篇最簡短的小文中說：

> 我們願意這離別要長久！我們要長期抗戰，長期抗戰
> 的結果，我們必得最後勝利！我們下次與讀者相見之期，
> 就是在最後勝利之時。

雖然決定停刊的前後，我正在由南京到漢口的流亡旅途中，那時上海和京漢間的電報，都已發生障礙，館中給我的停刊通知，於停刊後兩星期我才在漢口收到。但當我前一個月到上海時，在滬同人，本就下了「寧為玉碎勿為瓦全」的決心，所以我對於這種措置，和上面那些表示，都認為是十分必要而十分同意的。

關於停刊經過，在「躬逢其盛」的一位同事所寫另一篇文章中，已經詳細敘述。我現在再補充一下。自從國軍退出，到我們停刊，在短短十一天期間，上海新聞界同人，所遭受的苦痛，恐怕要比十一年，還長得無法容忍。當時我們所可採取的幾條途徑：如不停刊，則只有（一）和緩我們的抗戰態度，最簡明的方法，就是變「敵軍」為「日軍」，並將一切稿件，送至日人組織的新聞檢查所，接受檢查。（二）改由洋商出面，但如此則全部記載，均須採取第三者中立的口吻。經大家詳細考慮結果，不但《立報》決定貫徹「勿為瓦全」的決心，大多數同業，也先後宣佈停刊。正完全表示了我們新聞界抗日意志的堅毅。

以下，再回溯我們由創辦到停刊的經過：

上海《立報》停刊啟事，《立報》
1937 年 11 月 24 日 1 版

　　《立報》創刊於民國二十四年九月二十日，到停刊時，恰為兩年零六十六天。在《立報》創刊以前，上海還沒有同樣姿態的報紙。民國十三年，我在北平創辦《世界晚報》，十四年，再創辦《世界日報》。《世界日報》是大型。十六年，國民政府定都南京，那時除了黨政機關幾份刊物外，私人主辦的日報，異常缺乏。我當時決定了個人對於未來中國報紙的一個見解。我覺得革命後最重要最偉大的一件精神建設，是要儘量多辦人人買得起看得懂的大眾化報紙。因為中國雖稱擁有四萬萬五千萬人民，但真能了解本身對於國家的責任，稱得起一個國民的恐怕還不到百分之一。這固然是教育關係，然最有效而普遍的教育工具，仍是報紙。如果能做到人人讀報，我們就不怕人民不來擁護民族的利益，制裁貪污的官吏，抵抗外來的侵略。達到人人讀報的方法，第一，定價必便宜到最低限度，第二，文字淺顯而意識正確，第三，少登阿貓阿狗所謂各級要人的起居註，多載有關大眾生活的事實和動向。能如此，就可以人人買得起看得懂，也就是我所理想的大眾化報紙。而因中國工商業不發達，廣告價值太低，又本國尚無大規模紙廠，紙本昂貴，要想減輕讀者負擔，即絕不宜走英美報紙的途徑。所以，這種報紙，篇幅要異常節省，最好小型。本着這些見解，我就於國府定都南京後的六個月（十月十六）開始創辦了一個後來被人們稱為「大報小型」的《民生報》，作為嘗試。及至我在國外仔細研究了一些近代報紙的趨向，尤其我看到倫敦《每日郵報》，和《每日譯報》日銷二百萬份，而號稱最有權威的《泰晤士報》，日銷僅二十萬份的一個事實，更使我堅定了定價愈便宜，內容愈淺顯，就愈可以深入民眾的信念（民國十九年我在燕京大學講演「中國報紙之將來」，對以上各點說得

最為詳細）。《民生報》在首都不到兩年，居然成了一個最得民
眾擁護的報紙。銷路最多，而因廣告的發達，雖是小型，也日刊
到四五張，不幸這個報，在九一八事變後，某先生掌行政院時，
由於我們外抗強敵，內肅貪污的堅決主張，與某先生一面交涉，
一面抵抗的理論，和縱容一二親信，營私舞弊的事實，過於衝突，
在二十三年七月二十三日，被某先生以絕對非法之手段，與暴力，
勒令停刊，我自己且嘗了四十天牢獄之災[1]。某先生更下了一個
嚴厲命令，不但《民生報》在南京須永遠停刊。並永遠不許我再
以任何名義在南京辦報。這不僅是《民生報》和我個人的厄運，
簡直是所謂民主政治下一個最不可磨滅的污點。不過我雖然受了
這個挫折，而我所抱大眾化報紙的理想，仍絲毫未受影響。在北
平的《世界日報》，某先生也曾同時□令黃郛[2]和王克敏[3]，令採
取與《民生報》同樣措置，不過那時北平還非黃郛王克敏等所能
完全控制，所以只停版三天，依舊復活。我出獄以後，一面經營
《世界日報》，一面仍在計劃着如何到南方，去再辦一個與《民
生報》同樣的大眾化報紙。幾個月後，這個計劃，不料就得到實

---

[1] 1934 年 5 月 24 日南京《民生報》刊載彭學沛涉嫌貪瀆一案新聞後，於 5 月
25 日遭勒令停刊三日。但到 7 月 27 日，《民生報》刊載新聞稱監察院對汪
精衛的一名部屬提出彈劾。該消息是由一家通訊社所發佈，已通過審查，但
蔣介石卻仍由南昌行營電令南京憲兵司令部關閉《民生報》、逮捕成舍我並
拘禁 40 天。據林語堂（2008：176-177）所載，拘禁成舍我期間，汪精衛派
唐有壬協商釋放條件，包括：（1）《民生報》永遠停刊；（2）成舍我保證
今後不再在南京出版報紙（包括雜誌、小冊子或其他任何形式的印刷物）；
（3）成舍我如離開南京到外地，需向當地政府報告行止，以備檢查。

[2] 黃郛（1880～1936），原名紹麟，字膺白，號昭甫，浙江杭縣人。早年入
浙江武備學堂求學，備擬赴日本留學而結識蔣介石。返國後陸續參與辛亥革
命、二次革命，並陸續於北洋政府中擔任外交總長、教育總長。1924 年與馮
玉祥發起「國民軍之役」推翻曹錕，出任代理國務總理。1927 年國民政府於

現機會，——上海《立報》，就是在這個理想中產生出來的。

　　《立報》的產生，是在上海水上飯店的一餐便飯席上，匆促決定的。大約是廿四年的九月，我到上海，有幾位新聞界朋友，約我喫飯，順便問我對在上海辦報的意見，我就很坦白，很詳盡的供獻了我的一切，這班朋友，都大感興奮。飯後，大家一路步行到我所住的新亞酒店，當時，又詳細討論一番，並立時要我寫了一個簡單計劃和預算。預定資本總額十萬元，第一年賠本，第二年起收支相抵，第三年能有盈餘。計劃定出不到兩星期，十萬元股本，就由這些朋友和我，全數認定，經過短期間籌備，這個被稱為「大報小型」的《立報》，又即在上海與讀者相見。

　　這班和我共同創辦《立報》的朋友，有些，固然過去有相當交誼，有些則簡直初次相見，居然都肯於傾談之間，不但熱烈贊助我的計劃，而且肯將個人平日辛苦血汗的積蓄，來投資到這個一般人認為有賠無賺的「新聞事業」。其中有一位，他做了十年外勤記者，好容易積了五千元，因為恐怕銀行倒閉，分做十個摺子，存在好幾個銀行內，從來不肯挪動，也居然全數投資，像這

南京成立，獲蔣介石任命為上海特別市市長，1928 年出任國民政府外交部長，1933 年擔任行政院駐平政務整理委員會委員長，與日本簽訂「塘沽協定」。之後轉任內政部長，1936 年 12 月 6 日因肝癌病逝於上海（國史館現藏民國人物傳記史料彙編第 12 輯，pp.431-439）。

[3] 王克敏（1873～1945），字叔魯，浙江餘杭人。於北洋政府時期多次擔任財政總長一職，國民政府北伐統一中國後，曾擔任東北政務委員、北平政務整理委員會財務處主任、華北戰區救濟委員會常委、天津市長、冀察政務委員會委員等職。1937 年 7 月日本佔領北平，年底於北平懷仁堂成立「中華民國臨時政府」，王克敏出任臨時政府行政委員會委員長。1940 年汪偽政權成立，出任華北政務委員會委員長兼內政總署督辦。1945 年抗戰勝利後，與陳公博等人為國民政府所通緝的 77 名漢奸名單之一，12 月 6 日遭逮捕，12 月 25 日病死於獄中（王春南，2011）。

樣熱忱和信任，真不得不使我拋棄一切，以全副精神，夜以繼日，來照料經理和編輯兩方面的事務。

本報告別上海讀者，《立報》1937年11月24日1版

雖然我們內部，一致贊助這個嘗試的計劃，但外面一般人的批評觀察，在我們未出版前，卻都帶着譏諷和輕蔑的神情。有一家在上海銷數最大的報紙，他的總經理，竟以友誼勸我，放棄這個計劃。他說：「上海人不肯看紙張少的日報。你看，許多日出兩三大張的報，都失敗關門，不關門的，也永遠賠錢，何況這樣小而又小的小型報？」出版以後，這種見解，雖然漸見改變，然而最初幾個月的困苦，恐真要和我們抗戰以來浴血奮鬥的戰士們，有着同樣的感想。不過我從來沒有對自己上述的主張發生懷疑，而且我一生最堅定的信條，合理的打倒不合理，進步的打倒不進步，科學的打倒不科學，無論怎樣艱難，我們相信總都可以克服牠。

幸而全部創辦人，和全部工作同人，都是以十分堅忍的精神，使這個報紙盡量前進。居然在出版第十個月時，營業方面，收支就得到平衡，第十四個月起，股東就有了股息，兩樣都提早了我原來的估計。因為《立報》始終也是抱定「外抗強敵，內肅貪汙」的宗旨，所以極得廣大讀眾的贊許。發行數量，一天比一天增加，八一三抗戰開始，尤突飛猛進。到停版時，竟日銷到二十萬份以上。打破上海自有報紙以來的紀錄。學生，工人，店員，幾乎都人手一編，所謂「高等華人」，也並不以我們的小型，而遭鄙棄。《立報》實在已走進了每一社會的角落。同時，也就是日人為什

麼首先要迫《立報》在上海停版的唯一理由。

上海《立報》停版以前，北平的《世界日報》，跟着北平的淪陷，不但幾十萬元的資產，全數被□劫掠沒收，他們還拿着原來招牌，繼續出版。直到今年，才換成了《新民報》，這是日人在華北的最高機關報，而所有機器，房屋，用具則無一不還是我十多年來所流血汗的產物。最近更聽說，他們佔據了我在南京《民生報》自建的館屋，改做了《南京新報》。「皮之不存，毛將焉附」，這些物質的損失，當然是每一個不甘做漢奸的國民，所應該犧牲的，但於此，也可以看出，日人在中國，為什麼對文化機關——學校和報館——要這樣儘量一貫的摧殘。

上海《立報》，已停版一週年了，我們並不覺得這一年期間太長，也正如小記者先生所說：長期抗戰的結果，一定可得到最後勝利，因為要得到最後勝利，所以我們儘管可以咬緊牙關，等這個機會到來。只要我們仍守定各人自己的崗位，大家為民族復興而努力，任何犧牲，在所不惜，那麼，機會或許已在眼前。我們廣大的上海讀眾，一定很快就可在狂歡的凱歌聲中握手再見！

《新聞記者法》應速設法補救

成舍我

原載：1943 年 3 月 28 日，桂林《大公報》

　　在「現階段」各種客觀事實及特殊環境之下，我們中國新聞記者對於「言論自由」的涵義，當然有其一定程限，任重致遠，相忍為國，決不會超越現實，作過分的期望。像英美所謂極端「言論自由」制度的解釋，政府平時對於一切出版物所能採取之合法行動，只能事後追訴，不容事前防制。報紙出版無須請求登記，任何記載不得經過檢查，否則即為政府之重大違憲事件^{（註一）}。此在現階段之中國，如欲求其實現，自有不可達到之困難。我們深信中國新聞事業目前最切要的課題，不在新聞界本身需要何種廣泛龐大的「言論自由」，而在政府意欲施於新聞事業的管制，能縝密合理，措置適宜。因此，我們並不反對政府在「爭取整個國家民族福利」的號召下，所頒行有關管制新聞事業之任何法令，但我們必須指出，此種法令至少必具備三個要素：第一，確為國家民族福利所必需。第二，培養中國新聞事業，爭取國家民族福利之戰鬥力，積極的扶助應重於消極的約束。第三，同性質之法令宜有其統一性，不可疏漏，重複，互相矛盾。

　　根據上述原則，對於最近公佈的《新聞記者法》[1]，我們也同樣認定，並不因其為一種管制新聞記者的法令，而感到不滿，我們所深切遺憾的，乃是這種法令，一旦實行，距我們理想中政府合理管制的目標，還相差太遠。他所應該包括的三個要素：第一項，我們為信任賢明政府，固然不容疑慮外，但在第二，和第三兩項，卻很明顯的，缺乏積極扶助的意義，並充滿了不少疏漏，重複，和互相矛盾。為切望得到及時補救起見，所以不能不趁此「施行日期」，「施行細則」尚待制定以前，提出我們研討的結果以供國人——尤其賢明當局和全國同業——參考。

一、應從積極方面鼓勵報業發展

　　《新聞記者法》，公佈於二月十五日。或許正因為施行日期，施行細則，均尚未制定的關係，所以大家還不十分感到這個法令的重要性。但若稍加檢討，我們就立可發現，這個法令的第一重大缺陷，是它根本遺棄了國民黨現行的「本黨新聞政策」。該政策第六項規定：對全國新聞事業，應一面施行有效之統制，一面給予切實之扶助（註二）。可見統制扶助，在中央並未偏廢。記者為

---

[1] 《新聞記者法》是抗戰期間國民政府針對新聞記者資格、業務責任、公會組織及懲處的法律依據。於 1943 年 2 月 25 日公布，1945 年 7 月 1 日施行，但因新聞界人士強烈反對，於 1945 年 8 月 23 日明令暫緩實施。不過，國民政府遷臺之後則又成為有效之法律規範。其中，除明確規定新聞記者是在日報或是通訊社擔任發行人、撰述、編輯、採訪或主辦發行及廣告業務的人之外，並要求其必須在臺灣有住所。同時並明示新聞記者只有在法律允許的範圍內，才有自由發表言論的權利。並規範了新聞記者的義務及與罰金為主的各種懲處措施，這也是強人威權體制下對新聞記者相關限制措施的「非常體制」（薛化元，2004b：957）。2003 年 12 月 31 日，由立法委員羅志明於立法院教育文化委員會提案廢止，2004 年 1 月 9 日立法院院會通過提案，2004 年 1 月 20 日總統陳水扁公布廢止。

新聞事業中最主要因素之一，維護記者即所以扶助新聞事業。然
就《記者法》全部條文看來，除統制以外，實在找不到有任何切
實扶助的跡象。當去年八月十八日行政院會議，通過將內政部所
提出之此項《記者法》草案，送交立法院審議時，重慶「中國新
聞學會」[2]即於九月一日，大會議決，以其對於新聞記者太缺乏積
極維護的意義，呈請有關機關，中止審議[註三]。但不幸這一呼籲
並未得到完整的效果。雖第二十一條：「新聞記者於法律應許之
範圍內，得自由發表其言論」，似立法者或可指為「維護記者」
之唯一表現，然此類廣泛抽象之原則，固早由中華民國《訓政時
期約法》第十五條：「人民有發表言論，及刊行著作之自由，非
依法律，不得停止或限制之」，確切規定，國民政府於保障言論
自由及記者安全，並曾迭佈明令[註四]。是則此一條文，權威既不
能超過《約法》，文字且不及《約法》切實，徒為詞贅，何補實際！
自此以外，試問更從何處能有隻字片語可證明其為對於「記者」
之扶助與維護？謂為缺乏積極的意義，夫豈過當！

　　中國新聞事業，無論戰時戰後，其對於國家民族之貢獻，必
均甚偉大。尤其最近將來，抗戰勝利，建國工作千頭萬緒，而「心
理建設」實為一切建設之基礎。因若不能改造社會，轉移風氣，
則任何建設事業，一為腐敗，偷惰，貪污，苟且之積習所乘，即
將弊端百出，土崩瓦解。完成心理建設最有力之工具，首為報紙，

---

[2] 中國新聞學會，1941 年 3 月 16 日於重慶成立，以「研究新聞學術，改進新
聞事業」為宗旨，其任務有五：（1）關於新聞事業理論和實際的研究；（2）
關於新聞學書籍刊物的編輯和出版；（3）關於新聞界團體和文化機關的聯
絡工作和調查；（4）關於新聞界同業的知識技能道德感情的促進；（5）其
他有關新聞界福利事項。該會成立之初，已有會員兩百多人，代表 14 個省
市報界，是戰時最大的新聞團體。1942、1944 曾出版《中國新聞學會年刊》
（朱傳譽，1989c：417）。

故如何使中國新聞事業突飛猛進，發揚光大，換言之，即如何培養中國新聞事業為「爭取國家民族福利」所具備之備戰鬥力，此實舉國上下所應共同奮勉，全力以赴之鵠的。關於新聞事業之一切立法，必須遵奉中央最高方針，統制扶助，不可偏廢，而積極的扶助，其重要性有時且遠過於消極的約束。是政府今後不欲提高新聞事業之地位，增強新聞事業之功用則已，如其欲之，則此次公佈之《新聞記者法》，為鼓勵新聞記者號撤奉公起見，在積極方面，最低限度，即首宜包含下列各項：

甲、凡新聞記者，具有左述事項之一，國家應特予褒揚或撫恤：

（1）由於職務上之非常成就，對國家有重大勳勞者。

【說明】無論平時戰時，如能發揚民族精神，增進國家福利，轉移風氣，改造社會，並有確實功效，可資證明者。如美國主持《本雪尼亞公報》（*Pennsylvania Gazette*）之佛蘭克林（Benjamin Franklin）在獨立戰爭時，一再鼓吹「不聯合抵抗即死」，於美國獨立戰爭之勝利，收效極大。又如被稱「美報之父」葛雷（Horace Greeley）於南北戰爭時，應《紐約論壇報》（*New York Tribune*）鼓吹放奴。所作〈兩百萬人之呼籲〉一文，為美國自有新聞史以來，影響政治最成功作品(註五)。倘中國而有此種勳勞卓著的記者，國家自應持予褒獎，以示尊崇。英國新聞史上成功之新聞記者，以一普通平民由國家晉爵授勳者，代不乏人，首倡報紙大眾化，創辦《每日郵報》，並於第一次歐戰，赴美担任宣傳工作之北嚴爵士，即最著之一例。我國過去，以文字報國，著有奇蹟者，未必無有。倘國家對此種成功的記者，有崇德報功的定典，其足以增進記者對於國家之貢獻，必非淺群。

（2）忠於職務，致被殺害，或殘廢者。

【說明】正義感特別發達之記者，寧死不屈。如北洋軍閥時代，若干報人因反軍閥而被殺，抗戰軍興，又有若干報人因反敵偽而遇害[3]。此外記者以職務關係，躬冒危險，親臨前線，以致死傷者。其英勇實與荷戈衛國之將士並無軒輊？且足為民族精神所依倚。國家對此此種忠於職務之記者，自不能不有以表彰而慰藉之。

（3）對新聞事業之發展，新聞學術之研討，在技術上或
學理上，有重大貢獻者。

【說明】新聞事業，在技術上，學理上，特別為適應中國新聞事業未來之發展，均應依時代演變，謀重大改進，現在工業品及文藝品之創作，其有特殊價值者，國家均不惜特訂規例，優予獎勉。則對此「民族原動力」所依倚之新聞事業，當更不容例外。

（4）繼續服務新聞事業十五年以上，著有感讀者。

【說明】新聞記者，職位清苦，其信念不堅者，往往□□任□□，□見異思遷。為求新聞事業之穩固發展及培養新聞記者高尚品格起見，獎勵新聞記者專業化，使新聞記者認服務新聞事業為畢生目的所在，最為重要。似宜倣照教育部褒獎服務教育事業滿若干年者之辦法，予以褒獎。

乙、新聞記者，於執行職務時，得請求有關機關，予以適
當之便利。

---

[3] 中日戰爭時期，遭汪偽政權暗殺、襲擊的報人有：1939 年《大美晚報》總報販趙國樑、副刊編輯朱惺公、《申報》編輯委員瞿紹伊；1940 年《大光通訊社》社長邵虛白、《大美晚報》中文版經理張似旭、編輯程振章、《新聞報》採訪主任顧執中；1941 年《申報》編輯金華亭、《大晚報》營業主任聞天聲、《大美晚報》副經理李駭英（朱傳譽，1989c：426）。

【說明】我國各級政府機關，對於新聞記者，非賤視如皂隸，即畏之若鬼神。在調查事實，徵集資料時，往往極難獲得有關機關之協助。又交通工具，如飛機，舟，車，電報，電話等，或准其優先乘坐，或價格酌予折減，政府為扶助新聞事業起見，似均不妨著為法令，而所謂適當之便利，在政府固仍可隨時衡量，並非一絕對剛性的立法也。

丙、左列事項，由國家予以適當之限制。

（1）新聞記者之待遇，應視當地生活程度，由主管機關會同該地記者公會，規定一最低之標準。遇重要物價劇烈變動時，得隨時予以調整。

【說明】歐美各重要國家，其記者工會對於新聞從業員之待遇，多定有最低之標準，我國地域遼闊，生活程度各地相差甚鉅，全國標準自難一致。但欲新聞記者專業盡職，敦品立行，則各地分別訂定最低限度之生活保障，自極重要。英美記者待遇較優，故受賄敲詐之事極少。法國記者待遇在全世界幾為最低，因之一部份不肖記者乃不僅受國內之賄，向國內敲詐，且公然接受外國津貼，為外國作宣傳工具，致法國記者之毀譽最為世人所詬病（註六）。《新聞記者法》既欲嚴格提高記者之地位與品格，故此種生活保障即應由國家制定之。

（2）新聞記者之工作時間，通常應以每晚十二時為止，其擔任十二時以後之深夜工作者，每人所擔任工作時間之總數，應不得超過四小時。

（3）新聞記者，每星期應休息一日。

【說明】我國報紙，雖進步不如歐美，但記者之不顧健康，吃苦熬夜，其艱苦卓絕之服務精神，則實為世界第一。他國報紙，

編輯部工作在每晚十二時以前即大部終了，後到消息，除特殊重大外，多僅由一「夜記者」負責，編入最後消息欄。此夜記者之工作，時間特短。故新聞記者，在各國雖仍被視為最勞苦工作之一，但持與我國比較，則其程度，實遠不及我。我國最大多數報紙，特別在各大都市中有地位之報紙，編輯部工作多自晚八時開始，黎明終了，而以黎明前一二小時為最緊張，實則就每日新聞發生之時間計算，其必須候至夜深始能達到報館者極少。徒以相習成風，互為影響。遂至上午九時中央紀念週之報告，亦往往非在次日黎明前，報館不能編發，星期無休息，酷暑嚴寒，向無例假，近且並若干節日例假亦均取銷。此固為我新聞從業員負責耐勞，最崇高美德之表現，然無形中已不知因此而促短若干記者之壽命。及因健康關係，而使若干富有天才可望成功之記者，不得不中途改變放棄，此對整個新聞事業之前途，損失極大。提早出版及星期休息，各報早本有同意，第以缺乏全體一致，公共商決之機會，故多無法實行。《新聞記者法》，倘能有此規定，其造福新聞記者實非淺鮮，惟仍應以不減損報紙內容及信譽為原則。

以上三項，□□能逐一列入□□□□□□□□□《新聞記者法》□□□□「□□□□」之意義，自可立為全國記者所公認，其被全國記者踴躍接受之熱情，亦必遠較「保障言論自由」之空洞原則，及若干專事約束之消極條款，增高百倍。而中央扶助新聞事業之最高國策，因此，即不難獲得具體之實現。這是我對新聞記者法切望補救的第一點。

二、撤銷記者證書必須力求審慎

至消極方面的約束，在《記者法》中，其最重要部份即關於

記者登記證的各項規定。主張新聞記者應該登記領證的理由，一般多以為新聞記者為自由職業之一，律師、會計師均須登記領證，始能執行職務，新聞記者何可例外？實則新聞記者之是否為自由職業，在今日已大成疑問。因「自由職業」（liberal profession）之含義，係指依個人意志、才力，獨立營生，無一定僱傭關係者，如律師，會計師，醫生，著述家之類而言。新聞記者所以通常亦稱為自由職業者，大抵因初期之新聞事業，「文人辦報」聲氣相求，即或有館主與職工之分，亦多互相敬重，去就自由，並無一定僱傭關係之拘束，而館外投稿，依件計酬，更與一般著作家之為「自由職業者」無異。新聞記者遂似與律師、會計師，同為「自由職業者」之一。

然此種情況，由於近數十年來新聞事業之急速進展，已全部改變。今日之新聞事業，絕非過去「赤手空拳」之文人，所可創辦。亦絕非僅有一二手搖錢，腳踏□之印刷店主（倫敦《泰晤士報》創辦人華德（John Walter）即最初係一印刷店主），所能兼營。無巨大資本，大量機器，即不能組成一現代式之報館。報館所需條件，實與大規模汽車工業，百貨公司，並無差別。服務於此種新聞機關之記者，均有一定僱傭關係，如美國新聞職工總會（American Newspaper Guild），即為美國勞動總會（American Federation of Labor）會員之一。過去為要求提高待遇，縮短工作時間，亦曾發生多次罷工運動（註七）。試問此種記者如何尚可稱為自由職業？

中國新聞事業，其資本化與企業化之程度雖尚不如英美，然赤手空拳之「文人辦報」時代，則確已過去。新聞記者之僱傭關係，多數亦已逐漸演變，成為固定。故仍視新聞記者與律師會計

師同等，主張需登記領證，其憑藉之理由實已不復存在。即退一步言，新聞記者確仍為自由職業者之一，然新聞記者之為自由職業，亦與律師會計師直接關係人民權利義務者不同。新聞記者苟不隸屬一新聞機關，即無法執行職務，非若律師、會計師之可以個人執行職務，直接對外負責。國家對新聞作為既有《出版法》及各種法令，嚴厲管制，則於新聞記者之個人登記，即已失其必要。雖納粹德國有此類「記者登記證」的規定，然其目的在取締猶太人，非納粹黨員，及非阿利安種人充任新聞記者。我國人民一律平等，□在《訓政時期約法》，與納粹黨國歧視異己者不可並論。故無論新聞記者之是否為自由職業，但由於消極的意義，以登記給證為管制新聞記者之方法，則從任何方面觀察，均覺其徒足減少新聞記者之從業熱情，及其對於國家之向心力，有害無利，其此為甚！

但若登記給證，其目的在予記者以法律之保障，如前述中央通過〈本黨新聞政策〉第五項之所定「輔導□□報業人才，施行登記，予以法律上之保障」 （註八）則變消極為積極，□□□□□□□□之□事消□為己者，判若天□。其與前述扶助新聞事業各辦法，□□□記者所□□□受，□無問題。無如《記者法》中又未能尊重此項原則，全都有□□□□□□，□□□□，「記者」不□毫無法律上之保障□□事以撤銷證書為宣佈新聞記者職業上死刑之唯一手段。其輕率惡濫，與律師會計師所受之法律保障，真乃無可比擬。茲將《記者法》中有關撤銷登記證的條文，列舉如左。再與律師、會計師撤銷證書之法定程序，作一對照，即可證明記者法所予記者之待遇，為何等的□虐！不公！

　　第四條：有左列情事之一者，不得給予新聞記者證書。其已領有新聞記者證書者，撤銷其證書。一，背叛中華民國，證據確實者。二，因違反《出版法》第二十一條之規定，或因貪污或欺詐行為，被處徒刑者。三，禁治產者。四，褫奪公權者。五，受新聞記者公會之除名處分者。

　　第二十條：新聞記者於職務上，或風紀上，有重大之不當行為，得由所屬公會全體會員三分之二以上出席，出席會員四分之三以上之同意，於會員大會將其除名。

　　第二十八條：新聞記者違反第二十二條至廿四條之規定者，撤銷其證書。

　　上列兩條，除第四條第一項，像汪兆銘一類的漢奸，背叛民國，證據確實，我們決不能許其登記，他也不會來請求登記，這與「三」「四」兩項，同為當然的規定，無待討論外，現在我們且將第四條第二項，與第二十八條，及第四條第五項與第二十條分為兩類，如以檢討。

　　（一）第四條第二項所指《出版法》第二十一條，其《出版法》原文為「出版品不得為下列各款言論或宣傳之記載：一，意圖破壞中華民國或違反三民主義者。二、意圖顛覆國民政府，或損害中華民國利益者。三、意圖破壞公共秩序者。」第二十八條所指同法之第二十二條至二十四條，其原文第廿二條為：「新聞記者不得有違反國策，不利於國家或民族之言論。」第二十三條，為：「新聞記者不得利用其職務，為詐欺或恐嚇之行為。」第二十四條：「新聞記者於其職務解除前，不得兼任官吏。」除《記者法》第二十四條，記者在執行職務時是否兼任官吏，其事實較

易證明，且記者不得兼任官吏，早有法令規定，本可無庸複舉外，至第二十二條所列實即等於《出版法》第二十一條之縮寫。惟所用詞句還不及《出版法》之明確。《出版法》對於違反第二十一條者處罰，為「一年以下有期徒刑，拘役，或一千元以下罰金，但其他法律規定，有較重之處罰者，仍依其規定。」所謂其他法律，殆指《刑法》內亂，外患，妨害秩序，公共危險等罪，及《危害民國緊急治罪法》之類。第二十三條與第四條第二項後段意義相似，然貪污詐欺恐嚇均為刑事範圍。故凡《記者法》所列明施行撤銷證書之條款，在其他法律均已有規定。但其他法律，對於此種內亂，外患，妨害秩序，公共危險，貪污，詐欺，恐嚇等罪名，均非經法定手續，正式審判，反覆辯證，不能成為定讞，《記者法》並未指出撤銷證書係在刑事判決確定以後（第四條第二項後段所指係已處徒刑為唯一之例外），則是等罪名乃專憑主管行政機關自由認定自由裁決。略書所及，恐非疏於誣陷，即將失之□□，因所謂言論，何者為「違反國策」，何者為「不利於國家或民族」，及何為「利用職務詐欺恐嚇」，此皆如無真憑實據，則在解釋適用之時，稍一不慎，即失之毫釐，差以千里。新聞記者，即有動輒得罪，啼笑皆非之苦。而撤銷證書，乃可成為行政機關任意威脅新聞記者最殘酷可怕之武器。其易流於誣陷，自不待言。反之，倘記者而真犯有危害國家，詐欺恐嚇之罪行，《記者法》中，既無如《出版法》違反某條，依法□刑之規定，則國家對此等□□重大之記者，不為刑事之追訴，而僅撤銷證書即可視為已施□□，是又未免過於□□。故從任何觀點言，關於上述《記者法》之各種條文，似均不免□供出大人，自相矛盾之意。

除觸犯刑章外，撤銷證書，本為對於自由職業者最重大之懲

罰。故一切判定撤銷「自由職業者證書」之法定程序，莫不異常
鄭重嚴密，以免對被懲罰者有所冤誣。亦必如此，始足以保障自
由職業之地位。《記者法》之公佈，其最易使人惶惑的，即一方面，
《記者法》認定新聞記者為自由職業的一種，應該和律師會計師
一樣，非核准登記，非加入工會，不能執行職務，但另一方面，
《記者法》關於新聞記者的懲罰，如前引各條款，其撤銷記者證
書之程序，輕率惡濫，較之律師會計師，簡直人間天上，相去萬
里，律師會計師的懲戒，均須由懲戒委員會決議。而懲戒委員會之
組織，關於律師者，以高等法院院長為委員長，高等法院庭長及
推事四人為委員。律師如有違法行為，應由當地地方法院首席檢
察官，呈請高等法院首席檢察官，提起懲戒之訴於高等法院。高
等法院認為應付懲戒，再提交懲戒委員會審議。律師被提付懲戒
後，得向委員會提出申辯。如不服委員會所為懲戒之決議，並得
在一定期限內，向司法行政部部長聲明不服。司法行政部部長認
為合法時，應咨交「覆審查律師懲戒委員會」。覆審查委員會係
以最高法院院長為委員長，最高法院庭長及推事四人為委員。必
由覆審會決議應受懲戒時，此應戒處分乃始確定。而懲戒處分之
最嚴重者為除名，即撤銷證書。除名後經過四年，仍得再充律師。
至關於會計師者，其初審，覆審，辯訴等程序，大體亦均與律師
之懲戒相似 (註九)。總之，無論如何，沒有不經初審，覆審，辯訴
而即可宣告一自由職業者之處名處分，至終身無可恢復者。有之，
則唯有被認為自由職業之新聞記者，在《記者法》中，其懲戒乃
完全無需上述之任何程序，一聽主管機關自由處決，不許申辯，
不經審判，並永遠不許再當記者。此其有欠公允，實無疑義。

（二）由《記者法》第四條第五項與第二十條，所授予記者

公會撤銷其會員記者證書之職權，輙□惡濫，恐流弊所及，□所賦予行政機關者，尤有過之無不及。因主管撤銷證書之行政機關，在整個政治□□之下，即對記者有過分誣枉情事，尚有上級機關或其他監察機關，可以使其畏忌。倘如《記者法》所定，准各地記者公會，得直接開除會員會籍，而開除會籍之結果，即不僅現有之記者證書應即撤銷，且與主管行政機關所為撤銷證書之處分，同其效力，終其身不得再為領證之申請，則記者公會，隨時均有被多數把持，排除異己可能。雖《記者法》第二十條，將決議除名的法定人數，規定較嚴，但以市縣記者公會會員最低數之十五人計算，只須十人（三分之二）出席，八人同意，（出席四分之三），即可決定。我們固相信各地記者公會多能組織健全，所有會員多人格高尚，然安知全國之大，毫無例外，就過去一般社團情形看來，所謂「好人不管事，管事非好人」，此種不合理之論調有時竟亦異常流行。假使某地有一公會，被人結黨操縱，彼等自身在職務上不努力，而惟忌他人努力，自身有重大不正當行為，而惟恨他人行為正當，不同流合污。試更舉例說明，假使此所謂某地公會者，其結黨操縱乃當地報館之若干記者，彼輩所主持之地方報，資金微薄，設備簡陋，專以聯合敲詐為事，報紙業務並不注意，於此有一從附近某大都市著名報館派來一通訊記者，在該地工作。依《記者法》第七條規定，此通信記者應加入該地公會。惟因彼異常盡職之故，所採消息均較當地各報迅速確實。於是彼所服務之某都市大報乃盛銷於該地。加之，此記者品格優美，頗不置當地記者所為。當地記者，既忌且恨，遂捏詞誣陷，反利用公會機構，將其除名。此某地公會，除被誣陷之某都市記者以外，餘均係該地出版之各地方報記者。故除名處分，應需之法定

人數毫無問題。試問在如此情形之下，此盡職奉公之記者，將如何始能得合法之昭雪？《記者法》對於公會除名處分，既無許其聲辯上訴之規定，一經通過，即成鐵案。且一地除名，全國有效。除名以後，永遠不得再為記者。以八人之決定，而竟能發揮如此無上之威權，以視律師公會，會計師公會，其於懲戒會員之職權，經決議後，只能依前述律師會計師之一般懲戒程序，送由法院或最高主管機關審理者，真乃不可比擬。例如律師被公會通過懲戒案，應由公會送請地方法院首席檢察官提出懲戒之訴於高等法院，經律師懲戒委員會及覆審查律師懲戒委員會兩度裁決，懲戒處分始能確定^{（註十）}。同為公會，何記者公會之職權特為強大！同為會員，何記者公會會員之地位特為渺小！如謂真理屬於多數，受多數判決有罪者，其人即無可寬恕辯正，又何以律師、會計師之多數判決，其效力僅等於一普通人民之告發告訴，並無確定執行之權？此中理由，誠令人無法索解。

由上所述，《記者法》所有關於撤銷證書之規定，如第四條，第二十條，第二十八條，其待遇記者顯欠公平，扶持維護更談不到，實與中央所定〈本黨新聞政策〉第五項背道而馳。至我們何以不憚辭費，反覆叮嚀，對撤銷證書一項如此注意，即因此種施於新聞記者之處罰，其性質過於嚴重。如執行稍涉誣濫，即足使全國新聞事業之從業員，人人有朝不保夕之感，對整個新聞事業，影響至大。而證書一經撤銷，終身不得再為記者，此其殘酷，實遠甚於過去任何時代所有處分新聞記者之任何辦法。試舉我個人觀身經歷的前例（我全國同業有此同樣經歷者當然也一定很多）：當北京軍閥時代，我在北平所辦報館，曾□□直，皖，奉，以及形形色色之各種軍閥，一再封閉，我個人也被捕多次。但除一次

幾被張宗昌槍斃外，在其餘二十年中，我無論遭受如何迫害，總可以很迅速的恢復我的新聞事業和記者生活。一報被封，另辦一報。甚至如我所辦之報，有早晚兩刊——《世界日報》、《世界晚報》——往往早報因某事件被封，而晚報仍可出版。晚報被封，早報仍可出版。我始終可以本著我對於新聞事業之興味與志趣，繼續工作。又如民國二十三年，汪逆兆銘任行政院長時，因我主辦之南京《民生報》，陰諷其庇縱貪污，求媚日寇，被其以極端非法手段，將《民生報》封閉，將我拘禁四十日。他並令唐有壬向我嚴重警告：（一）不特《民生報》永遠不許再在南京復刊，並不許我再在南京辦報。（二）不許我再有任何反汪文字發表（此事經過，及唐有壬所提條件，在林語堂所著英文版《中國報業發達史》一書中，記載甚詳）^{（註十一）}。唐曾自稱，願以私人友誼勸我與汪妥協。他說：「新聞記者決鬥不過行政院長」。我當時的回答：「我相信最後勝利必屬於我。因為我可以做一輩子的新聞記者，汪決不能做一輩子行政院長。而且過去曾同樣壓迫過我的，其實力遠過於汪，像張宗昌之流，他們現在那裡去了，我則仍可一切照常，做我的新聞記者。新聞記者是鐵飯碗！」雖然這些話，更增加汪逆對我的懷恨，然我竟仍能於出獄後，不及十日，又在上海和許多同情於我的記者同業，開始籌辦第一個小型姿態在上海出現的《立報》。同時《民生報》雖被封閉，而我在北平的《世界日報》，《世界晚報》，汪逆用盡種種方法，密令其媚日同志設法摧毀，終未如願。從此可見一記者「職業生命」的保持，其重要性實遠過於一「新聞機關的生命」。假使《記者法》中撤銷證書的規定，在當時即已施行，則上述之若干不肖權要，擅作威福，一紙命令，即可宣佈記者職業上之死刑，則我輩願以新聞事

業終身之記者，尚復寧有噍類？所謂「鐵飯碗」者，勢將紙糊泥
塑之不若！我們固深信國民政府，在中央積極扶助新聞事業保障
新聞記者之最高指導原則下，決不至有如過去任意摧殘新聞事業，
拘捕新聞記者之不幸事件發生，但治人不如治法，如果國家立法，
先不審慎，則不肖之徒儘可乘隙蹈瑕，假借法律，營私洩憤，彼
富於正義感之記者，固或不免因撤銷證書，被迫改業，自此以下，
脅於「職業處死」之重刑，亦唯有鉗口結舌，阿諛取容。似此，
國家正義寧不掃地以盡？為永遠杜絕此種弊害起見，我們遂不能
不鄭重建議，所有《記者法》中關於撤銷登記各條款，最低限度，
應受下列兩項之限制：

（一）《記者法》第四條一二兩項，及第二十八條所稱違反
同法第二十二條，二十三條，即因類似內亂，外患，妨害秩序，
公眾危險，詐欺，恐嚇，貪污等罪名，而被撤銷證書者，其撤銷
處分之執行，應一律以經過法院依法判決確定有罪者為限。

（二）除上述情形外，任何對於新聞記者之懲戒，均須照律
師、會計師懲戒辦法，組織懲戒委員會，及再審查懲戒委員會。
即任何懲戒處分，均必須經過初審，再審，□辯，上訴等程序，
始為確定。□記者法第二十條新聞公會之會員除名□，及因除名
而連帶產生第四條第五款撤銷證書之規定，均須照上述意旨，予
以修正。

這是我對於《新聞記者法》切望補救的第二點。

三、何為新聞機關何為新聞記者

關於《記者法》中，新聞機關和新聞記者，其範圍應如何制
定？這也有一併修正的必要。據《新聞記者法》第一條：「本法

所稱新聞記者，謂在日報社，或通訊社，擔任發行人，撰述，編輯，採訪或主辦發行及廣告之人。」照此規定，有兩點均顯欠妥適。第一：新聞機關之種類，報紙僅以日報為限，其與《出版法》第二條，所予新聞紙之定義，完全衝突。《出版法》不僅將所有每日或隔六日以下之期間，繼續發行者，認為新聞紙，並對每星期或隔三月以下，繼續發行之雜誌，只須內容以登載時事為主，亦均認為新聞紙（註十二）。今《記者法》與《出版法》有此重大出入，勢將使全國同業，不知所從，一方面《出版法》課負責人以「新聞紙」之責任，一方面則根本不承認其所負責者為新聞紙，其資格為新聞記者。然在同一條款內，對通訊社則又並無刊期的限定。如果通信社是隔三日，或每週，半月發行一次，其服務人員，卻仍可算新聞記者。其不合理，寧待申述？就我國新聞事業發展之趨勢觀察，因幅員廣大，交通困難，購買力薄弱，將來新聞紙深入農村，第一步正賴有許多三日刊，週刊之類，在全國大量傳佈。且全世界新聞事業傾向，三日刊或週刊之類，成績最好者，其銷數亦恆較日報為廣，而其在各方面發生影響亦特大。假使將許多非每日發行，但「內容以登載時事為主」的定期刊物，如英國的《觀察人》，《世界新聞》；美國的《禮拜六》，《生活》，《幸福》之類的從業員，屏斥於新聞記者範圍之外，則全世界對此「新聞記者」一字之含義，勢須另行估定。第二：服務人員之種類，本條所訂，在日報通訊社中服務者，惟發行人，撰述，編輯，採訪或主辦發行及廣告之人為新聞記者，亦欠縝密。以現代新聞事業進步所趨，尤其中國之新聞事業，有四種工作人員，絕不應否認其為新聞記者。（一）假使中國報紙仍許私營，則必然趨勢，將來中國新聞事業，將無法阻止其為一種大規模的

企業化，換言之，即資本化。英美資本化私人經營之新聞事業，並非絕無優點，惟其最為世人詬病癥結之所在，即大部分報紙之真正主權者，並非表面負責之經理，編輯，而為幕後主持之資本家。此種資本家，不負報館言論記載之任何責任，實際上，則報紙上之一字一句，幾無不仰承彼輩意旨。彼輩為求本身私利，一方面發揮個人之是非好惡，影響政治。一方面迎合讀者之低級趣味，貽毒社會。而在法律上，並不受直接之追訴，僅由所謂經理，編輯，代為「受罪之羊」。為預先防範此種流弊重見於中國新聞事業，故國家不設定所謂登記證則已，如其有之，則凡獨資經營之館主（Proprieter，中國可譯為社長）及依《公司法》選出之董事長，或常務董事，應均使其直接負責，而為法律上「記者」之一。如此，則彼等凜於責任所在，英美所日夕祈求之「報紙淨化」，在中國或竟可不成問題。（二）評論效力，尤其關於政治者，其影響讀者之尖銳深刻，往往遠不如政治性漫畫之偉大。如《芝加哥論壇報》漫畫記者麥克堅（John I. McCutchieon）其作品權威，即常超過所謂堂皇冠冕之長篇大論。此種漫畫作家，其應與撰述，同被認為新聞記者，寧有疑義？（三）校對一職，在我國報紙，最被賤視，而各報館實際工作情形，總編輯能最後核閱全部大樣者極少。往往交由一校對主任，或總校對代閱。甚至將最後補充或抽換一部份材料之職權，委託彼等負擔。彼等待遇遠不如編輯，撰述之優厚，責任則有加無減，是以能勝任者，多不願久居此位。願久居者，多不能勝任。而中國報紙，在版面上發生之種種過失，原因即不少在此。為使名權實責得相配合，及求版面之完整起見，負校對部份主要責任之人（甚或全部），實不應不予以與編輯撰述同等之地位。且中國習慣，官廳公文，校對均須署名，其重視

校對之責任如此，報紙豈可獨於校對而輕箕之？（四）印刷人在《出版法》中，與發行人編輯人負同樣責任。此次《記者法》，獨未將印刷人列入，且新聞事業發達之結果，印刷部份在任何新聞事業中之重要性，必日益增大，無論如何，主辦發行廣告之人，尚均認為記者，則「無印刷即無報紙」，較發行廣告百倍重要之印刷人，自更無不認為記者之理？

由上所述，《記者法》第一條，應修正如下：「本法所稱新聞記者，指在日報社，通訊社，及內容以登載時事為主要者之一切定期刊物，擔任社長，董事長，常務董事，發行人，印刷人，撰述，編輯，漫畫，採訪，校對或主辦發行及廣告之人」。

這是我對《新聞記者法》切望補救的第三點。

四、應使報館本身成為新聞學校

最後，我們所要求補救的，即《記者法》第三條，關於新聞記者資格之規定。該項資格共分五項：第一項為大學新聞學系及新聞專科學校畢業者。第二項為在大學或專門學校修習文學，教育，社會，政治，經濟，法律各學科畢業者。第三項雖係指在大學專門學校擔任前述各種學校教授一年以上，但既任教授，最低限度當亦具有專門以上學校畢業之學歷。故就此三項言，均乃限定新聞記者非專門以上學校畢業者，不能充任。至第四項，在高級中學或舊制中學畢業，曾執行記者職務三年以上。第五項，並不必有任何學校畢業，只須曾經執行記者職務三年以上。此兩項，則似專為救濟《記者法》實行以前，現任記者未具有專門以上學業學歷，或者並未在任何學校畢業者所籌出之通融辦法。惟從《記者法》實行之日起，既據《記者法》第二十七條，非經頒有證書，

不能執行記者職務。如此人在《記者法》實行前，並未當過記者，即不能適用第四、五兩項之通融辦法，是以後之新聞記者，均必須具有專門以上學校畢業之學歷。中國新聞界，過去最大之不良現象，即為一部份新聞記者人品太雜，學識太低，致整個新聞界在社會之地位與信譽，均受其影響。故《記者法》此種限制，本屬無可非議。但就我國教育進展之程度及其與一般國民經濟之關係，最普通之現象，不特家境貧苦者，極難在專門以上學校畢其學業，即現制之六年中學，就桂林論，平均一學生年須納各項費用，在二千五百元以上（我執筆時的生活標準），此又豈清寒之家，所能負荷！且新聞記者，最需要職業之訓練與特殊之天才。外國最成功之記者，其非出生專門以上學校者極多。或僅經過短期之職業訓練，而先由不重要之工作做起，及能表現成績，然後積資遞升。尤其我國新聞界，人才缺乏，新聞學系、新聞學校，全國寥寥無幾。總計合於《記者法》第三條第一項資格，而取得畢業證書者，恐至今不足五百人。第二、三兩項，範圍較寬，然具有此種學歷之人，出路亦廣。其肯具此志願，且亦能勝任愉快者，為數必亦不多。現在全國新聞界上三項資格之從業員，最高額不過百分之二十。其餘大抵多係天資甚高，惟以財力關係，不能升學，或半途輟學，然又不屑降志辱身，從事鑽營，認記者職業，比較清高，遂不惜由練習生，校對員，投稿者種種不同之方向，與報館發生關係。其成績最好，興趣最濃者，在報館地位亦隨之增高。此種記者，雖《記者法》四、五兩項，仍可包容，不致因《記者法》實行，而即喪失其已有之記者資格。但以中國幅員之廣，人口之多，一旦抗戰結束，建設開始，最近之將來，新聞事業勢必有驚人之進展。縱不能即如美國能有二千種日報，一

萬種週刊，然我土地多彼二百萬方公里，人口多彼三百餘萬，最低限度，日報週報總可達彼之半數。以六千種定期刊物，每種須領取證書之記者，平均以十人計，即須有合格之記者六萬人。全國現有之記者，當不及此數二十分之一。若照《記者法》所定，今後記者均須從專科以上學校畢業，則又有何方法，倉促之間，以覓得此五萬七千之合格記者。至於新聞界人品之雜、學識之低，為世詬病，誠屬事實。然造成此原因者，乃由於過去政治，社會方面，種種病態，有以致之（如軍閥時代，軍人，政客，以辦機關報，或津貼報館，為安插低能親友，或攏絡無賴文氓之唯一方法。又如上海租界，社會罪惡極多，流氓趁機，遂恆以創辦小報，揭發陰私，為敲詐發財之大道。）。今後政治清明，社會進步，只要國家對於不良記者之詐欺，恐嚇，能認真取締，不枉不縱，則前述新聞界，「人品雜學識低」之現象即可自然消滅。故不必因噎廢食，而立將若干千萬萬無力升學有志辦報之熱血青年，完全屏斥於新聞界領域之外，並使新聞領域，將有極度才荒，無法開展之慮。即使學歷限制確有必要，然亦宜稍假時日，待中國高等教育，不為富貴子弟專有，而確實做到「人人有受高等教育機會」時，再行實施。至目前規定，則應於第三條第五項後增加一項：「日報通訊社或定期刊物，得因其需要，於發行，廣告，印刷，編輯等部門，以考試或其他方法，錄用助理員或練習生，此種助理員及練習生，工作滿五年以上，成績優良，有證明文件者。」如此，則每一新聞機關，均可實質的成為一記者訓練學校。而無數有志青年，亦不至因《記者法》之束縛，而即杜絕其「走向記者之路」。

這是我對《新聞記者法》切望補救的第四點。

　　此外雖然還有應該修正補充，以及文字方面應該整理的地方，然關係較小，且本文限於篇幅，不及逐一列舉，希望負修訂責任的機關，能再悉心研索，則一部完好的《新聞記者法》，當即不難產生。

　　總括我個人的意思，我對《新聞記者法》所迫切要求，設法補救的：第一，從積極方面，多予新聞事業及其從業員以切實之扶助與鼓勵。第二，如果新聞記者應該和律師，會計師，同樣登記領證，則對於新聞記者撤銷證書之懲戒，也即應和律師，會計師一樣，同樣經過嚴密之程序。第三，新聞機關之種類，應與《出版法》一致，包括「內容以登載時事為主」的各種雜誌。新聞記者之種類，應加上社長，董事長，常務董事，漫畫記者，校對主任，印刷人。第四，記者學歷，應暫不限定必須由專科以上學校畢業。這四種重要的補救，我敢相信，既係發揮中央所定之新聞政策，亦應為事實所必需。在現行政制，及各種客觀環境之下，我們絕不反對國家對新聞記者有「法」，但無論如何總希望其為比較□□的良法。一方面國家固可因此增強新聞事業之管制，一方面亦決不致因此妨礙新聞事業之發展。總之，《新聞記者法》的作用，是要集中全國的新聞記者，提高其地位，鼓勵其志趣，以共同目標，為全民族福利，積極奮鬥。倘不能發生此種作用，甚至適得其反，使全國新聞記者，懷疑國家對彼等有意歧視，減少其事業情趣，鬥爭熱忱，這豈僅新聞記者的不幸，國家無疑的，亦將蒙受永難補償的損失。我們為切望一完整良好，富於積極意義的《新聞記者法》出現，所以不能不提供一些「心所謂危未敢緘默」的意見。與其施行以後，障礙橫生，無寧於此施行日期施行細則尚未公佈以前，設法糾正，羊猶未亡，補牢寧晚。敬盼我

政府及全國同業，急起直追，為及時的補救。

【附註】

（一）見 Reael R. Barlon 著 *World S Press System* 第二節。

（二）國民黨五屆三中全會通過交中宣部執行。

（三）見 30 年 9 月 2 日重慶中央日報。

（四）如民國 21 年 2 月通令保障人民言論出版自由權等。

（五）見 Barbara D. Cochran 著 *The Evolution of Journalism* 第四
　　　節及 Revel R. Barlow 著 *The Press as a Political and Social
　　　Force* 第二節。

（六）同（一）。

（七）見 *The Evolution of Journalism* 第六節。

（八）見律師章程第七章第三十五、三十六、三十七各條及律師
　　　懲戒委員會規則各章。

（九）見修正會計師條例第二十二、二十三、二十四各條及修正
　　　會計師懲戒委員會組織章程各條。

（十）同註八。

（十一）太平洋國交討論會出版。

（十二）見出版法第一章第二條。

我們需要平價報

成舍我

原載：1943 年 7 月 15 日，《東方雜誌》，第 39 卷第 9 號，頁 24-27

「勝利愈接近，戰鬥愈艱苦」，所謂戰鬥，並非專限於飛機大炮血肉相持的前方，舉凡一切與爭取勝利最有關聯的部門，如「經濟戰」「宣傳戰」之類，也都包括在內。固然在這一切艱苦戰鬥的過程中，我們保有許多不可磨滅的驚人優點，但儘量自我檢討，尋求本身缺憾，加以補救，似亦確為當前每一參加戰鬥者必須注意的工作。

我是一個終身從事新聞事業的半老「小兵」，現在，且將我所認為與「宣傳戰」，最有關聯及最迫切的問題——我們需要平價報，提請大家，尤其我們宣傳當局和新聞界的前輩領袖，共同研討。

在最近二十天以前，我從桂林到江西某處，做一兩週間的短期旅行，除衡陽耒陽兩大城市外，我曾在三個人口兩萬以上的縣城，和若干人口五千以上的市鎮住宿，或經過。在這次旅行中，對於一般人認為難於忍受的苦痛，如汽車拋錨，臭蟲滿床之類，我都極能遵守「素位而行無不自得」及「莫非命也順受其正」的教訓，毫無感覺，其真能使我苦痛的，則是往往一連四五天，看不到一張報紙。我是不能一天不看報的人，報紙常被稱為「精神食糧」，四五天不看報，實等於四五天不吃飯，是可忍孰不可忍？

起初尚以為僅小市鎮和普通店戶找不到報，萬不料在一個縣

227

城中，向縣黨部及國民小學去找，也都一樣的回答沒有。有一位小學教員告訴我，他們已早把看報列為奢侈生活之一，與穿西裝吃魚肉，同為可望而不可即。他們要知道國事，只有從縣政府門首張貼的一張播音紀錄去尋取。但這種播音紀錄，也不一定能天天貼出，或許天氣障礙，或許機件損壞，也或許主辦的人，另有要公，遂致遺忘，所以他們知道的國事，都是東麟西爪，不相聯屬。

至為什麼會把報紙列為奢侈品，就因為一個國民小學的辦公費，通常不過數十元，筆墨紙張燈油茶水一概在內，而一份報紙的價值，繼長增高，由每張二角，三角，五角，加至一元，連郵費每月已在三十元以上，幾乎要佔到辦公費的全部。這如何還看的起？小學校之不能不把報紙當奢侈品，其理由在此，縣黨部的情形，大約亦相差不遠。據說，全城只一縣長公署，和兩三位發了國難財的商人，訂有報紙，但我和他們不相識，未便煩擾。結果遂使我每天所最皇兀不安的，倒不是汽車拋錨不拋錨，臭蟲吃人不吃人等問題，而是前線情形，盟國戰況及世界局勢，究已進度到何等境地。每一經過地區，除極少特殊人物，對當前大局，尚能略知梗概外，其餘大抵渾渾噩噩，莫名奇妙，老百姓則更多數呈現著「不知有漢何論魏晉」的情態。去年九月間，我從桂林循西南國道來重慶，由金城江起，除在貴陽有報可看外，其餘各地，找報也極困難。但或者因那時報價普通還只到每份五角的關係，故困難程度，似還不及此次嚴重，縣市的小學和黨部，偶爾還能找到一兩份看。如果照此次旅行所得的經歷，繼續推展下去，那麼，將來報紙成為都市貴人的專利品，連縣政府也找不到一份報紙的時期，也許很快就會到來。我們的抗戰宣傳，和最多數勤

勞大眾，隔離到如此遙遠，豈不是「宣傳戰」中一個急須補救的重大缺憾！

　　國家總動員委員會秘書長沈鴻烈[1]氏，在考察湘贛粵桂等省限政施行情形回到重慶以後，他曾刊佈一個公開報告，認為限政宣傳沒有普及民間，是限政成效欠佳的最大原因之一。其實當前的許多重大問題，如徵兵難，漢奸多，何嘗不都和宣傳工作未曾普及民間，有著同樣的關聯。當七七抗戰初起時，我在漢口《大公報》發表〈紙彈亦可殲敵〉一文，對抗戰宣傳，曾提出三個原則──指揮統一，目標集中，對象普及。我極力呼籲，宣傳應以全國軍民為對象，最低限度，每團有一陣中版，每縣有一地方版。而所有宣傳資料，連題目大小，次序先後，都應完全由中央主管宣傳之總機構編定播發。我提出的口號是「報紙下鄉」，在那篇文章第一段，我有如下的意見：

　　　漢奸多，徵兵困難，一到距離戰區稍遠的縣，市，鄉鎮，大多數老百姓即渾渾噩噩，不但看不見抗戰的準備，連抗戰氣氛，都無處尋覓。一切的一切，這是什麼緣故？我們可以追根索原，得一個結論，就是我們由過去以至現在，忽略了孫先生一個很寶貴的遺訓，把宣傳太看輕了，宣傳沒有和軍事配合，軍事進展，而宣傳落後，所以造成眼前種種不良的現象。

---

[1] 沈鴻烈（1882～1969），湖北天門縣人，早年加入同盟會，參與辛亥武昌起義。民國成立後，歷任海軍部要職，並於1931年出任青島特別市市長，1938年就任山東省政府主席，1941年擔任農林部長。抗戰後於1946年接任浙江省政府主席，1948年調任考試院銓敘部部長。來台後，受聘為總統府國策顧問，1969年病逝於台中省立醫院（國史館現藏民國人物傳記史料彙編，第1輯，pp.137-143）。

　　我這一「卑之無甚高論」的呼籲，雖曾得到若干方面同情，而現今業已舉辦尚待擴展，如政治部主管的《掃蕩簡報》[2]，宣傳部主管的各地簡報，也正就是向著普及軍民的大道前進，但因為戰局變化，和器材困難，像抗戰開始時我所擬議的三大原則，似都遠難即實現。一方面我們上述的宣傳原則，尚須相當時期始可完成，一方面則我們全國各大都市固有的報紙，在此時期，卻更因種種關係，其銷行處集中於都市本身，其對象愈集中於少數公務員及知識階級。「報紙下鄉」，仍只被視為一種空泛的理想。老百姓沒有儘量普遍受到抗戰宣傳的洗禮，其渾渾噩噩的情境，由我這一年中兩次的旅行所見，比抗戰初期還要加甚。因此，除祈禱擴展中央普及全國的簡報計劃，能儘速圓滿奏效外，一方面我不能不提出一個迫切要求──我們需要平價報。

　　我國報紙售價，與大多數國民生活水準，不相配合，這早在抗戰以前，就已深刻感到。民國二十年，我在北平燕京大學，講〈中國報紙之將來〉，曾列舉歐美各國報紙售價，與其國民收入，和我們比較，結果，證明實相差太遠。如以英國一小學教員為例，通常月入二十鎊，即四千八百辨士，購報一份月不過三十辨士，僅佔其總收入百分之零點六強。而我國一小學教員，通常月入二十元，購報一份，通常以每月一元計，就須佔其總收入百分

---

[2] 《掃蕩報》，1932 年 6 月 23 日創刊於南昌，最初由南昌剿匪總部政訓處主持，原為《掃蕩三日刊》，宣傳剿匪抗日，主張「攘外必先安內」，並宣傳「新生活運動」。之後擴充為《掃蕩日報》，最初僅發行於軍中，之後成為一般性報紙。1935 年 5 月 1 日遷漢口發行，日出兩大張，1938 年 10 月 1 日出重慶版《掃蕩報》，武漢《掃蕩報》出到最後一版，撤遷至桂林，出桂林版《掃蕩報》。1943 年 10 月 1 日，又出昆明版《掃蕩報》。1944 年，由黃少谷專任《掃蕩報》總社社長，成立有限公司，實施企劃化經營，1944 年 9 月 1 日正式改制，由黃少谷擔任總經理兼總社社長（朱傳譽，1989c：440）。

之五。小學教員尚如此，更窮苦的勤勞大眾，自然尤不易有購讀報紙的資力。所以中國報紙，始終不能得到廣大的銷路。銷路最大的報紙，自己宣傳，也不過十五萬份。要像英國四大日報，《每日郵報》，《每日快報》，《每日民聲報》，《新聞記事報》——動輒在兩百萬份左右，真是無法比擬。其唯一致命的原因，就是報價太貴，老百姓看不起。因此，我曾極力主張，多辦以勤勞大眾為對象，文字通俗，取材精要，一塊錢可看四個月（零售每份一分）的小型報。抗戰以來，我們全國報紙，隨著物價高漲的洪流，即小型報其售價也有增加到每月三十元，甚至三十元以上的。固然一般讀者的收入，亦已增加，然每月三十元。與戰前每月二角五分比增加一百二十倍。至日出一大張的報紙，以戰前日出三大張月售一元為比例，所增亦恆在百倍左右。除了發國難財的特殊人士，誰的薪俸，能有這同等倍數的增加。其不能深入鄉村，普及大眾，那是勢有必至，理所固然的！

所謂「平價報」，正為挽救上述缺憾而起。這一名詞，看來似乎新奇，然而它的重要，實不在「平價米」，「平價布」之下。且自限價政策頒行以來，報紙所居地位，縱不是民生必需品中數

《東方雜誌》第 39 卷第 9 號目錄

一數二的老大哥，至少也應是八種以下的第九種，可惜大家都不大注意這問題，就弄到連肥皂、牙膏也不如。肥皂，牙膏，還有人替它議價，報紙的價值，卻始終無人過問。主辦報紙者，遭受經濟環境的壓迫，呼籲無門，不能眼看自己的報館關門，結果，也只好隨著物價洪流的激盪，由戰前每月售價二角五分的小型報，售到每月三十元以上。這當然不是辦報者願意出此，如果國家有一個精密公平的辦法，解除報館當前的困難，那麼，報紙售價，何嘗不可遵照政府管制，減到合理的標準。

三年前，國內報紙售價，通常約在每份零售一角五分至二角之間，我由香港來重慶，某次，偶應某公垂詢關於宣傳方面之意見，我當時曾痛切陳述抗戰宣傳不能普及全國的危險。並指出隨著物價工資的高漲，報紙售價，恐仍將有增無已。換言之，即抗戰時間愈延長，報紙售價愈提高，一般購買力薄弱的勤勞大眾，愈將與報紙絕緣。我曾提供一個「平價報」的辦法：即報紙售價，應由政府規訂，而由政府以適當定價，供給各報館用紙。例如政府規訂小型報零售每份一角，報館除去批發折扣，及破紙消耗外，實際收入，平均按每份五分計算。每紙一令印報兩千份，是報館印紙一令，可實得報價一百元。政府於嚴格核定每報確實發行數目以後，即可以每令一百元以下之價值供給報館用紙。其市價高過一百元之損失，概由國庫負擔。倘政府能再將報價減低，仍可依此比例，減低紙價。

自來純粹經濟獨立之報館。其營業方針，及收支標準，大抵以發行所入（即售報）抵低價，而以廣告所入抵薪俸及其他一切支出。其廣告發達之報館，為求增高廣告之效力，尚寧願減低售價至紙張成本以下，冀以推廣銷路。同時，廣告部份之增益，即

可填補發行部份之虧損。報價增減，純以紙價為轉移。故政府只須以一定價值，供給報館用紙，報館即自無提高報價之理由及必要。目前全國報館，紛紛提高報價，其唯一原因，即在紙價高漲。即使，這三年前「平價報」的辦法，能夠實現，則即在今日，相信我熱心為抗戰宣傳努力的全國報業先進，固仍絕對有欣然接受的必要。

從另一方面看，今日報價最高已漲到戰前的一百倍至一百二十倍，而紙價則除白報紙外，任何地所產土紙與戰前白報紙比較，似最高尚未到四十倍。如以重慶為例，戰前白報紙，通常在每令七元左右，而今日重慶土紙，限價為一百六十七元，僅當戰前白紙之二十四倍，黑市以二百五十元計，亦僅戰前之三十五倍。現在報價之所以漲到一百倍至一百二十倍，未嘗不是受著紙價漲風，無法預測的一種恐慌心理所支配。因辦報者本身，自然不願漲價，更不願效法一般商品，時時漲價，今日決定漲價時，總希望以後不再漲，最低限度，亦幾個月內不再漲，而紙價之漲到如何境地，則早晚可有極大的不同。今日之三十五倍，安知幾個月內不像幾何級數的上增，由三十五倍而到七十倍，而一百四十倍？固政府只要安定紙價，予辦報者以保障，此種恐怖心理即自然不再存在。至報館之廣告定價，則政府可儘量放任，聽其自然。因今日一般報館之廣告定價，雖然已比戰前加到一百倍左右，但仍然還有不嫌昂貴，刊登全版或半版封面廣告的商店，可見商人藉抗戰獲得之利率，遠在廣告增價以上。雖然現在報館的各項支出，比戰前還未全部加到百倍以上，如戰前一總編輯之薪俸通常為兩百元，今則任何報館，尚未聞有月薪兩萬元之總編輯。但若物價工資再有增漲，廣告定價，即再增百分之百，亦無

不可。且因報價減低的結果，銷路一定擴大，而銷數擴大的結果，廣告效力一定增強，廣告效力增強，則每一全版封面，像英美報紙的比例，縱售十萬元一天，也自會毫無吝嗇，有人欣然惠顧。照此辦法，減低報價，對國家故可使抗戰宣傳，普及深入，其所以增強我宣傳戰鬥力量者至大且巨。對報館，毫無損失，且因供給用紙可減少紙張無限制高漲甚至缺市的恐慌，其必然的收穫，還可大量提高廣告效力，增加廣告收入。這就是我所建議「平價報」一舉兩利的簡單輪廓。

切盼負宣傳責任的當局，及全國報界領袖，對這辦法，能予以縝密考慮，倘有實現可能，則報紙向大眾去，最低限度，兩萬人口以上的縣，五千人口以上的市鎮，在國民小學和黨務機關內，總不至再有找不到一份報紙的缺憾。其於動員全民，爭取勝利，也總不至毫無補益罷。

報紙必如何始真能代表民意

成舍我

原載：1944 年 11 月 20 日，《中國新聞學會年刊》，第 2 期，頁 20-30

「言論」與「資本」分立的一個創議

勝利在望，憲治有期，爭取「言論出版自由」和「改善檢查制度」的呼聲，因之又重新引起了各方注意；我十分確信這種呼聲，在戰事結束以後，一定會收到預期的效果，目前所急當縝密研討的，乃是與上項呼聲最有密切關聯的中國新聞事業，一旦跟著時代進展，掙脫了一切束縛，是否繼此以往，就真能善用其代表輿論的機關，使老百姓的意見，經此機構，充分發布？據我個人推斷，假使我們事先沒有準備一個良好滿意的新制度，而僅抄襲英美式的言論出版自由，則其結果，將只是資本家或政黨的言論出版自由，真正最大多數的老百姓，仍必有冤無處訴，有話無處說。此其原因，即辦報要錢，今後步入科學化工業化時代，辦報更要最多的錢。最大多數的老百姓，當然不能人人有錢辦報，有錢辦報的，僅是少數資本家，或是有資本家做後台的政黨，他們以報館為維護本身權益的利器，當老百姓權益與他們本身權益衝突的時候，試問有何方法，能使他們□□槍口，不打老百姓，先打自己？

在法律上，英美的確給予了每一國民以最大限度的言論出版

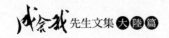

自由權，辦報不需登記，事先絕無檢查，可惜的是不能人人有錢辦報。十五年前，我因為已故某名記者，在某一報學名著中[1]，曾談到英國報紙有一法例，如果人民為公益事件，投函三次不登，則投稿者可以依法控告此不予登載之報館，我十分懷疑，英國法律能保障人民言論自由權，到如此程度；當我和程滄波[2]先生同遊英倫，某次在倫敦《泰晤士報》一記者家中吃飯時，我偶然舉此相詢，該記者笑謂，假使英國真有此種法律，則每報館，即將無一日不在被控告中，因以《泰晤士報》為例，其〈致記者函〉一欄中，每天所發表的，最多祇及來函總數百分之六、七，百分之九十以上的來函，都棄擲在廢紙堆中。我問是否這些被棄的來函，多與公益事件無關？他對這句話，沒有明白作答，但無疑的是登載標準，別有所在，固與公益非公益並無若何聯繫。某已故名記者的記載，雖係傳聞致誤，然由此可見最能尊重言論出版自由的國家，實際上並不是每人都有權能將自己有關公益事件的意見，經過報紙充分發表。而自報紙「黃」化以來，一都分英美報紙，

---

[1] 此處所指為戈公振所撰寫之《中國報學史》。

[2] 程滄波（1903～1989），原名中行，字滄波，江蘇武進人。早年入南洋中學及聖約翰大學，畢業於復旦大學。在學期間即從事編譯與政論著述，受陳布雷所賞識，畢業後獲薦為上海《時事新報》主筆，1921年赴英國倫敦政經學院深造。回國後擔任中央政治會議秘書，1932年國民黨《中央日報》改為社長制，程滄波受命擔任第一任社長。1937年盧溝橋事變，蔣介石於江西廬山召開談話會，正式對日宣戰：「和平未到絕望時期，決不放棄和平；犧牲未到最後關頭，決不輕言犧牲」、「戰端一開，地無分南北，年無分老幼，皆有守土抗戰之責任」，該份文告即為程滄波所草擬。1947年當選為中華民國第一屆立法委員，1951年來台後歷任國民黨要職，並於政治大學、東吳大學、世界新專兼任教職。1955年應成舍我之邀，共同發起籌組「世界新聞職業學校」。1972年，新聞界公推程滄波為「中華民國新聞評議委員會」主任委員，並擔任主委一職達18年。1990年7月21日，病逝於台北忠孝醫院（國史館現藏民國人物傳記史料彙編第14輯，pp.362~365）。

更藉言論出版自由的護符，為資本家「招財進寶」的工具，敗壞風化，唯利是圖，這正是英美言論出版自由制度下一種最不幸的現象。所以我們要爭取真正的言論出版自由，我們不能完全抄襲，一定要懲前恐後，免蹈英美覆轍。而戰後中國新聞事業的發展，也即有釐訂新聞，□□□□□□□。

或許有人要說，我這些話等於「癡婆說夢」，「杞人憂天」，□□□□。第一，戰後建設，千頭萬緒，一般傾向，多集中農林工礦，新聞在一切事業中，顯然尚居於次要之列，無人重視。第二，即使有人認新聞事業為一重要工作，然以中國過去及現在報紙情況推斷，每日發行數字，極少超過二十萬份之紀錄，通常不過數千份以至數萬份，較之英美大報，動以日銷數百萬份計，相去極遠。銷行不多，即不需最新式之機械設備，亦即無巨資經營之必要，所謂英美資本家操縱之弊害，在中國根本無從發生。第三、即假定中國報紙有大資本經營必要，但中國資本家，其投資眼光，多別有所在，不特新聞事業，未易使其所必，即對農林工礦，亦尚少感覺興趣，他們寧願花幾千萬開大旅館，百貨公司，但如有人以報館股票向其銷售，則百分之九十九，勢必掩耳疾走。因此種種，所以，凡我對於中國新聞事業未來的憂慮，多認為神經過敏。但我的看法，仍始終堅定，決不動搖。

第一，我認定戰後中國新聞事業，以其具有「改造國民心理，轉移社會風氣」之決定的力量，故在建國時期，地位最為重要。不特不應次於農林工礦，且我敢大聲疾呼，毅然提出一「建國必先建報」的口號，籲請全國上下，一致注意。第二，中國人口繁庶，土地遼闊，如以英美為例，則一旦隨著教育、交通、工商業的發達，報紙銷路恐將打破全世界紀錄，新式設備與巨資經營，均有

必要。第三，多數中國資本家之不熱心投資於新聞事業，雖係事實，但若新聞事業，如英美之年獲巨利，則彼等眼光，自將轉變，以前願花幾千萬開大旅館、百貨公司者，今後安知不能以幾萬萬改開報館。我的看法如此，所以我仍堅持為爭取真正的言論出版自由起見，我們戰後新聞事業，萬分需要一良好滿意的新制度。

對此新制度之建議，當然需要全國賢達，尤其我新聞同業各紓意見，共同研討，在我個人所能想到的，是欲於全世界現行的三種報紙制度——英美式、蘇聯式、法西斯式——以外，提出一三民主義下中國獨有的新聞制度。內容可以四語概括，即「資本家出錢，專家辦報，老百姓說話，政府認真扶助、依法管制。」主要辦法為將資本權、言論權劃分。每一報館，略如私立學校之董事會，由國家立法，組織一編輯委員會，除投資主辦報館者得自由延聘委員三分之一外，餘由學術機關，法定民眾團體，讀者代表選派三分之二。凡主筆編輯之任免，言論方針之制定，皆由此委員會決定，資方無權干涉。誠能照此做去，則新聞事業需要大資本，無大資本不能建立現代化的新聞事業，□資本家敗壞報格，尤其大資本家操縱下之報館，並不能代表真正輿論，此兩大矛盾即可望合理調整。言論權與資本權分劃之擬議，我民國二十年在北平燕京大學講演「中國報紙之將來」時，即曾提到。惟戰後中國新聞事業，資本化傾向，必益顯著，此問題乃依環境需要而愈感迫切。當然這一建議，絕不敢自認完妥，但最少總可提供國內熱心研究此問題者作一參考。現再於闡明此一制度之前，先將（一）報紙在建國工作中地位的重要。（二）中國報業前途何以偉大無限，略加解說。

建國成否首在建報

先講第一點，抗戰勝利以後，報紙在建國工作中，其重要性究將達何境地。日前極普遍的兩句口號，也是全國上下一致爭取的目標：「抗戰必勝，建國必成」，「抗戰必勝」，那自七七以來大家共有之極堅定的信念，而且這個信念，現已很快就要成為事實了。至於「建國必成」則我卻可以極坦白的說一句：「不敢擔保」。因為建國工作的艱鉅，比抗戰還要加上許多倍。假使國民心理和政治社會的風氣，不能從根本上有一徹底改造，那麼，「建國」云云，百分之九十九，是會要失敗的。許多人總以為抗戰勝利以後，只要英美肯大量給予我們技術上物質上援助，建國大業，即不愁不能成功。這實在是一個極淺薄錯誤的看法。姑舉一例，如果偷惰苟且的心理，貪污欺矇的風氣，不能消除，試問英美即供給我們無限資金和機器，讓我們開辦無數最新式、最偉大的工廠，結果還不將和五十年前在「變法圖強」「推行新政」口號之下，張之洞，李鴻章，盛宣懷等所倡辦當時認為極新奇偉大的槍砲局，造船廠，紡織廠，招商局，同一運命，被貪官污吏，冗員惰民，侵蝕一空？所以，我們不需「建國」則已，如真要「建國」，則「精神建設」，確比「物質建設」重要百倍。而精神建設最主要亦最有力的工具，是報紙。因此，我敢大膽而肯定的作一論斷：即「建國」之必成與否，要看我們「建報」的成就如何。換一句話說，就是「建國首須建報。」

大家不要以為我這個論斷，過於離奇，實在說，我這樣對「精神建設」的重視，還是遵據國父遺教和蔣主席訓示而來，國父以中國積弱多敗，全由於知易行難之心理，瀰漫全國，使全國暮氣沉沉，一蹶不振，於是創知行哲學，冀從心理上謀根本之改革他

還鄭重於民國十一年指示國民黨員：「奮鬥之法，宜兼注重宣傳，不宜專注重軍事。」他說：「改造國家，要根本自人民的心理上改造起，所以感化人群的奮鬥比武力更是重要。」又說：「革命成功極快的方法，宣傳要用九成，武力只可用一成。」可見國父革命建國的全部計劃，實以心理建設為唯一出發點。至蔣主席注重「精神建設」，在所著《中國之命運》中，訓示最為明確。第六章論述〈革命建國的根本問題〉，於闡明國父知行哲學而外，即首先指出：「國家的治亂，民族的興亡，當以社會風氣為轉移。」謂：「今日的社會風氣，如不改造，沒有篤實踐履的精神，則建國工作，仍難使其完成。」更痛切斷言：「國民的心理，社會的風氣，不返於樸實誠篤，建國復興事業，斷沒有成功可能。」可見精神建設，為革命建國的基本因素，國父及蔣主席均有一貫的認定。而改造國民心理，轉移社會風氣，在科學未發達時，他僅能靠少數學者，修身示範，傳道講學。這種方法，當然散佈的時間很慢，影響的範圍較狹，決難與現代三個最偉大工具——學校，報紙，廣播——相提並論。三者之中，報紙的效率尤巨，假使朱元晦，顧亭林，顏習齋之流，生於現代，我敢相信他們將不會僅以聚集少數門徒開山講道為事，為求他們自己的抱負得立己立人，迅速宏布起見，他們於做大學教授及不時廣播講演以外，一定還要辦報館，當新聞記者。現代的報紙，可以將一種主張，在數小時以內，廣大傳播，達於全國，甚至全世界。這比對少數門徒講道，再□聽講者逐漸轉播出去，功效相差，真乃無可比擬。既然建國的基本因素，首在「精神建設」，「精神建設」的兩大目的，為改造國民心理，轉移社會風氣，而現代因以改造國民心理，轉移社會風氣，最有力的工具，是報紙。那麼，我前面所說「建國

首須建報」，實乃當然的結論，毫不離奇。威爾基於環遊世界返美以後，曾研討蘇聯二十五年間建國成功的由來，尤其此次抵抗納粹侵略，全國一致，英勇絕倫，他認為最大原因，是蘇聯新聞事業的成功。他力言此二十五年中，蘇聯報紙，已整個改造了蘇聯人民的心理和風氣。這樣看來，我們中國的新聞事業，當抗戰勝利以後，其在建國工作中，所居地位，如何重要，真已不言可喻了。

中國報業前途無量

至第二點「中國報業前途，何以偉大無限？」我想每一個懂得現代報紙與人民關係，及報紙發達之必然趨勢的人，對此問題，都能深切了解。只有那些頭腦還沒有受過現代洗禮的，才會輕蔑的說：「中國報紙無前途，不敲竹槓即賠本。」一聽到辦報募股，就避之惟恐不遠，即使勉強參加，也認為等於捐助施捨，這種人根本不配談「報」，且根本不配做一個現代化的中國人。中國有四萬萬五千萬人口，一千一百多萬方公里土地，□□□□不發達，只是受了政治不安定，教育、交通、工商業停滯不前的影響。一旦政治安定，教育、交通、工商業，平行並進，則人人識字，銷路自然增多，公路鐵路，遍於全國，報紙流布，即可普及鄉村，工商業興盛，廣告乃能有巨額收益。這種景象，我想抗戰勝利以後，實施憲政，在三民主義共和國之下，馬上即將到來。美國只有一萬萬三千萬人口，七百餘萬方公里土地，而全國兩千種日報的每日銷數，卻有五千萬份，平均約每兩個半人看一份報，每年全部日報的總收入，平均約十萬萬美金，姑不論中國人口超過美國三倍以上，土地也超過三分之一，我們報紙的銷路和收入，應

照此比例增加，即退而自認中國現代文化，一時追不上美國，我們照美國的數目，打一對折，日銷兩千五百萬份，年收入五萬萬美金，此五萬萬美金，以抗戰前匯率折算，即約為國幣十五萬萬元，已超過抗戰前我四大國家銀行所發行紙幣之總額，或全年國家總支出。如果連這「打一對折」的算法，還認為估計過高，仍要大搖其頭說：「中國報紙無前途，不敲竹槓即賠本」，那麼，他是徹底懷疑中國有成為現代國家的可能，我們除聽其自暴自棄外，還有什麼辦法？固然，中國現在的報紙，其銷路數量，和每年收入，誠極微細，然正如剛才所說，只要阻礙中國報紙發達的各種環境，一有改善，這種數字，就立刻會以驚人速度，得到增進。英國在義務教育制度未實施時，報紙銷數也很有限，及十九世紀後半期，此制度付諸實施，各種現代化的報紙，即勃然興起。由於北巖爵士之首先倡導，使定價低廉，文字淺顯，重風趣，戒沉悶之倫敦四大日報——《每日郵報》，《每日快報》，《每日民聲報》，《新聞紀事報》——其銷路乃各相繼高達二百萬份左右。發達之速，無可比擬。再如蘇聯，在帝俄時代，日報僅六百二十九種，銷數兩百七十萬份，革命以後，據一九三九年所發表之數字，則日報已增加十倍，為八千五百五十種，銷數增加十七倍，為四千七百五十二萬份。英國本部人口五千萬，蘇聯人口一萬萬七千萬，均遠較我國為低，就上舉兩例看來，我國決不必因目前報紙的不發達，而懷疑到未來的發達。我是有□□信心，敢擔保中國報業前途確偉大無限。而銷行的數字，□□□會要超過英美蘇任何一國的。

戰後報紙怎樣辦、
國家與報紙將建立何種關係？

　　既然中國報紙，在建國大業中，地位那樣重要，而他本身的
前途，又如此偉大，那麼，抗戰勝利以後，我們將採用什麼方法，
來實行我們的「建報」工作，這就是我前已簡略說過，而現在更
要詳細提供大家研討的問題核心所在。

　　不僅從事報業的我們為然，所有關心中國民主政治如何建立
的人士，目前似乎都有一個惶惑不易解答的疑問，橫梗在心。即：
「言論出版自由，為民主政治之最大支柱，而且有人主張要訂入
未來世界憲章之中，報紙為言論出版自由之主要產物，但全世界
報紙的現行制度，實在都不足以代表真正的言論出版自由，我們
如果要使戰後中國報紙，能代表真正的言論出版自由，尤其能適
合三民主義共和國之原則與環境，則我們的報紙制度，究應怎樣
規劃確定？」

　　全世界報紙的現行制度，通常不外三種，第一種是英美式高
度的「言論出版自由」制。在這種制度之下，有五個特徵，第一，
創辦報紙，除依普通商業的手續外，不須特別登記。第二，無事
前檢查。第三，不能以命令禁刊某項消息。第四，批評政府官吏
失職，不犯誹謗法，但鼓勵暴行者除外。第五，有權發表任何消
息。雖英有《公務秘密法》之限制，事實上此法極少援用。這五
個特徵，是英美報紙所引以自豪的。醉心民主政治者多以為非如
此不足以實行民主政治。他們認民主政治基本要件之一，是大家
不受欺蒙，能真正得到一切公平可靠的消息，然後全國國民，乃
根據這種正確消息，發表主張，批評得失。正如拉斯基（Harold
Laski）在其《政治典範中》（*Grammar of Politics*）中一四六頁所

說：「得不到正確消息的人，他就失去了自由的基礎。」所以英美報紙的發表消息，原則上總不願受政府任何檢查或限制（當然戰爭時期除外）。但一方面，報紙雖然從國家立法得到了言論出版自由，然另一方面，這種自由卻完全被報紙的所有者，換言之，即少數資本家劫持操縱，宰割無遺。英美人民，既不能個個辦報，個個都是報紙的主人，只好眼看少數資本家，打著「代表輿論」旗幟，實行其自私自利勾當。政治上的黨同伐異，固不待論，下焉者，為求迎合低級趣味，更不惜敗壞人心，流毒社會，所謂報紙「黃禍」，乃為英美現行報紙制度下最所痛心疾首之事。政府固亦曾以種種方法，企圖補救。其由法律制止報紙濫用言論出版自由權者，如（一）鼓勵暴行，（二）對個人公開誹謗，（三）淫穢文字及春藥廣告，（四）廣告而含有欺詐意味者，（五）離婚案件中有關風化之供辭，（六）宣傳含有賭博性質之彩票，（七）批評未判決案件等。特此種補救方法，實際收效甚微。至過去與英美同採「言論出版自由」原則之法國報紙，其主人則更有變本加厲，接受外國津貼為外國宣傳，以出賣本國利益者，如法記者西蒙（Andre Simone）所著《法蘭西罪人》一書中，曾列舉許多法國報紙，勾結希特勒，墨索里尼，甘為法奸，背叛祖國。由上述各種情況，可見英美式的「言論出版自由」制，雖確已達到相當高度，但這種自由，人民得之於國家平等的法律，失之於社會不平等的經濟，試問這種制度下的報紙，安能代表真正的言論出版自由？我們要建立戰後中國報紙的制度，當然應採其原則，汰其流弊，決不能囫圇抄襲，即為滿足的！

第二種，是蘇聯式的「報紙國有」制。依據史達林憲法第一百二十五條，第十二項，雖每一公民均有其言論出版自由權，

但這種自由權，不僅賴以表現的報紙，只共產黨黨部，政府機關，及勞工團體，有權經營，即連印報的一切工具，個人也不許私有。在理論上，蘇聯是無產階級專政的國家，國內既只有這一個階級，則僅許代表這一個階級的機關團體，有權辦報，亦即等於允許了每一個蘇聯公民，有了自由權。不過這種解釋，無論其正確程度如何，但在不分階級，以爭取全民福利為目的的中國現有三民主義政治之下，當然是未便採用的。

　　第三種，要算是法西斯式的「報紙統制」了。納粹德國，最足為此類國家之代表。在這種制度之下，其主要特徵，與英美恰成一對照。如以納粹德國為例：（一）不僅報紙出版，須先經過特種登記，且每一從事新聞事業之記者，亦須具有亞利安種族，納粹信仰，及其他特定資格，取得記者登記證，並加入工作區域之記者公會後，始能執業。宣傳部長，有權隨時取消任何記者之登記證，而無任何法院，可以接受被取銷登記證者之控訴；（二）新聞去取，評論要點，均須遵照宣傳部指示，宣傳部並於每報派編輯一人，駐館督導。像這樣被嚴厲統制著的報紙，當然毫無「言論出版自由」可言。但在納粹說來，「自由」還是「無恙」，因為他准許私人經營報紙，這真是對「言論出版自由」這神聖燦爛的高貴名詞一重大侮辱。現在三個主要的法西斯國家，墨索里尼既已倒台，納粹和日本，眼看潰敗不遠，這一種報紙制度，正是全體愛好自由的民主國家，應共予打倒的。於我們未來應採的報紙制度，自不在齒數之列了。

我所建議戰後報紙新制度

　　去年四月，許多重慶的新聞同業，因參觀物產展覽會，齊集

中國新聞事業股份有限公司招股章程，世新大學舍我紀念館藏

成都，在某一新聞學術機關的座談會上，似乎大家討論的重心，都集中於中國未來的報紙制度，「應國營，抑應私營？」大家曾發表了許多珍貴的意見。這一問題，於我們的「建報」前途，確極重要。不過就我個人的看法，像蘇聯式的國營，誠如我上面所說，我們既不是一個階級專政的國家，三民主義，包含所有各階級的利益，而國民黨所爭取的乃是全民政治。因此，蘇聯報紙國有，即一階級所專有的制度，在我們自無法採取。我們所能採取的，當然是准許人民自由私營——不是納粹式的私營，而是英美式的私營。但英美式「高度的言論出版自由」制，原則上，固似與國民黨政綱「人民有完全言論出版自由權」相符，然其為少數資本家劫持操縱的流弊，我們卻必須預為防制，不可盲目追隨。總之，無論國營私營，世界現行的三種制度，沒有一種，可容許我們囫圇抄襲，我們今後乃只有根據中國的特殊環境，在三民主義最高綱領之下，創建我們中國未來的報紙制度，而所謂國營私營的疑問，亦即可迎刃而解。

　　我所建議的制度，可以用四句簡單的話，表達他全部輪廓，那就是：「資本家出錢；專家辦報；老百姓說話；政府認真扶助，依法管制。」現再逐一說明其意義及方法如下：

資本家出錢

　　什麼叫「資本家出錢」？我的看法，中國報紙，如果不成為國家獨占事業，而允許私人經營，則無疑的，這種事業，一定會一天一天走向大規模資本化。也和經濟的自由主義下其他事業一樣，資本越小越賠本，越大越賺錢，結果，小資本報館無法存在，大資本聯銷制（chain system）的報業托拉斯，即應運而興。唯一原因，就是現代報紙，需要高度印刷機，及一切新式裝備，如飛機運送，電傳寫真之類，這些工具，都絕非小資本所能置辦。而且資本愈大，所辦報館及附屬事業愈多，支出愈能節省、成本愈能減輕。試舉一例，假使和平會議，在華盛頓舉行，一個報館，派一記者駐華盛頓，每月預算，包括薪金、電費及一切開支，額定美金一萬元，這就目前中國報紙的經濟狀況說，已是一個最大的負擔。如果有一家新聞公司，他在全國各重要都市，擁有二十個以上的報館，那麼，他派駐華盛頓記者的全部預算，即使加至每月美金三萬元，二十家分攤，每報所出，僅一千五百元，比一報月支一萬元者，要減省六分之五。此記者在華盛頓之活動及其收穫，無論如何，因預算比月支一萬者，增加了兩倍，當然他的成績，公司所派會大大超過僅僅一報所派的記者。由此類推，正如威爾基在《天下一家》中所說，美國汽車工業，大工廠造一輛汽車，成本要比小工廠減省四倍。這是自由競爭主義也就是資本主義下必然的鐵則。

中國未來的新聞事業，也無法例外。要再像二十年前，我以一個赤手空拳的青年，僅僅二百元資本，在北平創辦《世界晚報》，經十五年苦鬥，由晚報而加辦《世界日報》，《世界畫報》，到被日寇沒收時，全部資產，已值百萬（就戰前幣值計算），這種佳運，是再不能找到。老實說，假使戰後有人在桂林辦報，要我替他擬預算，即用最經濟、最簡單的設備，照戰前物價和幣值，沒有一百萬元（依戰前對美金三比一匯率計算），我是不敢勸他動手的。因為二十年前，還是文人辦報時代，只要你能經常寫幾篇動人的文章，訪幾條出奇的特訊，威武不屈，艱苦有恆，就可以獲得讀者讚賞，使報紙日趨發達。那時，不特不需要一小時印二三十萬份的輪轉機，就連一小時印一千二三百份的平版機，也儘可無庸自備。一個印刷局，可代印一二十家報紙，報館本身，很少有印刷裝置。豈僅戰後中國報紙，此種因陋就簡的情況，難再存在，就在抗戰前二三年，全國各大都市報紙，沒有輪轉機及若干新式設備的，也多已紛被打倒。我們既認定未來的中國報紙，將走向大規模資本化，則新聞事業，自然不能不歡迎「有錢出錢」，換一句話說，為求未來中國新聞事業有快速偉大的發達，我們第一個原則，應該不拒絕資本家向新聞事業投資。

專家辦報

新聞事業資本化，需要大量資本，但別的事業有了資本，一切問題，即幾乎都已解決，新聞事業則不然，未來的新聞事業尤不然。因為新聞事業的成功與否，一部分因素，固然靠資本大，設備好，而另一部分，也就是最重要部分，還在報館的言論記載，如何真能把握重心，爭取時間。至於報館本身的管理，對事，

對物，對人，均較其他事業，倍多困難，尤其印刷運輸及傳達消息之各種工具，日新月異，技術關係，亦特感繁複。如果一個報館，不能得到最優秀的工作人員，儘管資本雄厚，也絕無把握，可以保障成功的。試舉一例，印度國大派領袖尼赫魯，他的父親很有錢，尼赫魯自己當然也很幹練，但他父子在印度合辦的《獨立報》，就以管理不良，終於倒閉。尼赫魯因此發誓，不敢再自己辦報。又如太平洋戰事發生前，我著名某僑領，曾在海外辦報多處，他總以為資本可以戰勝一切，但截至戰事發生時止，他所辦各報，仍多未達到成功目的，即因替他辦報的人，缺乏辦報專才。可見新聞事業，需要專門人才主持，其重要性質更過於需要資本。過去辦報的人，他的學歷及畢生志願，多不一定和報紙有關，騷人、墨客、官僚、軍閥，都可以做新聞記者，甚至一個學採礦冶金的，也可以在報館寫國際論文或編文藝副刊。他們多半視報館為傳舍，流動性極大。在科學發達，分工精密的現階段，我相信戰後新聞事業，這種現象，亦必將歸於消滅。只有研習新聞，或新聞事業中之某一技術部門，並以辦報工作為終生職業的人，才能參加新聞工作。我曾有好些朋友，他們文章寫得很好，

中國新聞事業公司股款臨時收據，世新大學舍我紀念館藏

學問也不錯。但一到報館，做社論、編新聞，無論如何，總不十分適宜，又有一類朋友，他們做過很多大公司的總經理，以為報館事務部份，也等於普通商業，做一個報館總經理，自不應發生問題。然而一進報館，種種困難，無法應付，尤其監管印刷，最使一般初做報館經理者感到頭痛。這些都還僅是最簡單的技術問題，在未來新聞事業益趨專門化時代，當然更非專家不能辦報。在資本家出錢之後，我緊接著提出，「專家辦報」這一口號，就是這個意思。

老百姓說話

　　現在問題核心之核心，業已到臨，因我此處所提出研討的，本以「戰後中國新聞的新制度應如何建立」為核心，固在我所建議的第三點——老百姓說話——又是這一制度的核心。如果僅如我已經說過的兩點，「資本家出錢」「專家辦報」，則目前英美式「言論出版自由制」下被資本家劫持操縱的報紙，其輪廓本已如此。只有真能做到「老百姓說話」，才是我們中國新聞事業制度的一個特徵。我的辦法，要將資本家投資所得的利益，和報紙所代表的人民言論出版自由權，完全分開。倫敦《泰晤士報》創辦人華德（John Walter）後裔，以其一部份主權，特別關於決定言論政策之權，移讓於特別組織之董事會，及《每日民聲報》將經理權交一出版公司管理，言論權則由工黨主持，都稍稍含有言論不受資本控制的意義。因為未來的新聞事業，需要大資本，我們現所遵奉的三民主義，只「節制資本」，並不打倒資本。資本家投資一切事業，其主要目的，在獲取利潤。新聞事業，歡迎他們投資，但只許他們和投資其他有關公共福利的事業一樣，於獲

取合法利潤外，仍須聽從國家或社會有關公團之控制。如以公用事業為例，資本家絕不能於□□□，自來水，或公共汽車之營業權後，而可將所有燈□汽車，居奇壟斷，或專憑自身好惡以定供人使用與否之標準，且亦不能專為本身利潤，而任意提高價格或減低成本，使電燈不開，水源不潔。英美新聞事業資本化之所以為世詬病，多由於英美學者，通常未認識新聞事業亦為公用事業之一種。他們總以報紙為一種私人經營的自由商業。其列舉不能算□公用事業之一證，即公用事業，不能無故拒絕某一人之使用，□□□主要商品之一──廣告──卻可以任意拒絕刊登。這實在是一□□可笑的說法，廣告可拒人刊登，難道報紙出版後，亦可在□□□□讀嗎？如以公共福利為標的，則凡不拒害公共福利□□□法令之廣告，報紙亦不應有拒絕之權，事實上亦不至拒絕。電燈，自來水，公共汽車，其對於公眾之影響，不過限於一區，報紙則可由一市一省推及全國，甚至全世界。資本家不應以投資關係而即攬整個報紙並其言論權為個人私有，事理至明。因此，我主張國家立法，報紙雖准許私營，亦准許與其他任何大規模企業，在同一原則或限度內，獲取利潤，但每一報館，必須組織一編輯委員會。私立學校創辦人，必須組織一董事會，不能視學校為個人私有，其意義亦頗與此相似。委員會人選，除三分之一得由投資主辦報館者自由延聘外，其餘三分之二，則應依一定比例，由學術機關，公共法團，讀者代表，分別選派，至比例如何規定，代表選派程序如何，在立法時，當然尚須詳加研討。尤其憲政時期，政黨林立，由政黨主辦之報紙，如何能在此制度之下，不妨害其本身正當的宣傳目的，要均有悉心考慮之必要。此編輯委員會一經成立，則凡主筆、總編輯之任免，報館言論政策之制定，

及對每一重大事件發生時採取之態度，即悉應由其決定，主辦報館者，無權干涉。此委員會既有三分之二多數，出自人民選派，則報館言論記載，亦即自可真正與老百姓意旨相配合。以資本家個人利益及意志支配報紙言論，及所謂黃色新聞之流弊，亦從此可望避免。從另一方面說，報紙既真能代表老百姓說話，當然即可得到老百姓愛護。過去資本家之所以敗壞報格，迎合低級趣味，無非在爭取銷路，銷路多則廣告多，廣告多則利潤多。今以代老百姓說話，而得到大量銷路，對於資本家爭取利潤之目的，並無損害，在資本家自亦不致因編輯權被限制，而即減少其投資新聞事業之興味，且雖受限制，究比開大旅館，百貨公司，僅僅獲利以外，尚多一推派三分之一編輯委員之權。此真一舉兩得之辦法。不必國營可收到與國營同等效用。且此種報紙所反映之國民意見，必可極端忠實，甚至如我最初所舉已故其某名記者偶爾誤傳的「英人為公益事件，投函三次不登，可以控告報館」之辦法，在英國認為絕不可能者，在此新制度之下，竟可做到。此非英美式「言論出版自由」制下之報紙所可比擬。而與我國現所遵行三民主義之原則，及國民黨人民有「完全言論出版自由權」之政綱適相暗合。戰後報紙私營，一方面需要大資本，一方面又怕蹈英美資本家操縱報紙之覆轍，但此重大矛盾，由於上述「言論權」與「資本權」的切實劃分，即有合理解決可能。總之，「老百姓說話」，乃是我所建議新制度中最重要一點，「核心之核心」所在。

政府認真扶助依法管制

最後，即這一制度中的第四點。我是切望政府，對戰後新聞事業，能「扶助」與「管制」，雙管齊下。所謂扶助，一定要「認

真扶助」，不能僅以若干空洞好聽的名詞，敷衍了事。如我去年三月二十一日，在《大公報》發表〈新聞記者法應速設法補救〉一文中所說：

> 政府為鼓勵新聞記者，盡職奉公起見，最低限度，《記者法》中應包括下列各項：（甲）凡新聞記者具有左述事項之一，國家應特予褒獎或撫卹：（一）由於職務上之非常成就，對國家有重大勞動者；（二）忠於職務，致被殺害成殘廢者；（三）對新聞事業之發展，新聞學術之研討，在技術上或學理上有重大貢獻者；（四）繼續服務新聞事業十五年以上，著有成績者。（乙）新聞記者，於執行職務時，得請求有關機關，予以適當之便利。（丙）左列事項，由國家予以適當之限制：（一）新聞記者之待遇，應視當地生活程度，由主管機關會同該地記者公會規定一最低標準，遇重要物價劇烈變動時，得隨時予以調整；（二）新聞記者之工作時間，通常應以每晚十二時為止，其擔任十二時以後之深夜工作者，每人所擔任工作時間之總數，應不得超過四小時；（三）新聞記者每星期應休息一日。

以上三項，雖所指專為新聞記者，但保障新聞從業員，亦即為扶助新聞事業之最大因素，其他一切，不難由此類推。所謂管制，一定要「依法管制」，不僅沒有法律根據的管制，在報館不能接受，且這種法律的訂定，除了最不得已外，頂好能包括在一般法律範圍以內。特別為報館訂定的法律，以愈少愈好。比如鼓吹暴行，公開誹謗，普通《刑法》，都已有嚴厲的懲罰，即不必另為報館，而在特別法中，別有規訂。至開辦報館，既為一種商

業組織，則《公司法》及一般商業法規，均有必須遵循之手續，即亦無庸另行登記。我的意思，中國自有報紙以來，即備受滿清及北洋軍閥之惡毒摧殘，再加以各種客觀條件不夠，故近代式報紙，雖已有將近百年的歷史，但規模極小，銷路極狹。尤其報館與記者，隨時均有被封被捕被殺的危險，故報館應負的使命，本身迄無法達成。戰後建國工作，第一步既須改造國民心理，轉移社會風氣，報館在此一工作中，地位異常重要，國家對此種事業，實應盡力倡導。只要報館的言論權，真能由人民掌握，不至為少數特具野心者，操縱敗壞，則國家消極的管制，與積極的扶助，其唯一目的，無非促進新聞事業之發展。在過去打倒軍閥時期，以軍閥政府為對象，報館與政府立於敵對地位，因而有「報館不封門不為好報館，主筆不下獄不為好主筆」之名言，以激勵報人反抗軍閥，視死如歸之勇氣。軍閥政府，亦即報以封報館，殺記者為不二法門，且有種種特為鎮壓報館而制定之苛法嚴刑。今軍閥政府既早經打倒，尤其抗戰勝利以後，政府與報館，均同負建國重任，雙方正惟有相需相倚，竭誠合作，以完成建國大業。於此，政府而或猶勾心鬥角，視報館為寇讎，及報館而或猶惡意攻訐，以政府為對象，即均可謂時代錯誤。在建國的，民主的，法治的政府之下，根本不應有非法封報館捕主筆之事，如其有之，即不啻自行否認其為人民擁護的政府。惟若所封所捕，確均依法執行，則此種報館，當係僅以報館招牌為掩護，實或陰謀暴動，或販毒走私，報館僅為彼等集合黨徒，交通聯絡之秘密機關。又此種主筆，或□假借報館名義詐欺取財，是其被封被捕，實際上與報館及主筆之本身地位，毫無關聯，尤其絕不能因此而指為破壞言論出版自由之原則。故今後每一報館，每一記者，應以不違

背本身職務，觸犯法網為榮，而以被國家法律正當制裁，封閉捕殺為恥，所謂過去打倒軍閥時期奉為圭臬之名言，當反其意義，變為「報館不封門才是好報館，主筆不下獄才是好主筆。」必如此，政府與報館才算確實走上了建國，民主，法治的正軌。

至於扶助和管制的詳細辦法，當然非此匆促時間所能說明。但扶助要「認真」，管制要「依法」，這在我提出的兩個原則中，已大體包括無遺了。而因我所建議的這個制度，每個報館言論權，既都為純正人民公意的表現，報館編輯權操於人民代表之手，英美資本家操縱報館的流弊，都可免除，則民主國家對報館的幾個基本原則，如前述之（一）創辦報館，不須登記，（二）無事先檢查，（三）不能以命令禁刊某項消息，（四）批評官吏失職不為毀謗，（五）除有關國家利益之機密文件外，有權發表任何消息，在戰後的中國報紙，國家似乎更可放心大膽，毫無保留的全部賦予。國家只要從人民控制報館言論權一點，能詳定法案，嚴密監察，重心在握，一切問題，即均不難迎刃而解。

我所建議「戰後報紙新制度」，至此已說明完畢，假使真能做到，則資本家，專家，老百姓，和政府精誠合作的一幅遠景，轉瞬不難實現。而報紙言論，既真由人民主持，我們所爭取憲法上人民有言論出版自由的權利，即人人均可平等享受，較之英美，亦遠為普遍切實。我確信中國報紙，在建國時期，其地位極為重要，至戰後報紙之大規模發達，尤屬無庸置疑。當前課題，僅制度上必需得一完善良好的方案，我這建議，不過為尋求這方案的一種嘗試，希望引起國內賢達尤其新聞同業研討的興趣，使真正符合理想的方案，最後得告成功。而且這方案成功以後，不僅解決了我們「戰後新聞事業需要□又恐懼資本化」的矛盾，並也解

決了全世界——尤其英美——新聞事業制度的矛盾。我切望這個奇蹟，能在三民主義的中國，首先發現。

我們這一時代的報人

成舍我

原載：1945 年 11 月 20 日，北平《世界日報》，第 1 版

　　停刊八年的《世界日報》，在全國慶祝勝利聲中，於中華
民國三十四年十一月二十日，仍在北平原地復刊。我們不
願羅列名公巨卿的祝詞賀詞，裝點門面，也不願陳腔爛調
寫什麼宣言，獻辭之類的新聞八股，浪費篇幅，現在，只
老老實實，將我以及《世界日報》同人心坎上的一些雜感，
寫獻給我們今日的讀眾，尤其我們這一時代的報人。

　　我們真不幸，做了這一時代的報人！在艱苦奮鬥，萬千同樣
的報人中，單就我自己說，三十多年的報人生活，本身坐牢不下
二十次，報館封門也不下十餘次。《世界日報》，出版較晚，他
創刊於民國十四年，因為誕生地在北平，北平，此偉大莊嚴的古
城，二十年來，却多災多難，內有各種軍閥的混戰，外有日本強
盜的劫據，《世界日報》，要和這許多惡魔苦鬥，所以也就不能
不與北平同遭慘□的厄運。厄運的最後一幕，竟使我們經過八年
零三個月悠久時間，不能和讀者相見。全部資產，被敵沒收。起
初竟盜用原名，繼續出版，後改稱《新民報》，再改《華北新報》。
《世界日報》的生命中斷，一個純粹民營的報紙，就如此壯烈犧
牲。實則此種艱辛險惡的遭遇，在這一時代的中國報業，也可算
司空見慣極其平凡。做一個報人，不能依循軌範，求本身事業正

戰後《世界日報》復刊第一號，《世界日報》1945 年 11 月 20 日 1 版

　　常的發展。人與報，均朝不保夕，未知命在何時。我們真不幸做
了這一時代的報人！

　　但從另一角度看，我們也太幸運了，做了這一時代的報人！
我們雖曾遭受各種軍閥的壓迫，現在這些軍閥，誰能再壓迫我們？
許多惡魔，叱吒風雲，這一個起來，那一個倒去，結果同歸於盡。
槍殺邵飄萍、林白水，以及若干新聞先烈的劊子手，有幾個不是
「殺人者人恆殺之」？在林先生就義的後一天，我也曾被張宗昌
捕去，並宣布處死，經孫寶琦先生力救得免。當時張宗昌殺人不
眨眼的威風，真可使人人股慄。然而沒有幾年，我卻在中山公園，

時時看見他悶坐來今雨軒，搔首無聊。他屢想和我攀談，我只是報以微笑。民國二十三年，因為反對汪精衛的媚日外交，和包庇貪汙，被他封閉了我的南京《民生報》，並將我關在南京憲兵司令部四十天。一面又電令他的北平「同志」，將《世界日報》也停刊三日。他無法定我罪名，也無法消除由此而起的全國沸騰的清議，我終於恢復了我的自由。他的黨徒唐友壬勸我：「新聞記者，怎能與行政院長作對？新聞記者，總是失敗的。不如與汪先生妥協，《民生報》仍可恢復。」我很堅決地答覆，「我的見解，完全與你相反，我有四大理由，相信最後勝利必屬於我。」此四大理由，最重要的一點，就是「我可作一輩子新聞記者，汪不能做一輩子行政院長。新聞記者，可以堅守自己主張，保持自己人格，做官則往往不免朝三暮四身敗名裂。」我們的談判，因此破裂，《民生報》被強制「永久停刊」。然而幾個月後，我又在上海創刊了《立報》。日寇投降，我到南京，最近一個月以前，當我在南京掛出了《民生報》招牌的那一天，我從中山陵回來，經過所謂梅花山「汪墓」，只見許多遊人在他的墳頭排隊撒尿。我舉以上的二個例，並非故作誑語，更無自我宣傳之意。而且在張汪兩賊，勢傾全國的時代，凡稍有正義感的，那一個報人，不恨張宗昌，那一家報館，不反汪精衛，我僅是萬千同等報人中的一個。現在我只真憑實據，證明我們確太幸運，做了這一時代的報人。過去凡是我們所反對的，幾無一不徹底潰滅，這不是我們若干報人的力量，而是我們忠勤篤實反映輿論的結果。再以此次全世界反法西斯戰爭來說，在中國，因抗日而犧牲的報紙，知有多少，當敵人沒收我們資產時，豈不志得意滿？利用我們資產，出版了多少偽報？曾幾何時，我們終於舊地重來，物歸故主。我為收回

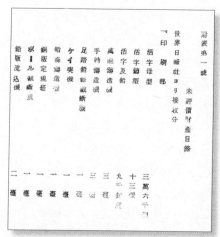

附表弟一號
世界日報社ヨリ接收分
一 印刷部
未評價財產目錄

活字母型
活字鑄型
活字及鉛
萬能鑄造機
手動鑄造機
足踏鉛版截斷機
鉛鑄造機
銅版定規器
銅版流込機
鉛版流込機

戰後武田南洋移交《世界日報》財產清冊，世新大學舍我紀念館藏

上海，南京，北平，香港的報紙器材，曾因小小波折，寫過一封信，給中央某部當局，我很率直的說：「抗戰八年，我們做報人的，沒有餓死炸死，已算託上帝保佑，心滿意足，我不希望向政府要一官半職，也不向任何機關要一文半鈔，更不想藉此機會，渾水摸魚，搶他人一草一木，但憑自己血汗辛苦經營得來的一草一木，可以掉頭不顧被敵人沒收，卻決不能在自己政府之下，自動放棄，無故犧牲。」我們有筆，要寫文章，有口，要說話。報館是發表意見最著功效的工具，我們自己一定要竭盡心力，珍重愛護。北洋軍閥和日本強盜，都不能打倒我們，不僅過去如此，相信一切反時代反民眾的惡勢力，無論內外，都將永遠如此。打倒我們的，只有我們自己，只有我們自己，願成了時代和民眾渣滓。我們向正義之路前進，我們有無限的光明。我們確太幸運，做了這一時代的報人。

如何向正義之路前進？這確是擺在每一報人前面的重大課題。對此，我願從政治及社會兩方面，指出我們今後的任務。

第一，中國現在雖已是全面勝利，列為四強之一，但無可諱言的，威脅國家民族生存的內外危機，在今日並沒有整個消除，甚且還更比以前嚴重。站在國民立場，無黨無派的超然報紙，對

此危機，決不能絲毫忽視。且正賴這種真正超然，代表最大多數
人民說話的報紙，能充分發揮輿論權威，始可使這種危機，歸於
消滅。不過所謂「超然」也者，既不是一般人所懸想的，像兩個
車夫打架，警察出來，一人一巴掌。也不是由不分皂白的和事老，
東邊作一揖，西邊作一揖。這兩種辦法，都不能息爭排難，解決
問題。我們認為「超然」的可貴，就因他能正視事實，自由思想，
自由判斷，而無任何黨派私念，加以障害，以目前震動中外的國
共糾紛來說，決非空□敷衍寫幾篇呼籲和平的文章，所能奏效。
我們必須發動全國輿論，造成一種最大的力量。就當前情勢，我
敢放心大膽代替最大多數的中國老百姓說，老百姓一致的要求，
是「國民黨還政於民」，「共產黨還軍於國」。假若現政府不能
實行民主，肅清貪污，安定人民生活，而欲一手把持，天下為私，
我們就要向政府革命；假若共產黨不能從民主政治的正軌，爭取
政權，而仍私擁重兵，四出竄擾，尤其破壞鐵路，奴役民眾，使
國家無法復員，人民無法還鄉，自毀國家的地位，將八年抗戰，
犧牲無數千萬生命財產換來的成果，化為烏有，我們就要請政府
剿匪。革命不是做漢奸，剿匪不是打內仗，這是我們全國真正「超
然」報紙，所應該一致確認的。也就是全國老百姓心坎上真正要
說的話。我們如不將這一個最大前提決定，不明辨是非曲直，而
只想兩面求饒，甚或因為怕現在被國民黨捉去砍頭，就不敢喊「革
命」，怕將來被共產黨捉去砍頭，就不敢喊「剿匪」，這乃萬分
卑怯可憐的鄉愿，決不配稱報人，更不配稱「超然」。我們要在
這樣的原則下，去發動全國輿論，正視事實，自由思想，自由判斷。
老百姓是主人，主人有力量，任何黨派，應該聽主人的話。國共
糾紛，自可得到解決。而威脅國家民族生存的內外危機，也就有

從此消除之望。這是我們這一代報人今後在政治上應盡的責任。

第二，我們這一代報人，還另有一重大任務，這就是社會風氣的轉變，和國民心理的改造。「抗戰必勝，建國必成」，前一個口號，我們自始就從沒有懷疑過，至於建國必成，則確實大有問題。不說政治糾紛，專從社會方面來看，假使我們一大部份中華貴國的國民，還像從前那樣偷惰泄沓，貪污苟且，那麼，我們要建國，試問將從何建起。幾十年前，李鴻章、張之洞那一班人，也未嘗不想，將中國建成一個近代化的國家，他們辦過造船廠，槍砲廠，紡織廠等等，然而結果如何？那一個廠，不是弄得一榻糊塗？長官貪汙，職工偷惰，不是關門大吉，就是虛有其名。現在抗戰勝利，中國要大規模建設，縱然英美盟邦，能夠供給我幾千萬萬的資本最新最好的機器，然而國民心理不改進，社會風氣不轉變，我敢預下斷語，他的結果，一定不會比幾十年前李鴻章等的時代，勝過幾何。舊官僚貪污，多少還有點顧忌，目前大多數青年，一經做官，只要權勢在手，開宗明義，就是怎樣買汽車，蓋洋房，換老婆。我們看看抗戰以來所謂經濟建設中的若干官營事業，有幾件真有成績？所以我們不談建國則已，要建國，心理建設，其重要實遠過於物資。我們必須將全國貪汙苟且，偷惰泄沓的心理與風氣，徹底掃除，然後才有物質建設可言。否則所謂建設，不過若干新官僚，增加揩油發財的機會。至心理如何改造，風氣如何轉變，這一重大任務，除了教育以外，就完全落在我們這一代報人的肩上。我曾經提出一個口號，「建國必先建報」，也正是這個意思。

以上所述，就是我們應走的正義之路。歸根結底，我們真不能否認這一時代的報人，確太幸運。國內軍閥摧殘不了我們，國

外帝國主義者，也消滅不了我們，我們現在還能挺起腰幹，替四萬萬五千萬國民說話，我們要發揮輿論權威，一方面建立民主自由的國家，一方面改造封建腐惡的社會，我們的任務，是何等偉大，我們的前途，是何等光明。眼前若干錯綜複雜的危機，只是黎明前暫時的昏晦。大家努力！我們這一時代的報人，將為國家奠下富強康樂的基石，將為後世，留下燦爛豐厚的資產。我們何幸而為這一時代的報人！在萬千報人奮鬥的行列中，我及每一《世界日報》同人，都願發奮淬勵，將永遠追從先進，成為這行列中的一員！

當前報業的幾個實際問題

原載：1947 年 5 月，中央政治學校新聞學研究會（編），
《新聞學季刊》，第 3 卷第 2 期，頁 1~6

本刊：這是新聞界最艱辛的一年，在物價飛漲、國事如蔴、
紙荒嚴重聲中，勝利後剛重建起來的報業，自本年
二月起被幾次物價狂潮和許多城市中的封建殘餘勢
力，摧殘得不成樣子。許多基礎脆弱的報紙倒了，
各報銷數普遍地降落。我們為了不甘這報業寒流的
窒壓，特請幾位報人對當前的幾個報業實際問題，
發表意見，冀得挽瀾之術。首先我們感到紙為報業
的生命，紙的問題應何解決呢？我國產紙、用紙概
況如何？配給用紙制度是否合理和減縮篇幅應如何
辦理？下面是多位報人的意見：

馬星野先生[1]：

談到目前紙的問題，我們真感覺到慚愧，中國在東漢已經發明了紙，唐代中國造紙的方法由阿拉伯人傳到中亞細亞，到十四世紀才傳至歐洲，我們教會了西方人造紙，而現在我們自己倒鬧起紙荒來。現在，雖然政府限制洋紙進口，而每季還要花四百五十萬美金向外國買紙，要是洋紙停止進口，我們的捲筒機也就立刻要停開。本國造紙工業，渺小得可憐，在抗戰期裏一時曾經繁榮的手工造紙業，自勝利以後，大家改用加拿大瑞典的白報紙後，報館的工人們許多逼上梁山做別的了，一旦真的第三次世界大戰開始，我們的報館真要一齊關門。說起來好不慚愧！

你問現在配給用紙制度是否合理，我的答覆是否定的，英國也在實行配給制度，報紙的篇幅限制的很嚴，但是，英國各報配紙的比例是合理的，《每日快報》日銷三百萬份，政府就配給他夠三百萬份的紙量，《泰晤士報》日銷二十萬份，也只能拿二十萬份紙量，不是像中國報紙謊報銷數。在過去一個時期中國政府對於配紙根本沒有依照各報實在的需要量去分配，讓配紙的人分

---

[1] 馬星野（1909～1991），名偉，字星野，浙江平陽人。1926年考入廈門大學，1927年5月國民政府定都南京，設中央黨務學校，馬星野轉入中央黨務學校就讀。1931年，考取留美獎學金，赴美國密蘇里大學新聞學院深造。1934年學成回國，進入中央政治學校教授新聞學，1935擔任中央政治學校新聞系主任。1942年兼任中央宣傳部新聞事業處處長，仿密蘇里大學新聞學院院長威廉博士的《記者信條》，起草《中國新聞記者信條》。對日戰爭結束後，擔任南京《中央日報》社長，1947年當選國民大會代表。國共內戰後期，親自負責《中央日報》遷台事宜，順利於1949年3月12日在台灣復刊。1952年調任國民黨中央設計委員會副主任委員，並擔任第四組組長。1960年出任巴拿馬大使，1964年返台擔任《中央社》社長，1972年獲選為中國新聞學會理事長，1973年擔任《中央社》董事長，1980年獲選為大眾傳播教育協會創會理事長，1984年獲美國密蘇里大學新聞學院頒贈「傑出新聞事業終生服務最高榮譽獎」，1991年因病於台北逝世（馬之驌，1986）。

贓一樣的分掉，弄得東嚷西吵，大家都像是在分一大塊肉，現在宣傳部同新聞局對於這過去的辦法，已深感不滿，表示要下決心改進，我希望有一個合理公正的配給制度，免得引起新聞界到處不平的呼聲。

調查銷數，並不是不可能的事，在美國有一個組織，稱為ABC（銷數稽核局，Audit Bureauf of Circulation），調查各報的實際銷數，逐日發表，沒有多一份，也沒有少一份，凡是報紙的批價在對折以下都不能　稱為實銷數，謊報銷數或把義務報及賣不掉的報算進銷數，都要受開除 ABC 會員嚴格的處分，表示這個報紙信用掃地。於是在登廣告的商人，也就不去和它來往。美國並沒有配紙制度，各報都可自由買紙，尚且做到如此嚴格合理，我們中國以有限的外匯換來的白報紙來供應各報，對於銷數應該做更精密嚴格的調查，以免投機取巧的報紙拿配給紙做黑市買賣。

目前，不依照實在銷數而分配白紙的流弊，是非常可怕的，其結果只有鼓勵大家撒謊，謊撒的愈大，拿到的紙愈多。他們配到紙不是拿去印報，而是形式上出幾份報來裝門面，實際上卻官價進紙，黑價出賣的做生意。以目前的官價匯率一美金七萬元，每噸紙合一百六十美金，即法幣一千一百二十萬元，每噸紙共四十令，故每令進價是三十二萬。目前上海的黑市紙價已到一百一十五萬，故賣一令紙淨賺八十三萬，賣一噸可賺三千三百二十萬，賣十噸可賺三億三千二百萬，賣一百噸可淨賺三十三億二千二百萬，如果一個報紙多報了一百噸，它每個月不必費任何的心可以淨賺三十三億多。我這個估計，還是依照目前的官價匯率算的，事實上，現在各報配到的紙，還是四月份定下來的，四月份的匯率每一美金只合一萬二千元法幣，換言之，每

令進價只合四萬八千元，所以，賣掉一噸紙可賺四千四百零八萬，一百噸紙可賺四十四億；上海有許多報紙便是幹這個玩意兒。這樣吃虧的自是政府，發財的就是掌握報紙的大老闆。聽說許多都腰纏幾百億，正在考慮買進「國際飯店」了！

而最倒楣的是銷數大配紙不夠的報紙，黑市紙價一天天的高，多銷一份就是多賠一點錢，所以這種配給制度只有鼓勵作偽。因之，在各報實際銷數沒有調查清楚以前，配給制度是有害於中國新聞事業的。

陳博生先生[2]：

紙荒的原因，是現行配給制度不完善的結果，聽說有關機關現在正在研究如何才能配得公平合理。

配給制度是政府對報界的一種幫助，以官價外匯結匯購得的紙，照平價售予報界。有人別具用心的說：紙的管制，等於控制新聞自由，但說這話的人，也三番五次的要求配給大量的紙，難道他們請求政府予以控制嗎？

現在配給的標準，的確欠公平，有些地方所得太多，有些地方太少；同一地方，各報因人事關係，多少也不平衡，也許甲報比乙報銷路大，得到反比乙報還少的配額。另外更使人不解的是政府配給的紙，輾轉落在內地的共黨報紙及印製所的手中，這些紙很可能透過此等報社或印刷所流到共區去。紙的不合理配給，

---

[2] 陳博生（1891～1957），福建林森縣人。畢業於日本早稻田大學政治經濟系，回國後曾入北洋政府眾議院擔任秘書，之後進入北平《晨報》擔任總編輯，並開風氣之先，首創副刊。1930 年在張學良資助下創辦《北平晨報》，與上海《商報》主筆陳布雷並稱南北二陳。1936 年應蕭同茲之邀，擔任《中央社》駐東京特派員，中日戰爭爆發後回國出任《中央社》總編輯，1940 年出任《中央日報》社長。1948 年，以新聞界代表獲選為中華民國第一屆立法委員，1957 年病逝（國史館現藏民國人物傳記史料彙編第 17 輯，pp.339-351）。

間接造成紙荒，因為有些報社的紙不夠，有些配紙用不完以黑市出售，不夠用的又買不起。

近來有人主張報的出版以一張為限，這實在不必。固然有的城市工商業不發達，廣告刊戶少，可以不必打腫臉充胖子，把廣告放大充塞篇幅；但像上海《新聞報》廣告的確多，一張的篇幅實在不能把新聞及廣告全登在內，這樣就不得不增加篇幅。報紙多刊廣告，在辦報的立場看，等於藉資本家的力量維持報紙，沒有什麼不合理，研究新聞事業的人，都知道報紙不能專靠發行，如果不以廣告挹注，高價發行將窒息報紙的生命。我雖覺得目前報紙篇幅還嫌浪費，應該節約，但並不以全國各報都以一張為限為然。

成舍我先生：

紙的配給問題最近將在上海開會討論，白報紙在今日政府的管制下，整個數量可以說已經夠了，問題的癥結在於分配的合理與否和是否公平，過去幾個月來，政府將全部配紙的二分之一供給上海報界，所餘的二分之一中的二分之一又拿去供給全國黨報用，黨報和上海以外的全國報紙只得到二分之一之二分之一，上海報館不過十多家，全國黨報亦僅二十多個，就分去了四分之三，試想全國民營報紙僅有全部配紙的四分之一，當然不夠用，我此次南來就是為全國民營報紙呼籲增加紙的配給數額。

紙的節約是當前最重要的問題，戰時歐洲各國報業每天篇幅都限於一張，今天我國的局勢還沒有脫離戰時狀態，應該仍以一大張為限。

談到縮減幅度，當然有人以某些報紙的廣告多或專刊多，希望不必以一定的尺度去衡量使大家平頭，其實廣告多的報紙既然

賺錢，政府可以不必另外增加他們的紙，使他們多賺錢，至於副刊多為黃色小說，根本不必要，應該裁減，配給時應以出版一張為標準。

報紙的任務，是發表重要的言論和刊登重要的新聞，報紙並不一定要以篇幅作競賽。日本戰前的報紙，每天不過二大張或二張半，歐陸德國法國也是一樣，我們不能因此說日本及德法的新聞事業不發達。我國報紙自始即走上英美的路線，盡量擴充篇幅，戰前《新》《申》等報多在七八張，殊不知英美因為工商業發達，廣告多，非增加篇幅不可，但在工商業並不發達的我國，徒效法英美的皮相，實在不需如此。我國的報業，今後應走大陸國家的路線，縮減篇幅，以寶貴的篇幅，刊載重要的言論和新聞。

紙的配給制度，本質上不如自由採購，我想各報自己採購應該比配給制度好些。如果維持配給制度，也要由民營報業參加核配，不然像上海有些小報紙早要倒閉了，多量的配給使這些報領□賣出，反而救活了這些小報。另一方面，各地的民營報，都在過少的配給下鬧紙荒，陷於風雨飄搖之中，這是不很適當的。

紙的根本解救辦法，當然是自造，以達自給自足。戰時敵人在天津營口台灣都有大規模的造紙工業[3]，因為日本的紙本國也不敷用。如果將天津和營口的紙廠全部開工，大量生產，產量足夠華北之用，就以台灣說，也差足供給華南。勝利後，百廢待舉，政府似無暇貫注於此，而致造紙工業在不生不滅的狀態中，產量

---

[3] 日本統治台灣期間，首先於 1919 年成立「台灣製紙株式會社」（現今士林紙業前身），為台灣第一間機械紙板廠。1946 年戰爭結束，國民政府接收士林（台灣製紙株式會社）、羅東（台灣興業株式會社）、大肚（台灣紙漿工業株式會社）、新營（鹽水港紙漿工業株式會社）、小港（東亞製紙株式會社）等五間紙廠，成立「台灣紙業公司」，隸屬資源委員會復改隸經濟部。

微薄得可憐，我國每年報紙需用量不過五萬噸，竟然無法解決。任何工業均以大量生產為減低成本之不二法門，政府宜撥大筆經費用以發展原有的工廠，增加經費不免要增發鈔票，使通貨更加膨脹，但其影響決不如大量消耗外匯去外國購紙影響之大。

如果說要報界像戰前一樣，投資開設第二個溫溪造紙廠[4]，似不甚易為。因為現有的造紙廠都在資源委員會控制下，要發展非常容易，另設廠問題便多了，就以投資來說，今日一切事業，多半由經手人辦理，投資的人管不了工廠，再者報界沒有一個全國性的聯合機構，一切事都不能共同合作，所以投資也無人管理。

曾虛白先生[5]：

的確今天中國的報業用紙太缺乏了，全國進口貨管理委員會把進口的報紙分配責任加在上海部份報社及印書館代表身上，這樣作法顯然是不對的，分配報紙是全國事，全國的事，就應全國來管理，過去全國進口貨管理委員會要新聞局擔負這一工作，但新聞局的本身業務太多，對此也就未遑顧及，僅向該委員會提供

---

[4] 溫溪造紙廠，請參考本文集所收錄：〈中國報紙之將來〉一文的編註 15。

[5] 曾虛白（1895～1994），名燾，字煦伯，江蘇常熟人，父親為清末民初知名作家曾樸（著有《孽海花》）。1918 年畢業於上海聖約翰大學，先後於滬江、金陵女子大學講授新聞學與中國文學。1927 年，應董顯光之邀協助創辦天津《庸報》。1932 年，於上海與《時事新報》董事長張竹平，共同創辦《大晚報》，任總編輯兼總主筆，創刊兩週銷量即達三萬份。1937 年擔任國民政府軍事委員會第五部國際宣傳處處長，1938 年轉任中央宣傳部國際宣傳處處長。對日戰爭結束後，國際宣傳處改組為行政院新聞局，首任局長為董顯光，副局長為曾虛白。來台後，先後擔任國民黨中央改造委員兼第四組主任，1949 年擔任中國廣播公司副總經理（董事長張道藩、總經理董顯光），1950 年擔任《中央社》社長，1954 年政治大學在台復校，擔任新聞研究所所長、系主任。1977 年擔任文化大學三民主義研究所兼博士班主任教授，1981 年獲聘為總統府國策顧問，1986 年獲頒行政院文化獎章，1994 年於逝世於台北（馬之驌，1986）。

一些全國報業分佈狀況，作他們分配報紙的參考。

　　不可否認，配給報紙制度已有許多流弊發生，有不在少數的
報社以配給報紙作生意，而非用於文化事業，這是十分痛心的。

> **本刊**：目前報業的困窘，我們認為除掉係環境所造成的
> 　　　　外，無可諱言的我們新聞界本身無組織無聯繫，
> 　　　　不能共同合作，也嘗到許多不必要的痛苦。我國
> 　　　　新聞界之團體，自清宣統二年之「中國報界俱進
> 　　　　會」民元之「中華民國報館俱進會」民八之「全
> 　　　　國報業聯合會」及抗戰後之「中國青年記者學會」
> 　　　　「中國新聞學會」都曾有輝煌的成績，對新聞學
> 　　　　術研討，新聞事業推進及新聞自由之爭取貢獻極
> 　　　　大。希望聽取各先生對新聞界團體組織的意見：

陳博生先生：

　　關於新聞學術的研究，中國新聞學會過去多少還做了一些，
該會的工作，如新聞學理論研究，報紙發行及廣告的研究，新聞
道德、新聞自由的研究，新聞教育的研究等，都是很重要的。復
員以來，因為經費無著，和會員大多太忙，一直沒有作計劃的開
展工作。重慶時代經費還沒有現在這樣艱窘。如果大家能騰出一
部時間，作研究工作，有經費來作，出版些刊物，的確有價值，
不過粗製濫造，卻大可不必。

　　至於新聞界組織方面，可分兩方面來說：一個是報館業同業
方面，為求業務合作之組織，現在各地報業公會逐漸成立，譬如
南京近來因為有此需要，業已成立。另一個是記者本身組織方面，
為法令所規定的組織，各地都有公會，惟尚乏全國性的組織。新

聞記者應有健全的組織，利用這個組織的團體力量，來提高一般
新聞從業員的水準，及商定待遇保障生活。

馬星野先生：

這個問題又是一件令人感到慚愧的事，中國新聞界全國性的
組織只有一個名存實亡的中國新聞學會，這個學會，在消極方面
保持相當的純潔，分子還算嚴格。在積極方面根本沒有做什麼事，
在重慶時候因為蕭理事長[6]的努力，曾於七星崗蓋了一所相當漂
亮的會址，還都以後連會址都沒有了。至全國性的新聞記者聯合
會目前是無法組成的，因為各地新聞記者公會太亂七八糟了，基
層組織既未健全，自然談不到全國性的組織。基層組織不健全的
原因，最重要的理由是濫收會員，許多報館都有一張新聞記者分
會會員的假名單，來大報空額，希望在選舉的時候，或配公糧、
配平價物品的時候討點便宜。新聞界的作偽是可恥的，開起會來，
連妓女的哥哥，菜館的帳房都可以拉來充一充新聞記者。有些有
名無實的通訊社，敲竹槓是它的職業，這些所謂新聞記者是被社
會最看不起的。

這次全國普選把新聞界分子亂七八糟的情形，充分暴露。
譬如說，南京真正的新聞記者絕不會超過五百人，而南京有
八百五十名會員，這還算是最客氣的。其他各地更是毫無羞恥的

---

[6] 此處所指為蕭同茲（1895～1973）。湖南常寧人，早年即加入中國國民黨，
從事黨務工作。1932 年奉派為《中央通訊社》社長，從事《中央通訊社》改
組相關事宜。主要改革措施為：使《中央通訊社》成為獨立的社會事業，對
外不再使用「中國國民黨中央執行委員會宣傳部」；自設無線電台，建立國
內重要城市間通訊網路；以新聞為本位，發稿、用人不受干預。《中央通訊
社》於 1950 年改組，蕭同茲改任管理委員會主任委員，於 1964 年 12 月離職，
前後主持《中央通訊社》時間長達 32 年。1973 年病逝於台北（國史館現藏
民國人物傳記史料彙編第 9 輯，pp.477-481）。

亂報會員，下面便是社會部登記的新聞記者公會會員數目：上海四三一三人（至少謊報三倍），浙江四一三六人（至少謊報五倍），安徽六三九〇人（至少謊報十倍），江蘇兩六四二人（至少謊報三倍），此外如湖南的三一一九人，漢口的一一八一人，廣州的二〇一七人，都是駭人聽聞的。比較嚴格的是天津五四九人，北平的四六八人，你想像這樣的各地新聞記者公會，不徹底的整肅一下，還有什麼辦法呢！

　　歸根一句話，我們新聞界要徹頭徹尾的澄清一下，我們要調查一下真正的報紙銷數，我們更要調查真正的新聞記者公會會員人數。提高新聞記者的水準，厲行新聞記者的職業道德，把害羣之馬，驅逐出神聖的新聞界，然後才能談新聞記者的連繫工作。

　　這個問題在新聞界是很難，這並不是新聞界人士不團結，實際是業務上關係，新聞事業本身就是競爭的，因此同業間的競爭關係也就存在，譬如幾個外國來的記者，如果不是因為房子找不到，他們是絕不會住在一起的。這個例子可表明新聞界的關係。但退除職業的立場，新聞界人士是最宜團結的，因為記者最富熱情。

　　本刊：我們以為新聞教育新聞學術的研究，目前問題亦多，希望諸先生對新聞教育的缺點，及報人進修問題，和中國是否需要設立一新聞學研究所發表意見。記得民國十八年德國明興大學新聞學研究所教授 Dr. D'Ester 曾在上海日報公會演講謂：「希望中國將來亦有新聞學研究所，可常與各國教授聯絡，此種研究所，專研究報紙如何編輯，如何

　　方能有效果。」時隔二十年，我們實切盼此理想
　　實現。

　成舍我先生：

　　說到新聞教育，高深的研究和普通技術的訓練，兩者都不可偏廢。

　　就高深的研究方面說：任何學術均應有專門研究的必要，新聞學研究如何使報紙更有益於人類，他的範圍廣及於社會學政治學經濟學心理學史學和報業的關係，及報業發展應循的路線。中央研究院設有社會科學研究所，新聞學是社會科學的一種，應在社會科學研究中設所研究。

　　就技術的訓練和教育上看，與高深研究有同等的重要，這種教育的目的，是如何使報業能發揮它的最大力量，報人如何工作和如何使工作生最高的效能，這種教育報館不能完全勝任，需要新聞教育的學校來辦理。

　曾虛白先生：

　　我覺得新聞學並不需要學兩年三年，僅僅半年也就夠了，因為新聞學能否成一科學尚有問題，想做一個記者，他最主要的是要有豐富的知識，一個沒有學過新聞學的畢業生在報社呆了一時間，照樣能成一個好記者，所以新聞記者最主要的是要有豐富的常識和實際的經驗。

　　談到目前我們新聞教育，我不想多談，我可以告訴你：今天（十二月三日）報上不是載著美華教育基金將商討實施計劃？如果這計劃成立，大概每年有一百萬美金供作使用，我想建議基金委會拔除部份款子在某些大學開設新聞系。

陳博生先生：

在政府的學術機關裏，設立新聞學研究所，當然必要，不過就現有各設有新聞系的大學裏，擇其有成績的，增設研究所，還要來得方便。我參觀過日本東京帝國大學的新聞學研究室，他們對原始資料及最古報業史科的搜集，非常豐富，連德國、美國及我國最早的報紙都有，他們自己的更不必說，日本人的研究精神和方法的確寶貴。

馬星野先生：

改進中國新聞事業，首要是肅清新聞界的惡劣風氣，而根本的解決法，是在培養新的報業人才，所以新聞教育是救中國新聞界的唯一出路。

目前中國新聞教育的最大困難有三點：第一、師資缺乏，第二、教材不夠，第三、理論與實際還不能有良好的配合。第一點，凡是學新聞學的人都願意實際參加新聞事業，而不樂意窮教書。因之國內比較在新聞學術有造詣的人，大都在報社通訊社很忙的工作，每個大學的新聞系都不容易請到教授，第二，新聞科學是新興的科學，到現在還不到五十年的歷史，在英美各大學均感教材貧乏，中國亦復如此：今後如果沒有一些人埋頭苦幹來建樹這一門新的學術，新聞教育的問題，將永遠不得解決。常常看見有幾十年實際的新聞事業經驗的人，向新聞系學生講學，兩個鐘頭不到便沒有東西可說了就是這個緣故。第三，新聞記者的訓練，理論與實際應完全的配合，而現在各大學新聞系自己辦有日刊報紙的尚未看見，學的是一套，做是又是一套，新聞系畢業的學生往往不受報館的歡迎原因在此，我以為要解決中國新聞教育問題必先掃除這三大障礙。

本刊：最後我們請諸先生對政府與新聞界的關係，新聞道
　　　德，《新聞記者法》《出版法》，及報紙雜誌化
　　　通俗化及報人夜工作等問題賜予寶貴意見。

陳博生先生：

過去有人認為記者甘心情願地守住不合理的熬夜「規章」，
其咎泰半由於《中央社》發稿習慣所造成，實際情形並不如此。
《中央社》對於一切稿件每日於夜一時半之內或二時前截稿，並
不故意延長時間。一般重要消息得到的晚，自無法提前，譬如昨
天國府遴選參加各省市縣參議員的名單，到今晨一時半始送到，
發稿只好隨之變遲。

各報對於新聞的競爭，非常劇烈，為了爭取國外消息，常在
晨三時四時還收聽舊金山等地的廣播，這可以證明新聞記者的夜
工作，不全是《中央社》造成的。

報紙本身就是良好的教育工作，在學校不普及的我國，一般
人只有藉報紙獲得其所需要的知識，同時報紙也應該學術化，將
各種學術、各種知識深入淺出的貢獻給讀者，這種知識的傳授，
應該力求通俗，使知識淺的人看得懂，知識高深的人看起來也覺
有趣。目前報紙上很多專刊，尚不能使人人看懂。看懂的人既少，
報紙的銷路自然不會大，美國《時代》《生活》等雜誌所以能有
廣大的銷路，主要原因就在通俗，其實美國一般人並不是都有高
深的知識。再者，報紙應該注意時代性，太古老的東西，應該去
掉，因為報紙本身就有時間性（up-to-date）。

我國現在還沒有一部成文的《新聞記者法》，民國三十二年
二月十五日公佈的《記者法》。第一條：「本法所稱新聞記者，
謂在日報社或通訊社担任發行人，撰述編輯採訪或主辦發行及廣

告之人。」其中缺點極多。最近為了選舉，曾先就記者之身份作一規定。「凡在報社或通訊社擔任發行人，經理，撰述，編輯，漫畫編輯，採訪，廣播評論員，攝影以及新聞為專業之特約通訊記者，或主辦發行廣告之人，均應視為記者。」雖然不盡完善，但改進頗多。

在新的規定裏，確定記者身份時，主要的在使記者變成一莊嚴清白的職業，第一非專業記者不得列入。我國許多小公務員都兼記者職務，尤其是特約記者。記者為自由職業的一種，和律師、會計師一樣，律師和會計師既然都經考試檢定合格始可執行職務，新聞記者也不能人人可為，應有一種適當的規定來確定，免得濫竽充數。其次這個規定中，新添攝影記者和廣播記者，是一種適合時代的進步現象。攝影員並不是個個都為記者，當他們對一個照片的取材時，就需有記者同樣的新聞認識，同一事件的攝影，有新聞頭腦的和沒有新聞頭腦的人，一定有不同的選材。廣播記者也不包括所有廣播員，如果每一個報告節目的人，都列為記者，當然太笑話了，廣播新聞及新聞評論員，對於新聞的分析與述評，並不下於報社內記者之報導編輯及評論，都要具備同一的學識。

新的《新聞記者法》，恐怕要待明年民選的立法院來製定，我們需要一部完善的《記者法》和《出版法》，來規範報界。

在歐美的報業史上，廿年來，報紙的合併和數量減少，是一個顯著的現象，英美除少數大城外，當地經濟力量往往不能支持許多份報紙。我以為中國現在報紙的數量太多，銷路太小，普遍的是擁有眾多的報社，實際上這些城市並沒有力量養活這麼多報，很少報社是以自己的經濟力量養活自己，這是一種變態（abnormal）。報社如果以收取報紙以外的利益為目的太可憐也

太可怕，將來必然的是趨於淘汰。所留的報紙，是該地經濟力量所能支持的。也唯有這樣，中國的報業才有希望。

馬星野先生：

勝利以後，新聞與言論確實自由得多了，在政府方面的負責人們，對於新聞記者比較知道尊重，對於那些敲詐誹謗造謠的新聞記者也只有敢怒而不敢言，他們被言論自由與新聞自由的大帽子壓住，許多事也只有忍氣吞聲。在新聞記者方面，涇渭不分，真正做報的人，倒受了許多不必要的限制與干涉，所謂自由，被黃色新聞同黑色新聞糟塌淨盡。要糾正這種現象，政府應該給純粹的新聞事業以充分的自由，對於濫用新聞自由的人毫不客氣的予以法律制裁。如果，讓目前的情形繼續下去，中國新聞事業的前途是悲哀的。

曾虛白先生：

抗戰勝利後的中國新聞事業已較前有飛躍的進步，這是很可喜的現象，目前中國報業所遭遇的困難，乃是創業必有的過程，一切事業的成功，均須經過困難，老實說，今天中國報業的困難除物質一項而外，別的困難並不存在，物質的困難是暫時的，很快就會過去。

通俗是一個根本的問題，平民教育不能普及，報紙的擴展速度也就有限了，今天，我們欲中國報業前途廣大，推動平民教育確是急不可待。否則僅限於少數知識份子看報，報業的發展自也有限。

【附誌】本文為編者訪稿，承諸報界先進賜談，無任感銘，

各稿均未經發言者寓目，文責由本刊自負。此次訪問，曾
擬就教之先生尚多，或因拜訪未遇，或因時間限制，未能
刊出，特請原諒。

辛苦打消的《記者法》萬不可再請施行

這是一大串鐐銬鎖鏈，我們絕不能容許存在
且確定記者身份，亦根本與施行記者法無關

成舍我

原載：1947 年 8 月 26～30 日，北平《世界日報》

　　我真替全國「記者」同業捏一把汗！民國三十二年二月十五日國民政府公布而未施行的《新聞記者法》，現在僅因為國大代表和立法委員的選舉關係，要確定記者身份，大家竟忘記了以前那一段全國記者奔走抗爭，要求廢止的史實，反紛請政府制定施行細則，規定施行日期，迅予實施。這真是一件不可思議驚人之舉。無怪內政部長張厲生[1]本月十七日以極幽默的口吻，發表談話，謂：

---

[1] 張厲生（1901～1971），字少武，原名維新，字星舟，直隸永平府樂亭人。1920 年在親友資助下赴法留學，1923 年於巴黎加入國民黨，1925 年返國於上海中山學院任主任教授，並結識陳果夫，進入國民黨黨務系統工作，於1936 年出任國民黨中央組織部長。擔任組織部長期間，制定《國民大會組織大綱》，大綱中規定國大代表由各地區與各行業依比例產生，亦即「職業代表」。1942 年 12 月被任命為行政院秘書長，1944 年 12 月同時兼任內政部長，內政部長任內辦理制憲國大與行憲國大選舉。《中華民國憲法》通過後，擔任行憲後第一任行政院副院長（院長翁文灝）。1950 年蔣介石於台北復行視事，任命陳誠為行政院長，張厲生為副院長，協助推動土地改革、地方自治等工作。1954 年擔任國民黨秘書長，1959 年出任駐日大使，1971 年 4 月 20日病逝於台北（經盛鴻、朱正標，2011）。

　　過去內政部雖曾擬定《記者法》，但因遭受記者誤會，認係政府欲用以束縛記者，故迄未施行。今如記者要確定身份，而需要此法，內部目前雖不願採主動地位，然只須記者決定態度，內部一定照辦。

　　而最近數日，即將施行《記者法》的消息，一再由京電不斷傳來。固然不相信政府真會利用我們的「健忘」，而開此玩笑，然為免使大錯鑄成，挽回不易起見，我不得不以記者一員的資格，說明《記者法》何以公佈而未施行的經過，及確定記者身份，與施行《記者法》，根本沒有混為一談的必要，籲請記者同業，迅起注意！因為三十二年的《記者法》，如竟施行，我敢敬告全國同業，《記者法》中的每一項，施行以後，將不是白紙黑字的法條，而只是瑯璫可怕的鐵鏈。我全國記者，對此無限鐐銬枷鎖的存在，恐真要如古人所云：「舉手挂網羅，動足觸機陷」，其為慘怖，何待言喻！

　　第一：先說明《記者法》何以公佈四年，迄未施行。《記者法》於民國三十二年二月十五日公佈，全文雖僅三十一條，而對於記者束縛嚴酷，實可謂無微不至。其中最重要一點，即撤銷記者證書，罪名過於浮泛，程序過於簡易。如第二十二條：新聞記者不得有違反國策，不利於國家或民族之言論。第二十三條：新聞記者不得利用其職務為詐欺，或恐嚇之行為。同法第二十八條規定，凡違反上列兩條者，撤銷證書。誠然，一個從事新聞業務的人，而竟有不利國家民族的言論，或詐欺恐嚇的行為，其失去記者資格，自屬理所應然。但這種罪名的判定，無論如何，總應經過審判抗辯等法定程序，而《記者法》中，既不需要審判，亦不容許抗辯，僅當地社會行政機關，以一紙命令，即可自由裁定。試問

何為違反國策，何為不利於國家，或民族之言論，如果漫無標準，
則見仁見智，每一記者，豈不逐日均有被處撤銷證書之危險。又
第二十條規定：記者如有不正行為，得由所屬公會議決除名。此
辦法本係倣傚自律師公會，會計師公會，但律師公會等，對一會
員懲戒，均必須組織懲戒委員會，及再審查懲戒委員會。於經過
初審，再審，聲辯，上訴等程序以後，其懲戒處分，始能確定。
決不能僅憑所屬公會多數議決，即可使一會員，喪失其執行業務
的資格。且《記者法》中之記者證書，一經撤銷，即永遠無法恢復，
並永遠不得在任何地方，再當記者。凡此種種，其苛酷殆不可思
議。三月二十八日，即公佈後不久，我在桂林《大公報》發表〈新
聞記者法應速設法補救〉一文，指出決難容忍之如上各點，請全
國同業，速起抗爭。旋各地報業公會，記者公會，各報館，多有
同樣主張。至是年九月一日中國新聞學會在重慶舉行年會，我又
鄭重提案，經潘公弼[2]，馬星野，黃少谷[3]諸先生連署。由大會一
致通過，要求政府，在未切實修正以前，《記者法》暫緩施行。
政府鑒於全國記者熱烈呼籲，雖未以明文宣布，准如所請，而事
實上則延擱至今，已逾四年，並未再制定施行細則，施行日期。
尤其在民主呼聲日高，全國行憲在即之現時，此項與民主原則，
及新聞自由過分衝突之法律，當然已無起死回生再予實施的可能。

[2] 潘公弼（1895～1961），江蘇嘉定人。1914年赴日本東京政法大學求學，
與邵飄萍辦《東京通訊》，並擔任《申報》、《時事新報》駐日通訊員。
1916年回國後，歷任《時事新報》編輯、總編輯、總經理、總主筆。1921年，
加入陳布雷兄弟所新創辦的《商報》，擔任主筆一職，同時於上海國民大學、
滬江大學兼任教職。對日戰爭初期擔任《申報》主筆，1941年赴新加坡擔任
《星洲日報》總主筆。戰後被任命為國民黨中宣部東北特派員，協助創辦長
春《中央日報》。1951年抵台，擔任國民黨黨報《中華日報》顧問兼主筆，
1961年12月逝世。

　　第二：確定記者身份，並不需要施行《記者法》。《記者法》
第一條，雖經規定「新聞記者謂在日報社或通信社擔任發行人撰
述編輯採訪或主辦發行及廣告之人」，似只有擔任在此條內列舉
之職務，始為記者，大家因鑒於各地為競選關係，濫行登記，遂
欲藉《記者法》此一條文，以資限制，而要求施行《記者法》。
殊不知確定記者身份，只須主管選舉機關，以解釋方式，一紙命
令，即可決定，何須施行《記者法》。且即就《記者法》此一條文，
其對於記者身份，亦太疏漏，萬難依據。如（一）該條規定記者
資格專以在日報社通訊社工作者為限。而將一切間日刊，三日刊，
週刊，月刊之記者除外。是則最大雜誌，如美國《生活》週刊之
類，其從業人員皆將摒棄於記者之列，試問有無此理？（二）漫
畫，攝影，錄音，均為近代報紙最主要工作，漫畫記者，其作品
對於社會之影響，實際上與一社論主筆並無差別，如照《記者法》

---

[95] 黃少谷（1901～1996），原名紹谷，後改少谷。早年就讀長沙妙高峰中學、
明德中學，1923 年考入北京師範大學教育系，並入成舍我創辦之北平《世界
晚報》擔任編輯、總編輯。1927 年在李石曾引薦下，赴西安任馮玉祥國民革
命軍第二集團軍總司令部秘書。1934 年赴英國倫敦政經學院，專攻國際關係。
中日戰爭爆發後返國，歷任監察委員、軍事委員會政治部設計委員會主任委
員，1943～1948 年擔任《掃蕩報》總社社長。1947 年獲選為中華民國第一
屆立法委員，並出任國民黨中央宣傳部部長。1949 年 3 月出任行政院秘書長
（院長何應欽），1949 年蔣介石於台北設辦公室，黃少谷擔任總裁辦公室秘
書主任。1950 年任政務委員兼行政院秘書長（院長陳誠），1954～1958 年
擔任行政院副院長（院長俞鴻鈞）。1955 年應成舍我之邀，共同發起籌組
「世界新聞職業學校」。1958 年任政務委員兼外交部長（院長陳誠），1960
年出任駐西班牙大使。1966 年再度出任行政院副院長（院長嚴家淦），1967
年「國家安全會議」依《動員戡亂時期臨時條款》成立，黃少谷出任「國家
安全會議」首任秘書長。1979 年擔任司法院院長，任內推動實施審檢分隸制
度，1987 年辭卸司法院院長，回任總統府資政。1990 年與黨國八大老協調
國民黨黨內政爭，1996 年於台北榮總病逝（國史館現藏民國人物傳記史料彙
編第 17 輯，pp.416-423）。

規定則此類工作最重要之記者，亦不得享有記者資格。（三）主管發行廣告，可算記者。而負出版最大責任之印刷人，並不列入。據上所述，故不特確定記者身份，不需要施行《記者法》，而即施行《記者法》，此《記者法》中第一條所規定之記者身份，亦太與記者實際情形，相差太遠。

三十二年的《記者法》，在抗戰期間，民主憲政，和新聞自由的空氣，並沒有現在濃厚。全國記者，尚且如此反對，政府也自感這一立法，頗多欠妥，未便施行。今事隔四年，無論今天事實上政治是否民主，新聞是否自由，但舉國上下，總一致熱望，要向這一方面努力。那麼，辛苦打消的《記者法》，自然再沒有從棺材中重新拖出，大家再開倒車的餘地。至於確定記者身份，根本不需要《記者法》，而且三十二年的《記者法》，並不能包括所有從事報業的記者。所有理由，已如前述。因此，我切望全國記者同業，千萬要珍重過去費盡心力，打消《記者法》這一史實。同時，並千萬不要再將確定記者身份與施行《記者法》並為一談。

至於擺在眼前的又一問題，就是三十二年的《記者法》，誠然太違背民主憲政，和新聞自由的原則，而且前後矛盾疏漏之處也太多，我們不應該使其施行。但中國是否就不需要《記者法》？許多人以為在自由職業中，律師有法，會計師有法，新聞記者為什麼可以無法？三十二年的《記者法》，如果不好，則儘可徹底修改，甚至根本另訂。關於這一點，我的意見，以為新聞記者雖也是自由職業的一種，但他執行業務的方法，和律師會計師完全不同。律師會計師，可自設事務所，以個人的資格，獨立對外界，新聞記者，則必須隸屬於一新聞機關，國家管理新聞機關，已有

《出版法》，倘新聞記者而有如三十二年《記者法》中第二十二條第二十三條所定，發表違反國策不利於國家民族之言論，或利用職務為詐欺恐嚇之行為；則不僅《出版法》可予制裁，並尚可適用一般《刑法》。且新聞記者一切言論行為，如無出版品，即根本無法使其犯罪。故對新聞記者，實無特為立法之必要。又假如一切自由職業，均須各為立法，則凡憑智力或技術生活之小說家，書家，畫家，音樂家，劇人，即均應有小說家法，書畫家法，試問古今中外，寧有此理？所以從任何角度看，新聞記者均無特別立法之必要。如果為了提高報人水準，確立新聞道德，則我們贊同，全國報人，可自訂「記者公約」，「報人守則」之類，以同業道義或社會公論的力量，達到新聞記者真正造福社會的目的，這種「公約」「守則」所獲的實效，我相信一定比國家立法特為宏大。

　　不過鑒於現階段的環境，倘政府認為新聞記者，必須特別立法，則我也切望這種立法，必須積極的輔導，多於消極的管制。三十二年我在桂林《大公報》發表〈新聞記者法應速設法補救〉一文，即從多方面痛切說明了這個原則。假使政府感覺今日之需要《新聞記者法》，並無異於四年以前，則我們縱可放棄了根本不需要《記者法》的主張，最低限度，這個新《記者法》的出現也應該多向積極的方面注意。而我四年前這一牽就當時環境籲請修正的長文，也就覺得無妨再行提出，藉供政府採擇，及我全國記者同業的指正。

　　（請參考本文集〈新聞記者法應速設法補救〉一文）。

由紀念九一記者節談到今日的記者

張明煒、張恨水、丁履進、詹辱生、成舍我
集體廣播

原載：1947 年 9 月 1 日，北平《世界日報》，第 2、3 版

今天為九一記者節前夕，北平廣播電台，恭請張明煒，丁
履進，張恨水，詹辱生，成舍我諸先生主講「由紀念九一
記者節談到今日的記者」。在此總題之下，張明煒先生，
講記者的時代要求，丁履進先生講記者的修養，張恨水先
生講記者的責任，詹辱生先生講記者的技術，最後，由成
舍我先生歸納四位先生所說，加上成先生自己的意見，作
一結論。張明煒先生是北平市日報公會理事長，《華北日
報》社長，丁履進先生是北平記者公會理事長，《中央社》
北平分社主任，張恨水先生是北平《新民報》經理，詹辱
生先生是《華北日報》總編輯，成舍我先生是《世界日報》
和《世界晚報》社長。

記者的時代要求：張明煒 [1]

今天是國定第四屆記者節的前夕，我們記者群紀念這個佳節，真是百感交集。懷念先輩報人艱苦作業的精神不覺引起了景慕之思，瞻望未來新聞界的遠大前程，又值得我們及時警惕奮發努力。新聞記者是應該站在時代的前面的，應該把握住時代，至少是不能離開時代的。今日是什麼時代？所要求於我們新聞記者的是什麼？我們的工作應該如何配合時代的要求？這都是值得我們詳加檢討的。

我們看看今日世界的大局，真可以說是擾攘不安陰霾四佈。在印尼和荷蘭的談判決裂以後，荷蘭軍隊大舉進攻印尼，已予世界和平一大威脅。巴爾幹方面，希臘的叛亂份子及斯拉夫民族幫手，在保加利亞邊境向希領土發動了全面攻勢，且有所請「國際縱隊」不斷進攻希臘，于是巴爾幹的風雲也緊張萬分。伊朗，蘇聯軍隊突在亞塞爾拜然邊境演習，並在外高加索集中軍隊，壓迫伊朗實行一九四六年所發的石油協定，關係伊境油田，激起了伊朗堅強的反抗。在朝鮮，美國與蘇聯協商的朝鮮統一計劃，蘇聯一味拖延，希望渺茫，據美記者的報導，蘇聯有迫使美國退出日本甚至南韓的企圖，希望將日韓併入蘇聯集團，包圍中國。尤其

---

[1] 張明煒（1903～1981），湖北漢口人，曾就讀於上海復旦大學政治系、東吳大學法科，參與北伐。北伐後，歷任英文《北平導報》副理、經理、英文《民族週報》副理、英文《北平時事日報》指導員、《中央日報》長沙分社主任、重慶總社總經理、成都《中央日報》社長。對日戰爭結束後，調任北平《華北日報》社長，兼國民黨中宣部平津特派員。北平和平解放後，赴香港籌辦《香港時報》。來台後於1953年在台中創辦農民廣播電台、民天廣播電台。1967年以民營廣播業者身分參與籌辦中國電視公司工作，獲選為監察人董事，1981年因病逝世於台中榮總（國史館現藏民國人物傳記史料彙編第27輯，pp.320-321）。

是日本投降將近兩年了，和會還不知什麼時候□得□，惟有聯合
國安全理事會使用□□□已達十八次之多。這一切，說明了聯合
國崇高精神遭受了戕害，世界和平建設的工作，遇著重大的阻撓。

返觀我們國內的情形，大連、旅順的接收遙遙無期，我們
雖是「準備為了集體安全的□軍，將主權的一部委託給國際新機
構」，但是大連、旅順在今天的情形之下，對於集體安全不僅毫
無利益，而且條約之義務，條約的尊嚴，完完全全都被抹煞。北
□山是中國的領土，□外蒙古軍隊入侵，蘇聯代表在安全理事會
反代外蒙古辯護為「中國曾入侵外蒙，而並非外蒙古入侵中國」，
那真是「外蒙古之謊言」，至於八年艱苦抗戰勝利以後，□□□
發動了全面叛亂，以□□□□破壞，物價高漲，人民生活窮困，
社會道德墮落。這一切又說明了建國工作比抗戰還要艱巨。

今天世界各國的人民，沒有不擔憂戰雲密佈，和平不絕如縷，
而希望對於肆意侵略的新帝國主義者，予以有效的制裁。我國政
府為了戡亂建國，也頒佈了總動員法案，剿滅共匪，建設國家。
這都是今日時代的要求，也就是我們新聞記者應該忠實報導的。

我們理想的世界，是大同的世界，我們憧憬中國的遠景，是
富強康樂三民主義的民主共和國，我們在九一記者節的前夕，應
該互勉，如何以崇高的修養，新穎的技術，來負起我們的責任。

記者的修養：丁履進

人們尊稱新聞記者為社會導師，記者自認為民眾喉舌，怎樣
才能担當社會導師與民眾喉舌的任務，這就要看新聞記者的修養
如何了。

新聞記者的修養，應從兩方面下工夫：第一是道德方面的修

養，第二是學識方面的修養。

就道德的修養說，新聞記者應該有高尚的品格，為一般人作表率，有公正的態度來執行報導的職務，有同情博愛的精神，幫助社會國家解決一切困難的問題。根據這個原則，決定新聞記者在道德方面的基本修養，第一：新聞記者應該操守純潔。新聞記者是一種□□的職業，但同時也是清白的職業。新聞記者為執行業務，與社會各方面必須有接觸，而社會上各種罪惡的誘惑力又特別大，新聞記者如果沒有「出淤泥而不染」的操守，必至同流合污，日漸墮落，這樣不但失去了社會導師的尊嚴，而且破壞了新聞事業的神聖。新聞記者要有安貧樂道的決心，如果醉心功名富貴，幻想升官發財，最好不選擇新聞記者作職業。第二：新聞記者應該守正不阿。守正的□□□□守正道，保持正義，□□□□□，是不阿其所好。不阿譽取容。

新聞記者的任務是忠實的報導，公正的批評，這樣才能發揮是是非非的作用。新聞記者應該效法孔子作春秋的精神，養成中立不倚，公正無私的風度□唯□守正不阿的記者，才能造成公正不偏的輿論，□□□□□□的力量。第三，新聞記者應該同情博愛，新聞記者是公正的代言人，是□□的批評家，個人的操守應該純潔，態度應該公平，但決不能冷酷無情□，因為新聞事業最大的目的，是幫助社會，幫助國家，甚至於幫助人類，解決一切困難的問題，不是一種冷酷無情的事業。所以新聞記者對事應該客觀公正，對人應該同情博愛，新聞記者最大的安慰，是達到除惡揚善，濟困扶危的目的，新聞記者最大的成就，是得到社會的愛戴與尊敬，新聞記者必須有同情博愛的精神，才能得到這種安慰與成就。

就學識的修養說，新聞記者不必須是專家，但必須是通才，構成通才的條件，第一，國文精通，國文是表達意思的基本工具，如果不能寫通順的文字，實在不必選擇新聞記者作職業。第二，常識豐富，專家作記者固然很好，但一種學問的專家，未必能應付包羅萬象的複雜問題，必須常識豐富的人，才能有瞭解各種問題的能力，不至於茫無頭緒，無從下筆，新聞記者必須常識豐富，才能無忝厥職。第三，通曉一種外國文字，現在科學發達，交通便利，世界的範圍縮小，人類的接觸頻繁，今日的新聞記者，必須通曉一種世界通用的外國文字，才能應付這個「天下一家」的新聞。

新聞記者是一種最清苦、最辛勞的職業。除了上面所說在道德，學識兩方面所需的修養以外，更應該有強健的體魄。談到這一點，我們看今日同業，因為生活的壓迫，情緒的苦悶，許多記者的健康，都到了最壞的程度，這實在是一個嚴重的問題。

許多同業先進，常談到今日記者的風紀問題，而感覺到無法整頓，我想風紀是與修養有關的，如果記者都注意到上面所談的修養問題，風紀問題自然解決。同時風紀也與生活有關，如果記者最低的生活能夠維持，風紀問題也連帶可以解決了。今當記者節的前夕，除了準備熱烈慶祝外，特將記者的修養問題，風紀問題，生活問題，連帶提出，請同業和社會注意。

記者的責任：張恨水[2]

新聞記者，社會給他上了一個尊號，乃是無冕之王，這完全是不對的。大概社會人士，看到新聞記者，有了一張報在手上，天文，地理，人事，無所不寫，無所不登，就認為這是隨便的可以報導和批評一切，好像有帝王那樣自由。其實記者報導一件事實，和批評一個問題，都不應當由他個人意思來決定。關於前者，他必須先問是不是社會上所需要知道的，關於後者，更應當代表大部分的民眾說話。嚴格的說，新聞記者這枝筆，幾乎不許他個人主觀的亂動。道德是他第一道緊箍咒，法律是他第二道緊箍咒，無冕談不到，更不用提王不王了。

新聞記者若是報導錯了一條重大的消息，可能引起了社會上的糾紛，甚至引起國際上的摩擦。關於批評問題，也是這樣。所以在新聞記者提出筆來，就得先想一想，這隻筆是國家民族的，是人類大家的，大家所要說的話，固然是應當說。但社會非常之複雜，人類的智識又高低不齊，多數所要說的話，是不是說出來，

---

[2] 張恨水（1895～1967），原名心遠，筆名恨水，安徽潛山縣人。七歲入私塾，後因家境困難而自學。1915 年離家外出謀生，1918 年於蕪湖《皖江報》任總編輯開始長篇小說創作生涯。1919 年受五四運動激勵，決心赴北京深造，並協助《時事新報》駐京記者秦墨處理新聞材料，閒暇時學習填詞。成舍我時任北京《益世報》總編輯，偶見張恨水填詞之作，大為讚賞，而邀請張恨水赴《益世報》擔任編輯。1924 年 2 月 10 日成舍我創辦《世界晚報》，張恨水主編〈夜光〉副刊，並開始寫作長篇小說《春明外史》，至 1929 年 1 月連載完畢。1925 年於《世界日報》發表《金粉世家》，連載至 1932 年。1931 年於《新聞報》連載〈啼笑姻緣〉，連載後出版單行本銷行近十萬冊。1935 年，應成舍我之邀南下，主編上海《立報》〈花果山〉副刊。對日戰爭結束後，回北京擔任《新民報》北平版經理，兼編〈北海〉副刊。中華人民共和國成立後，曾任文化部顧問、中央文史研究館館員，1967 年 2 月 15 日病逝於北京（宗志文，2011）。

會妨礙更多數的人，是不是這話說出來就正確，在這上面若不細心，那就會增加社會和國家的困難。

在我們中國，情形更是特殊。我們有百分之五十以上的人民，是文盲。就是識字的，教育程度淺的，也居多數。我們除了和民眾說話之外，還有一種教育民眾的責任。老實不客氣說，報紙就是一部分社會的課本。在這種情形下，我們若歪曲了事實，或顛倒了問題的是非，那就讓一部分民眾跟了我們錯誤向前走。

總而言之：我們所負的義務，是幫助民眾了解問題，明白生活環境。一方面我們應當把人民的意思，報告給政府。一方面我們又應該把國家的政策，傳佈給民眾。我們固然不能錯誤，而且我們還不許消極。因為消極，就是在民眾政府之間，加了一道阻塞線。

我們是政府的醫師，我們是國防上的哨兵，我們是社會上的小學教員，又是社會上的更夫，我們這責任是怎樣艱鉅呢。

記者的技術：詹辱生

作為一個記者，無論他是外勤的採訪，或是內勤的編輯，他都應該有一套技術。在過去，當外勤記者的可以捕風捉影，把莫須有的道聽塗說，誇大渲染起來。當內勤編輯的也可以斷章取義，把新聞割裂支解，而加以爆動或者挑撥的題目去刺激讀者。於是他們便自詡為手段高明，技術巧妙。但是今天當記者的技術，應該不是這樣的了。

記者的責任，是要將社會上所發生的新聞，忠實地報告給讀者。那麼記者的技術，便應該針對著這一個責任而去講求了。同時新聞記者是站在時代前面的，至少也須要趕得上時代，因此，

記者節的由來，《世界日報》1948年9月1日3版

他的技術，就不能離開時代了。拿三十年乃至於十年前採訪或編輯的技術來辦今天的報，他的失敗是很顯然的。所以，今日記者的技術，第一應該針對著自己的責任，其次是要適應時代的要求。

根據著這兩個原則，來說明今日記者的技術，他應當在忠實報導的原則下，去講求文章結構的緊湊，詞藻的潤美，用字用句的恰如其分，敘事記述的要言不煩。然後分別用著說明性，褒貶性，警惕性，或暗示性的標題，配合著版面的美化，而貢獻到每一位讀者之前，使讀者看了能夠起著明瞭，同感，警覺，恍悟的作用，進而誘致每一位讀者都能夠詳細的看□這一條新聞，讀完這一個報導，相信他的敘述忠實，稱讚他的條理分明，證實他的態度客觀，欣賞他的文字簡潔，這就是今日記者技術的反映，也是今日記者技術的真正成功。

要每一版舉例來說明，是今天的時間所不容許的，現在，姑且把記者的技術下一個定義，那就是：記者應本其忠實報道的責任，去適應時代的要求，如何巧妙地把採訪得來的新聞，很藝術的編排在版面上，使讀者能夠對於這個報紙；具有尊重，信仰，愛護，親切的心理。這便是今日記者的技術。

要和一切腐惡勢力苦鬥到底：成舍我

諸位聽眾：現在是八月三十一日下午七點五十分，再過四點零十分。就臨到了我們新聞記者的節日——九一節。承北平廣播電台黃台長邀請，讓我們幾個在北平工作的新聞記者，來同各位

聽眾，尤其我們全國同業，談談我們的感想。北平廣播電台給予我們這樣一個紀念九一節的特殊機會，我們是十分銘感的。

我們所講的題目，是〈由紀念九一記者節談到今日的記者〉。在這一題目之下，已由張明煒，丁履進，張恨水，詹辱生四位先生分別就「時代的要求」，「記者的修養」，「責任」，和「技術」，提綱挈要，說明了他們每一位對於「今日記者」的意見。現在，叫我來作一結論。作結論的任務，一方面是綜合他們四位的意見，使各位聽眾獲得一具體明確的概念，一方面再順便加上我個人小小的一點感想。

就張，丁，張，詹四位先生剛才已經說過的話，總括起來，我們可以知道，在這大家熱烈慶祝九一紀念節的時候，我們深切感覺，一個「今日的記者」，要想圓滿達成他的任務，確須飽經磨練。第一，他要能如張明煒先生所說：「站在時代的前面，把握時代，至少不能離開時代」，這才能適應時代的要求。第二，他要如丁履進先生所說：「新聞記者，必須從道德和學識方面，深切修養，道德方面，一要品格高尚，二要態度公正，三要富於同情博愛的精神。學識方面：一要常識豐富，二要中西文字，都有相當根底」。第三，他要如張恨水先生所說：「新聞記者提起筆來，就得先想一想，這枝筆是國家民族的，人類大眾的，決不能僅憑個人主觀，胡亂塗寫。他要做政府的醫師，國防的哨兵，社會上的小學教員，和守夜更夫。必須這樣，才算盡到了記者的責任」。但僅只把握了時代要求，有了道德和學識修養，盡了記者應盡的責任，還是不夠，這就需要第四，必如詹辱生先生所說：「針對著自己責任，和時代要求，來儘量從技術方面，講求文章結構的緊湊，詞藻的優美，用字用句的恰如其分，敘事紀述的要

言不煩，然後分別用著說明性褒貶性警惕性或暗示性的標題，配合著版面的美化，貢獻到每一位讀者之前，使讀者看了能夠起著明瞭，同感，驚覺，恍悟的作用。決不能像過去那樣捕風捉影、斷章取義以及粗製爛造的作法」，這是今日記者的技術。他們四位先生所說時代，修養，責任，技術，缺一不可，可見一個成為今日記者的條件，確是那樣艱巨，那樣不容易。

現在，讓我再來補充一點小小意見。新聞記者，他雖然是很平常的一種自由職業，但他的工作，無時無刻不是在為社會服務，擴而大之，也就是為國家民族，甚至全世界人類服務。因為我們的工作範圍太廣泛，所引起社會對我們觀感也就有各種不同。第一，我們當然很感謝，社會上有許多人，對我們表示敬重。他們或許看到我們若干同業，過去或現在，均因忠於職務，而不顧一切迫害。像北洋軍閥時代，特別在北平，我們曾有多少前輩，以殉道的精神，為軍閥所殘殺？最近八年抗戰，我們又曾有多少抵抗敵偽，申張正義的報人，淪陷期中，為國捐軀？就在今天，全國報人，仍在擔負著這個主持公道，彰善癉惡的重責。社會上愈對我們敬重，我們愈要努力完成我們的職責，從另一觀點說，也正因社會上肯對我們同情，我們才有力量，去和一切腐惡勢力奮鬥。如果我們後面，沒有億萬民眾支援，我們的任務，是不易圓滿達成的。我們真只有加緊奮勉，以圖報答。

第二，我們也不諱言，社會上有不少的人，對新聞記者，抱著鄙視和輕懱的態度。假使這種態度的存在，是由於我們記者中，有人對國家民族認識不足，而發過違背國家民族利益的言論；又或因有人曾行為不檢，甚至接受賄賂，施行敲詐；又或因有人缺乏常識，錯誤百出。那麼，這是根本缺乏了一個成為今日記者的

條件，一方面我們只有痛自整肅，以求改進。一方面對這種鄙視輕蔑態度的發生，我們不特不應憤恨，並當衷誠感謝。以上兩種社會上對我們的觀感，雖然好壞不同，總而言之，都出於愛護記者的善意，我們所唯一不能接受的，則是另有一種「國家公敵」，他們對新聞記者誓不並存，惡意仇恨。我們不能諱言，新聞自由，在中國，不僅政治上尚難普遍實現，即一般社會，每一角落，也潛伏著許多不可思議的障害。政治上，軍閥豪門奸匪貪污，因為揭發了他們罪惡，固時時會有上門殺人的危險。而在社會上，偶然為著不利於某一部分的腐惡勢力，僅管事情小到雞毛蒜皮之不如，也□立時會報館被砸記者被打。試看□□來各地報館及記者所遭遇種種厄運即可證明，今日中國，□□□一個記者天職，是何等艱難！何等險惡！這種人，對新聞記者惡意仇恨，就正因新聞記者最大任務，在主張公道，在報告真實。報紙是一面鏡子，如果站在鏡子前面的，不恨自己生成了醜惡的牛頭馬面，而只恨鏡子太不把他照成一個美貌郎君，便硬要打破這面鏡子。又如挖牆鑽洞的小偷，他看見天上一輪明月，不欣賞這月光皎潔，而反恨為什麼在他行竊的緊要關頭卻光芒四射，無法下手。鏡子和月亮，對任何人都無恩怨，然而不能使人無恨，則此種惡意仇恨的襲擊，我們也就無法躲避，無法妥協，更無法屈伏，老實說，只有更振作我們的奮鬥精神，來迎接這種腐惡勢力的挑戰。

　　九一節即將到臨，最後，我們敬請全國同業，加緊團結，人人都能成功一個「今日的記者」，負起今日記者的任務。尤其藉這機會更向我全國民眾懇切呼籲，請以人民的力量給予我們最大的支援。讓我們挺起胸膛，為國家民族利益再接再厲，以打倒軍閥豪門、奸匪貪污及社會上一切腐惡勢力，以建設富強康樂民主自由的新中國！

《出版法》與出版自由

《報學雜誌》座談會發言 [1]

成舍我

原載：1948 年 8 月 16 日，《報學雜誌》，試刊號，頁 3-9

我的基本看法是：最好不必有《出版法》。

現在法令如毛，要找根據的話，都有法律上的根據。我的意思，《出版法》實在沒有制成單行法的必要。例如報紙的登記，普通商業行家都要經過登記，才能設立，報社自然也不能例外。再說報紙誹謗他人，觸犯《刑法》，《刑法》上的處罰已有明文規定。同時，《出版法》在人們心目中，印象很壞，四十多年的歷史，人民都認為是政府處處壓迫人民的言論自由，現在行憲時期，為了適應國家的需要，在政治手腕上，政府何必再以《出版法》的手鐐腳銬加於報界呢？如果政府認為非有《出版法》不可，那麼，基本觀念應該認清，就是應該保護多於限制，建設多於破壞，積極多消極。報人信條也可以使它成為法令的一部分，目前

---

[1] 《報學雜誌》由南京《中央日報》發行，本場座談會完整記錄，刊載於 1948 年 8 月 16 日出版的《報學雜誌》試刊號。座談會於 1948 年 7 月 24 日下午 7 時，在中央日報社（南京中山路 39 號）舉行。出席者有（以發言先後為序）：黃少谷（時為中宣部部長、和平日報社長、立法委員）、成舍我（時為世界日報社長、立法委員）、陶希聖（時為中宣部副部長、南京中央日報總主筆）、張慶楨（時為立法委員）、盧逮曾（時為獨立出版社總經理、立法委員）、劉百閔（時為中國文化服務社社長、立法委員）、吳望伋（時為杭州正報社長、立法委員）、雷嘯岑（時為和平日報總主筆、立法委員）、劉啟瑞（時為大同通訊社社長、立法委員）、陳顧遠（時為立法委員）。由孫如陵、武月卿、顧修慶、李果、龔選舞記錄。本文選錄成舍我發言內容。

《世界日報》社論呼籲新聞自由，
《世界日報》1948 年 9 月 1 日 2 版

記者的資格亂七八糟，竟有連中學也沒有畢業的人持記者名片，到處亂闖，跑單幫的商人，為了種種便利，也以記者身份出現。這些現象對於新聞記者的社會地位的低落，很有關係，關於記者的學歷、資歷，應有嚴格的限制，又如報上隨便登載桃色新聞，妨礙他人名譽；報人的健康和安全⋯⋯這些問題，《出版法》上都應該注意到才對。

從現實上說：《出版法》的修正案，我們可以批評的，只有在登記的時間上，由三十五天縮短到十天，比舊《出版法》稍感進步以外，其餘都沒有特殊改進的地方。

有幾點是很成問題的，例如第十三條：「有左列情事之一者，得禁止其為新聞紙或雜誌之發行人或編輯人⋯⋯」如犯刑事，褫奪公權時，還有一個期限，何以在第十三條規定中，卻永遠不得再做新聞記者呢？可以說沒有道理。

第十七條：「新聞紙或雜誌登載之事項，本人或直接關係人請求更正或登載辯駁書者，在日刊之新聞紙，應於接到請求三日內更正，或登載辯駁書⋯⋯。」

我們報人都有這種經驗，有時，的確是屬於新聞登錯，可是有時明明是消息報導正確，而來函更正的。根據第十七條規定，是不是報館明明知道對方是假的，還一定要接受其更正？所以，對於這一條，實在有補充的必要。

　　最嚴重的是第二十一條：「出版品不得為左列各款言論或宣傳之記載：一、意圖顛覆政府或危害中華民國者；二、妨害邦交者；三、意圖損害公共利益，或破壞社會秩序者。」所謂「顛覆政府」一點，已有人說過，際此民主時代，顛覆政府為在野黨平常之事。再說，所謂「意圖」者是一種思想，沒有表現於行為，這不應該認為犯罪。進一步說，意圖兩字即使指顛覆政府或危害中華民國的宣傳而說，其界說也太籠統，如果沒有一個界說，無異是莫須有，那麼，報紙可以說天天違法犯罪了。以我本身來說，民國二十三年在南京辦《民生報》時，由於登載行政院某員於建築行政院時，有貪污嫌疑的消息，為當時行政院長所不滿，於是即遭封閉。當時何嘗不是認為顛覆政府？所以，如果這樣子含糊說下去，每一報紙隨時都有被封的危險，每一記者，隨時都有下獄的憂慮。

　　談到「妨礙邦交」，有兩段故事可以敘述：英國維多利亞女王時，她主張親俄，倫敦《泰晤士報》卻常有攻擊俄國的言論發表，維多利亞有一次召見首相，命他轉告《泰晤士報》，不要反對俄國，首相當時回覆她說：如果政府對報紙不管，則政府不負責任，如果要管，則今後英政府對所有出版物的言論都要負責了。於是女王表示敬服，這是很值得注意的一件事。

　　當日本積極在太平洋上建築防地的時候，美國一家報紙出刊一幅漫畫，畫日本天皇拖著一輛人力車在街上到處跑，日本也曾向美國提出抗議，卻為美國所拒絕。

　　可是在中國就不同了。我們一定還記得，世界第二次大戰以前，杜重遠在《新生》週刊上發表〈閒話天皇〉一文，日本大使館認為侮辱天皇，向我政府提出抗議，結果杜重遠下獄。又如現

在各方批評蘇聯的文字很多，如果，《出版法》中有這一條規定，我相信蘇聯可以根據這點向中國政府提出抗議。所以，我認為我們不需要這手鐐腳銬。

說到「意圖損害公共利益，或破壞社會秩序，」其所包括的範圍更廣，危險太大。像這樣模稜兩可的規定，千萬不能列在《出版法》上！

第二十四條：「出版品不得為妨害他人名譽及信用之記載」，侵害他人名譽，不能由政府代為處理，一定要受害人的「請告」。因之不必再規定在《出版法》上。

第二十六條「戰時或遇有變亂及其他特殊必要時，得依中央政府命令之所定禁止或限制出版品關於政治、軍事、外交或地方治安事項之記載。」這可以說是變相的新聞檢查。「特殊必要」指的是什麼？換句話說，如果某項新聞於私人不利時，對方就可以利用「特殊必要」，要報館不登這個新聞，如果登出，就可遭到處分。

《出版法》第五章為行政處分，把所有犯法行為都要受行政處分，危險太大。根據第三十條規定，內政部認為某出版品有違法者「得指明該事項，禁止出版品之出售及散佈，並得於必要時扣押之」，平常的司法訴訟，尚有三審的機會，而不幸出版品則遭受到隨時扣押的待遇。並且，我們可以想像的，如果這項措施，決定於內政部，尚能慎重從事，而發生在地方上，所謂「天高皇帝遠」，一定將發生無窮的亂子。所以，我認為如有處分，也應該交由司法機關辦理。

以上是我簡單的見解，如有不當的地方，請各位指正。

我還有幾句話要補充，第一：我並不是絕對不要《出版法》。

第二：意圖只是思想，「意圖準備」便是行為。第三：法律中的列舉比較空洞，剛才張先生的意見對於以上三點或有誤解之處，所以我特定再聲明幾句。

報紙下鄉問題

《報學雜誌》座談會發言 [1]

成舍我

原載：1948 年 11 月 1 日，《報學雜誌》，第 1 卷第 5 期，頁 3-8

主人：

　　現在中國一般報紙多半都是供給智識水準較高的讀者看的，一般普通人既看不懂，也不會發生興趣。

　　世界上報業最發達，發達最早的是英美兩國，這兩個國家的報紙早初也只少數人能看，少數人看得到。近世以來，美英兩國的報紙已漸趨大眾化，最初英國報紙如此，隨後美國報紙也如此。其報紙之發行遍及全國各地，乃至窮鄉僻壤，因而其人民教育也愈普及，智識水準也日愈提高，同時以教育的普及，智識水準的提高，報紙需要也愈大，所以報紙的數量也愈增加。

　　現在我國的報紙，全國總銷數不及二百萬份，我國

---

[1] 本場座談會完整記錄，刊載於 1948 年 9 月 1 日出版的《報學雜誌》第 5 期。座談會於 1948 年 10 月 18 日下午 7 時，在中央日報社（南京中山路 39 號）舉行。討論大綱為：在經營上如何使報紙普及於農工大眾？在寫作上如何採用適合於大眾之語文體裁？在內容上如何滿足農工大眾要求？出席發言者有（以到場先後為次序）：胡次威（內政部次長）、趙冕（國立中央大學教育系主任）、羅廷光（國立中央大學教授）、吳望伋（立法委員）、成舍我（北平世界日報社長）、陳粵人（南京大剛報總編輯）。提供書面意見者有：陳雪屏（青年部部長）、李荊蓀（南京中央日報總編輯）、王洪鈞（南京中央日報資料供應社副主編）。本文選錄成舍我發言內容。

文盲雖多，可是略能識字能看報的人絕不止此數，我國現在已進入憲政時期，要想使中國確能實現民主，須對人民施行民主教育，施行民主教育，最好的工具莫過於報紙。因而我們須使全國人民都能讀報紙，都有報紙賣，所以報紙下鄉問題極值得我人重視，也亟須提出討論，以求得解決。

用輪轉油印機印報 首都設總社發電稿

我想把自己的意見簡單的提出來，請各位指教。

目前世界上銷數最多的報紙，最多有銷到四百萬份的。以我國地區這樣廣大，人口這樣眾多的國家來說，應該有一家報紙銷到二千萬份，可是現在還沒有這樣一家報紙，原因當然是教育不普及，交通不便利，工商業不發達，不過中國人口，百分之八十以上是農民，報紙不注意農村，自然不會有強大的銷路。現在全國報紙中，銷路最大的是上海《新聞報》，就是這家銷路最大的報紙也不到二十萬份，只有十幾萬份。剛才馬先生提到我從前創辦《立報》，這份報紙確實曾經銷到二十萬份，北平的小《實報》也曾有過十多萬份的銷數，其所以能銷得這樣多，就因為報紙內容大眾化，差不多商店店員、工廠工人、黃包車夫都可以看，也都要看，因而銷數若干倍於專供士大夫階級看的報紙。假使這種報紙，更得深入農村，銷路之廣，自然更不待說。

不過報紙要深入農村，也談何容易，以中國地區如是廣大，鐵道這樣少，公路這樣少，交通困難如此，報紙當然不容易深入農村。譬如英美那樣交通發達的國家，報紙要普遍深入農村都不容易。

抗戰初期，為想動員全國民眾，參加抗戰，所以想到利用宣傳工具，作普遍宣傳。如果採用鉛印報紙，那壓鉛字和機器的運輸，抗戰期間都要大成問題，當時要裝運一部最舊式的平板機也非常困難，何況印刷還得要用各種附件，更是難上加難。

所以我曾想到利用廣播的辦法，中國全國有兩千個縣，以縣為單位，每縣辦一個報紙，假定總社設首都，需要的工具只有兩種，一種是輪轉油印機，一種便是收報機，普通舊式的平板機每小時也不過印一千多份，英國吉士特式的輪轉油印機每小時用電力可印五千份，用手搖也可以印到二千份，用這種油印機已足夠。辦這種報紙，總社設在首都，就在首都把報紙的新聞、評論都弄好，甚至標題字體都決定，然後廣播出去，再由各縣單位收取，只留一兩欄的地位，供各地刊載當地地方新聞。

每一縣為一單位，算是一個小組，每組有三五個人，分別擔任收報、印刷、發行及當地採訪等工作。各單位自己採訪當地新聞或由農民自己擔任採訪，報告新聞。這點是特別要注意的，因為新聞愈和讀者親切接近，讀者也愈感興趣，一般讀者對於英皇加冕，英公主出嫁的消息，絕沒有隔壁小姐被狗咬傷了那樣新聞感覺有興趣，所以每一單位本身對地方新聞絕不可忽略，要特別注意。

像這樣一份報紙，假定每縣銷一萬份，全國二千縣就可以銷二千萬份，其在政治上，教育上所發生的力量，當無過於此。

上述方法，不論由國家經營或私人經營都是很大的事業，由創辦到成功。一定很不容易，但不用上述方法，則你將報紙，辦在任何地點，銷數也無法普及全國，也無法銷行到每一角落。除此以外如果辦農村報，想採取一種規模較小的方法，則只有辦三

日刊或週刊，而不必辦日刊。這種三日刊或週刊可以比日刊銷得多<u>些</u>，遠<u>些</u>。都市和農村不同，都市的報紙，全報社人員耗盡一日心血，早晨出報，有如曇花一現，過了中午十二時即失其價值。在農村則報紙的生命比較長，如果出一種三日刊或週刊，在內容方面不像日刊過於著重新聞的時間性，不爭一分一秒的得失，一切新聞可以作系統的解釋性質的報導。同時注意農民切身生活，多用圖畫，多提供切合實用的材料，增加其智識，以提高農民讀者的興趣。

不過在目前中國，問題的癥結還在識字和掃除文盲，所以根本問題是教育，教育和報紙本可以互相為用，教育普及，人民識字當然可以讀報。同時因為有了報紙，農民識了字，還可以得到應用的機會，使他們對識字發生興趣，識字以後的興趣不致改變，所以報紙和教育是有互相為用的關係。

《世界日報》被查封
成舍我對此發表聲明

成舍我

原載：1949 年 3 月 2 日，南京《中央日報》，第 2 版

【中央社南京一日電】北平《世界日報》社長成舍我頃對該報在平被中共軍管會封閉事，發表聲明如下：

從報載陝北廣播，知余辛勤手創在華北具有悠久歷史之北平《世界日報》，已於本月二十五日，被北平中共軍管會查封。余於去年九月底離平，十二月共軍突攻平津，交通隔絕。共軍入平，留平同仁，以安全關係，未能自動停刊。一月以來，平市秩序漸定，共軍控制全局，已無強令原有報紙偽裝進步之必要，故全市報紙數十家，逐一被封，而《世界日報》之軀殼，竟獨獲延至最後。此余對中共查封《世界日報》，不特不應表示怨憤，且唯有怪其優異。尤其於查封一切民營報紙中，獨對《世界日報》，不惜辭費，發表長文廣播，申述若許理由，如此重視《世界日報》，更令余有不勝「受寵若驚」之感。

《世界日報》，自民國十三年創刊，數十年間，在任何朝代下，幾無不遭受迫害，所謂查封，先後已不下數十次，而余個人之被捕下獄，數亦相等。二十六年，北平淪陷，報社為日寇掠奪，及勝利復刊，余於署名之復刊宣言中，曾痛告國共雙方，謂共產

《世界日報》被封，成舍我發表聲明，《中央日報》1949年3月2日2版

黨若不改變政策，仍專以殺人放火，鬥爭暴動為能事，則政府用兵，無法阻止。若國民黨不能痛切覺悟，徹底改革，而仍蹈故襲常，因循泄沓，則人民反抗，勢必所至。勝利以來，《世界日報》之每一主張，即無不遵此原則出發，即在今日，對此原則，余仍未能發現應向任何朝代之槍口刺刀下，感覺懺悔，如中共認此為「無黨派的假面具」，則余亦寧願戴此面具以終生。

所幸《世界日報》，過去言論，一字一句，公正良善之廣大華北人士，久有定評，初無待余之辯證。亦非任何人所能歪曲。而余於二十餘年前，一介書生，以僅有之數百元極少資金，獨立創辦此報，迄至今日，被中共查封止，能在華北民營報紙中，具有廣大規模，擁有廣大讀眾，原因何在，眾所共見。《世界日報》不特從未接受任何朝代之任何支持，與其發生任何關係，甚至國民政府統治下各地例有之低利文化貸款，亦同所謝絕。共匪所查封之《世界日報》資產中，每一機器之齒輪，每一鉛版之字粒，胥為余及數百同仁，絞腦汁，流血汗以獲得。《世界日報》，今雖暫時不能再向華北廣大讀眾，貢獻超然獨立之言論，迅速確實之新聞，但過去數十年來，華北廣大讀眾，所給予《世界日報》茲育成長之鼓勵，正可堅強余及無數新聞戰士為新聞自由繼續苦鬥之信念。

回憶抗戰時期，不特余之北平《世界日報》，為敵摧毀，所有由余主辦南京、上海、香港之其他報紙，亦先後胥遭掠奪。漢

口、桂林則未及出版即告淪陷。而余終於於勝利前夕，在重慶復刊《世界日報》。余深信天地之大，中共能摧毀余北平《世界日報》，然無法摧毀余畢生獻身新聞事業發揮正義抵抗暴力之意志。至中共廣播，曾指余為國民黨 C.C. 份子，此種惡毒的造謠，不特無庸余一詞辯正，即作此廣播，則對當前各種派系情形，及余向不參加任何派系之鐵的事實，稍加思索，亦自必啞然失笑。好在任何朝代，均有其製造專銜，誣衊異己之天賦特權，「國特」「匪諜」，易地皆然，此為古今中外不易之定律，而在今日為尤甚，余亦唯有歎息政治道德之愈益衰落而已！

附 錄

安福與強盜

舍我

原載：1919 年 5 月 23 日，《益世報》

　　北京城里，強盜的窟宅非常的多，這幾年來，又發生了一個最大的窟宅，弄得兵戈擾攘，雞犬不寧，諸君知道這個窟宅在那裡呢？就是太平湖的安福俱樂部。

　　安福俱樂部成立以來，試問他們替人民安了什麼，福了什麼，他們所作所為，那一件不是鬼鬼祟祟禍國殃民的勾當，他們眼中只有金錢，心中只有飯碗，只要自己那一窩子有金錢、有飯碗，他們便不問國亡也好，種滅也好，這種行動，檢直是強盜的行動，所以我說他是強盜窟宅。

　　他們得意的時候，便是我們痛哭的時候，我想他們若是到了生平最大得意的時候，那麼便是我們宣告死刑的時候了，我現在且把他們得意的事情寫出請大家看看。

　　軍事協約成功，他們有了參戰借款，每人都分了若干賣國錢，這是他們第一件得意事，新國會成功造就了幾百個飯碗，他們可以幫著政府為所欲為，這是他們第二件得意事，現在他們又有了兩件得意的事：（一）就是南北和約快要決裂，他們在那裡拚命運動，從前眼巴巴的在那裡盼望決裂。如今快達目的了，從此南北還是打仗，他們還是可以多吃飯搶錢賣國；（二）就是這一次學生愛國運動，政府不但不能發現半點兒天良，也去愛下子國，卻反要把一班有名望的志士一網打盡，他們安福部都趁著這個機

會，要去把那從前沒有插入的地方去極力鑽營占據，你看這幾天外間所盛傳的什麼教育總長哩！大學校長哩！他們安福部都在那裡打主意，想把這二把交椅搶奪過來，做成他們完全的強盜政治。

我可憐的國民呀！安福部最大得意的時候快要到了，我們便聽他得意麼，我們若果不叫他得意，我們便應該大家起來，掃除這極大的強盜窟宅，我們就有了光明同幸福，若是大家放棄掃除的責任，叫他們大肆活動。那麼，恐怕我們宣告死刑的日子就在目前了。

世界報社附設報童工讀學校章程

原載：1926 年 10 月 4 日，北平《世界日報》，第 3 版

（一）定名

　　本校定名為報童工讀學校，共二十所，附設於世界報社，以成立先後為次，於工讀之上，冠以第一第二等字樣。

（二）宗旨

　　本校以訓育世界報社售報幼童，使其領受普通常識，將來能獨立謀生，或升學為宗旨。

（三）組織大綱

　　本校設校長一人，總管二十校全部事務，由世界報社聘任之。

　　每校設主任一人，助教一人，專任各本校教授管理等事，由校長聘任之。

　　本校設董事會，具左列各項資格之一者，得由世界報社，延聘為本校董事。

　　一、曾捐助本校經費者

　　二、曾為本校代募經費者

　　三、對本校有特殊功績者

　　四、教育界名宿須請其指導一切者

　　本校二十校主任，合組校務總委員會，其組織另以細則定之。

（四）編制

　　每校暫設小學兩級，每級以六十人為限。

　　每校暫祇收男生，以年滿十歲以上，十六歲以下為合格。

（五）課程

　　本校取單級教授制，每校共分兩級，茲將每級教授工作各

　　時間，分列如左：

教授工作時間表	級別　　時間	上午	下午
	甲級	授課	工作
	乙級	工作	授課

　　本校每日授課四小時，每週共二十四小時，其課程分配如

　　左：

　　國語 六小時

　　算術 二小時

　　珠算 二小時

　　樂歌 二小時

　　體操 四小時

　　習字 二小時

　　圖畫 二小時

　　手工 二小時

　　商業常識 二小時

　　每星期日不授課，於工作外，聯合二十校，舉行訓話一次。

（六）入學規則

　　世界報社報童，年滿十歲以上，十六歲以下為合格。

經本校口試，及檢驗體格後，認為合格者，始得入校。

入學時須覓具妥實舖保，及保証人（保證規則另定之）。

入學後須恪遵管理規則（管理規則另定之）。

學雜各費一律免收。

制服及書籍用品，均由校中供給。

學生入學以三年為畢業期，畢業後其成績優良，有志升學者，在本校中學部未成立前，得由本校酌予津貼，至中學畢業時止。

學生在校，不得無故請假曠課。

學生成績優良者，每月由校特給獎金，以資鼓勵（給獎辦法另定之）。

（七）經費

本校經費，共分三項，列表如左（以一校為單位）。

甲、開辦費

房租六十元（以租屋時按北京慣例第一月須交三份計算）。

裝修三十元

講堂桌椅一百五十元

用具四十元

雜項二十元

（每校共三百元按二十校計算共需洋六千元）

乙、經常費

房租二十元

教職員薪水（二人）四十元

校役工資（二人）二十元

教授用具十元

學生用具二十元

雜項十元

（每校每月共一百二十元以二十校計算每月共洋二千四百元）

丙、特別費

學生制服，以每年單袷棉三項合計，每校第一年約需一千二百元，後可酌減，其細目如左：

單衣一套

單布帽一頂

袷衣一套

棉衣一套

呢帽一頂

雨衣一套

棉鞋兩雙

棉外套一件

風鏡一付

每校獎金，每月預定二十元，計每年共二百四十元。

（以上兩校第一年共洋一千四百四十元二十校共計一萬八千八百元）

（八）計劃

自第一校設立起，次第設至第二十校為止，第二十校成立後，即聯合二十校，創設左列各機關：

一、圖書館

二、學校病院

三、體育場

四、學校劇院

二十校全部成立後，即另設中學部及正式工廠，為畢業後升學謀生之用。

（附）報童工讀學校募捐啟京師一隅，十五歲以下，無力向學之貧兒，不下十萬，其中以販報為活，或活其全家者，約居十分之一，本報因日晚兩刊，銷數較廣，貧兒賴此為生者尤多，總計亦在千人以上，此等貧兒，為生計所迫，且以京師平民教育之未能普及，即欲求最低限度之國民常識亦苦其道無由，竊維報社之設，直接目的固在評衡時政，指導社會，然平民教育，所關至大，本報力所能逮者，亦當奮勉為之。今日睹此巨額貧兒，失學無教，若不速加救濟，縱一時因販報之故，勉維生活，異日長大，仍難免不流為盜賊國家賊社會之憂，本報有見及此，特由社籌資，決於京城內外，廣設工讀學校，共二十所，名曰報童工讀學校，收容貧兒，教養兼施，以若干時間，售報營生，以若干時間，伏案就讀，所需費用，均由校備具，資質平常，不求深造者，固可因而領受最大限度之國民常識，其天賦聰穎，成績優良者，由校畢業後，亦可由本校資其轉學，如此，則

報童工讀學校章程，《世界日報》1926 年 10 月 4 日 3 版

巨額貧兒，咸有向學深造之機，雖所陶育者，未必即為異日之英才，然盜賊之來，失於教養，今日育一失學之人，即將來減一社會之蠹，在本報則養不忘教，在貧兒則讀可兼工，一舉兩善，無逾於此，惟設校既多，需費較繁，創建之初，尤賴多金，開辦經常各費，除由本報營業所贏，竭力籌撥外，不敷尚巨，負荷既重，持久堪虞，用敢略述梗概，敬乞海內仁人，解囊輸助，無論巨細，胥所感戴，萬頃之波，成於微滴，千狐之腋，可為珍裘，異日各校之持久不敝，日臻發達，而巨額貧兒，不致失學者，專皆諧公之所睹也，謹啟。

成舍我在比國報界公會之演說

謂世界和平之保障 在世界新聞記者之推誠合作
請各國報紙 今後注意中國事件之記載

原載：1931 年 1 月 28 日，北平《世界日報》，第 3 版

【比利時京城通訊】比國報界公會，為萬國報界公會之一，
日前該會會長黃思（M. Herman Dons），接萬國公會秘書長法國
公會會長華洛（Valot）函告，謂中國記者成舍我，不日由法來
比，請就近接待。成氏於十二月二十五日抵此，二十八日即由黃
思具名就公會內設宴歡迎，該會執行委員全體列席，首由黃致詞，
略謂中國為世界文化最古之國家，其最近種種進步，尤足令人驚
歎，成君為中國有名記者，其在軍閥時代之奮鬥及對於中國政治
社會文化各方面之貢獻，凡注意中國現今狀況者，均所深知。此
次成君訪問歐洲，吾比國同業，得與此東方大國之有名記者聚晤
一堂，不勝歡幸。余此次招待成君，係得萬國公會秘書長華洛君
之通告，成君與華洛君□於世界新聞事業合作及改進之計劃，□
來快□□□見，余□甚盼成君將來能□來歐洲，□吾□新聞家與
東方新聞□□一□切合作之機會，實同人所渴望云云，董致詞畢。
即由成君起立演說，首對該會歡迎表示感謝，繼謂世界和平之保
障，不在少數政治家間之諒解，而在全體國民間之諒解。最足以
造成或促進此種諒解者，即在全世界新聞家之推誠合作，余對於

萬國報界公會之組織，在原則上極表同情，中國因無全國報界公會之故，雖尚未正式加入，然萬國公會苟能由此點努力，余敢信代表和平民族之中國報界，當無不樂予贊同也。在過去或竟至現在，甲國與乙國，即此一民族與彼一民族之誤會，此兩國或兩民族間之若干報紙，往往應負有重大責任。因此種報紙，每慣用若干激勵之□句及□大，或含有偏見之記載，足以損害雙方之好感，余甚□萬國報界公會，將來能注意及此。即以中國與世界文明各國之關係言，中國民族熱愛和平，及與世界文明國家密切合作之願望，□當世界所公認，余此次□□，讀各種□國家之領袖報紙，其能確切了解中國現狀者固不少，然各種有違事實□於中國方面之紀事或批評，亦所不免。而中國境內，外人主辦之報紙及駐在中國之記者，亦往往不幸而有此同樣記載或□□，余甚願此種現象，今後能完全消滅，不盡為□新聞家及中國與各國間能建立深厚之友誼，由此推及世界各國相互間之關係，苟此種現象在世界報紙中均能消滅，即世界和平之保障，亦自不能確現云云。最後，成謂此次以私人資格訪問歐洲，得各地同業之指導招待，異常感幸，中比邦交，素無□□，今在此得與比國報界之代表歡聚一堂，不勝榮幸等語。比國報界對成此項演說，深為稱許，比京晚報稱成為可敬的東方同伴，比京□□稱成為我們的錚友。成已於元旦離比赴德，聞不久即□美□□。（一月四日自比利時京城發）

就算是我的感想

成舍我

原載：1931 年 3 月 12、14~20、24~29、31、4 月 1~3、5 日，南京《民生報》
1931 年 3 月 16、18~23、30、4 月 1、3~8、12~13、18~ 20 日，北平《世界日報》

楔子

「你這次回來，有什麼新的感想？」幾乎每一個朋友，都是這樣的問我。

當然，一個人□無論什麼外界的事物接觸，他的內心一定有一種反應，這就是所謂感想也者。在經過了相當的時間，走了若干的水陸行程以後，耳目所觸，所謂感想也者，自然不能說「一點沒有」，不過這種感想，是否有告訴別人的價值，却很值得考慮。

現在的世界，交通方法日見進步，不但非幾十年幾百年前人未曾夢見，就比幾年前，也大不相同，在地球上繞一個圈子，真極平凡，極容易，印度洋、大西洋、太平洋的渡過，實在和從下關到浦口，沒有什麼很大的區別。我們若把紐約幾十層的高樓，和巴黎不可思議的肉感，拿來當做「海客談瀛」那真要失掉了一般朋友的牙齒，我們既生當交通特別發達的今日，就用不著去擷奇述異，做什麼幾十國的遊記，我們又不是頭等的闊人，更用不著大張旗鼓，去發表什麼歸國後的新政見，那麼，又有什麼東西，可以告人？

然而，我們既是人，是有感覺的，世界的事物，雖平淡無奇，

有目共睹，但見仁見智，儘可不同。自然的景物，和戀愛的故事，古今中外的文人和小說家，描寫歌詠，實在已汗牛充棟。然不能因其寫得太多，就說這些東西，沒有再寫的價值，他們的外觀，雖然一樣，印到人們的腦筋，卻僅有瞬息萬變的可能，根據這種理由，我就也毅然不辭，來答復一般朋友的熱心下問，說說我這次遊歷的感想。

到南京好幾天了，現在每天漸能有一兩小時，可以供我自己的支配，我打算遇有空閒就隨便寫一兩段，我的計劃，分作政治，經濟，教育，新聞事業和雜事五項（前兩項，我於本月二日在上海勞動大學講演，曾說過一部分），雖然拉雜不堪，但我自信，很能儘我所知，誠實介紹現在世界的真相，並且處處都反映中國的現狀，和未來的建設。在某種觀點上，固然對西方的文明，有相當的崇拜，但絕不敢說西方的東西，都值得我們的讚賞模擬。同時我們東方固有的文明，誠然也有相當保存光大的價值，但也絕不敢妄自誇大，說墨子發明飛機，比他們早好幾千年，他們的發明，值不得我們的驚異。我的前提，凡一個文明的民族，能生存到現在，固然不能說全善全能，但必有他特別的長處。我的結論，最近的將來，只有中國，是世界的天國，世界上不能解決的問題，在中國尚未發生，只要中國能和平建設，雖有時模擬西方，卻不走到西方已失敗的途徑，中國前途的希望，真是不可思議。

閑話少敘，且讓我分別說來：

一、從政治方面

我歸國後，最感愉快的一件事，就是國內戰事，已告一段落，我們的中華民國，無論事實上，統一沒統一，名義上，總只有一

個政府了。在十七年完成北伐以後，「恢復國內的和平」已成為全國一致的祈望，不幸這種祈望，與事實適得其反。因為要達到這種祈望，所以當前冬去春，我所經營的北平《世界日報》，一度為閻錫山封閉，同時南京《民生報》，不知何故，也日在憂疑危懼之中。當我出國時，北京政府，正著手組織，眼看整個的國家，又將分裂，我們的痛心疾首自不待言，不料走到國外，這種內戰未已南北對抗的痛苦，比在國內更感覺深刻。在我一切的旅行途中，如果西方人來和我談話——除非他是一個特別了解中國而抱有好感的人——，開場的幾句，大概總可以列成如下的公式：

（問）：你是日本人嗎？

（答）：不是，我是中國人。

（問）：中國人……（至此，其神色必不如以前莊重）你們現在有幾個政府？仗打得怎麼樣？

（答）：我們從來，只有一個政府，你不知道，你們駐在中國的公使，只有一個嗎？至於國內偶有的軍事行動，任何國家，也不能說絕對避免。並且這種軍事行動，是一個國家由舊變新時必經的途徑。他的價值或許比現今英國在印度，美國在尼加拉瓜要高尚萬倍。我們若拿法國美國開國時經過的軍事時間比較，中國的現狀，也算不了什麼希奇！何況南美中美還幾乎天天在那裏鬧革命，你沒有注意嗎？

這種辯論的公式，在旅行途中，幾乎天天可以適用，有的，他覺得自討沒趣，也就罷了，有的，因為我們的答復，太不客氣，

不免要找些別的話，來繼續辯論，有一次，程滄波先生，在大西
洋舟中，和一個美國人如此的辯論之後，美國人忿無可洩，竟在
晚間舉行跳舞會時，拿出一條中國辮子，來羞辱我們，幾乎鬧到
揮拳相見，但是也有不少的人，經我們解釋之後，覺得中國現狀，
的確沒有什麼特別可歧視的理由，中國的內戰和分裂，在國際上
所受影響，如此重大，如果這種現狀，一旦消滅，那麼，我們安
得不驚喜欲狂？

　　自從南北分裂狀況，消滅以後，西方人這種態度，居然有相
當改變。特別是有若干報紙，從前幾乎無日不痛罵中國，近來也
相當的說「中國有新的轉機」了。關於此點，我去年十二月應謝
壽康先生之請，在中國駐比使館講演，內有一段，說得比較詳細，
這次講演的題目，是「國際宣傳與中國」，現在可寫在下面：

　　　　中國的國際空氣，最近確有大大的改善，唯一的原
　　因，就是南北對立的局面，業已消滅。歐美報紙大半是在
　　保守思想者，和資本家手中，他們對於中國新興的民族運
　　動，根本上是反對的，如倫敦《泰晤士報》、《晨報》、
　　紐約《泰晤士報》、巴黎《晨報》（Le Mutin），他們都
　　是以反對中國，為其對外政策之一。因為新興的中國民族
　　運動，與他們在華的特殊利益衝突，他們只盼望這種運動
　　失敗，所以凡是不利於這種運動的事情，他們總是擴大宣
　　傳。我嘗將這幾種報紙的中國消息，剪下來，分類統計，
　　描寫中國內戰的，約十分之五六，災荒、共產黨、土匪、
　　教士被擄，約十分之三四，至於教育、文化或建設一方面
　　的消息，居極少數，幾等於零。倫敦的《泰晤士報》，幾
　　乎每一星期，有一篇描寫中國內亂和土匪，災荒的長篇通

訊。福建女教士被害一事，他把盧興邦寫得像《水滸傳》的宋江，《彭公案》的黃天霸。我們讀了這篇通訊，真會感想到現在的中國，還在那裡過打家劫舍，替天行道的生活。當我和程滄波先生在倫敦的時候，我們常常去質問這些報館的記者，為什麼喜歡專刊這種不利於中國的消息，他們的答覆很簡單，「中國現在，只有內戰，土匪，共產黨，災荒，我們實在沒有別的消息，可以登載。」我們聽了這話，固然萬分痛憤，但事實上，也無法多與爭辯，及至汪精衛先生離開北平，閻馮兩先生，贊同和平，將軍隊撤回西北，蔣先生先後通電，主張召集國民會議，及定期制憲，這總算中國的好消息了。不料除卻「張學良軍隊入北平」的消息，各報都已刊載外，其餘一直到我們讀了中國寄來的報紙，上面有原文電報後，英倫各報，還一字未曾提及。因此，去質問上次譏諷我們的記者，「你們說中國沒有重要的好消息，可以登載，請問，許多重要的軍事領袖，都改變方針，願意永息內爭，鞏固統一。一個現任的國民政府主席，兼陸海空軍總司令，他發出電報，主張開國民會議，制定憲法，大赦政治犯，這種消息，在一個沒有偏見的報館去評判，是否算中國的一個重要消息？你們為什麼不肯登載？」他們只好說，「我們沒有接著駐華記者的電告，並不是我們不登載。」那麼，我們只好用滑稽的語調調侃他：「假使我們報館的駐英記者，只天天將你們的，失業，貧困，竊盜，姦殺，大霧等消息，打到中國，卻把你們印度會議和帝國會議開幕，將如何解決各種重大問題的消息漏去，那麼這種記者，我們一定要予以

免職的。」他們對中國新興的民族運動，根本不懷好意，
固如此類。然而偏見終不能永遠淹沒事實，內戰終了，張
學良入京，和其它各種比較樂觀的消息，歐美報紙，後來
也不能不繼續為我們犧牲相當的篇幅，去一一刊載。好幾
家報紙，還做了社論，倫敦《泰晤士報》，並有一篇，題
為〈中國的轉機〉。他們態度的轉變，固然不是對中國新
興的民族運動，就從此要改取贊助的方針。他們所以如
此，第一，看見中國的民族運動，是無法壓制或破壞，第
二，英美失業問題的嚴重，主要的原因，是生產過剩，在
世界上找不著市場。他們既不能破壞中國的民族運動，倒
不如見風轉舵，買中國人的好感，來發展遠東的市場。這
些報紙對內的方針，雖然和現在的政府，不一定是一致，
至於對外，卻十九要沒有兩歧的──尤其是經濟的侵略。
我們最近一二月來，不但看見了各國報紙態度的轉變，即
各國政府對我的態度，也有若干的退步。這種帝國主義資
本主義國家態度的好壞，完全是發動於他們自己的利害關
係，原用不著大驚小怪，不過因此，我們可以得一個結論，
最有效力的國際宣傳，就是自己努力，努力的方法，第一，
在消弭內戰，完成統一。

以上是我在比中國使館講演的一段。可見恢復國內的和平，
確立國家的統一，不僅在國內是萬分重要，國際間的關係，也是
刻不容緩，我們在國內，雖然還可以看見，許多自己替自己鼓吹
的消息，在報上刊載。說我們外交如何有把握，國際空氣，如何
良好，但一出國門，就可感覺到，如果我們實際上，不能把國家
弄好，我們在世界上的地位，不僅不能和現在所謂的「一等國」

抗顏並論，就連印度的地位，也還不如。因為印度人這幾年再接再厲的奮鬥，實在引起了世界上無限的欽佩和同情，一個印度人，和一個中國人立在一起，在西方人看來，總覺得印度人的身分，還比中國人高，那麼我們所遭受世界人的輕視，已經到何等程度，還不當痛哭流梯嗎？

外交部籌設國際宣傳機關，《世界日報》1931年8月18日3版

自從濟案和中東路事件發生以後，國內朝野，都一致感覺到我們國際地位的低落，於是，「國際宣傳」一名詞，頗為流行。國際地位，決非僅僅「宣傳」，就可提高，稍明事理的人，都會知道。不過，也不能說，因為我們自己，在實際上，尚沒有將國家弄好，就可讓人家去任意侮辱我們，甚或變本加厲，來橫加誣蔑。我們一方面固不要忘卻實際上的努力，一方面也不能將國際宣傳完全不理。講到中國的國際宣傳，說起來真也可憐。現在政府所採取「國際宣傳」的方法，和年來對待國內報館的方法，實犯同一的毛病。對於幾個外報的駐華無賴記者，或有人去用一種不光明的策略，去設法羅致，其未被羅致者，心懷妒恨，他們打回去的電報，和寄回去的通信，當然更加倍痛罵，於是下令驅逐。然他們有租界為護符，事實上驅逐不了，反可借此鞏固他們對於所屬的報館信用，說他們確能不受所在國的籠絡，不怕所在國的壓迫，他們的地位更可較前穩固。這是從對人的方面說。再說宣傳的材料。近一年來，政府某機關，似乎時有一種通電，發致各駐外使館，叫他們將這種電報，分送所在國報館。以我所知，歐美各使館接到此種電報後，他分送的範圍，不是報館，大半由使館職員，傳觀了事，即使送出，各國報館，知是中國政府的官報，百分之

九十九，是扔在字紙簍中，絕沒有採登的可能。並且這種電報，他的宣傳色彩，本來也過於濃厚，和我們國內報館，每天所接受的官報，大體相同。就以上兩點看來，我們在國外積極的宣傳，其效力是等於零。再就消極的方面說。各國報紙所登載違反事實的中國消息——含有惡意的——，影戲院所演的中國醜態，和社會公眾場所，一切非禮貌或謬誤的中國陳列品，我們在國外的使館黨部，大抵都聽其自然，不加過問。如某大都會最著名的蠟人館，他裏面有一個中山先生的像。論理，這個像，至少也應該擺在現代政治家、或思想家的一起，不料他卻攔在范倫鐵諾一班電影明星的中間。這且不說。尤可笑的，他一九三〇年所出版的說明書，對中山先生生平竟有以下出人意料的註釋：

Sun Yat San, Chinese statesman, Dr.(1866-). Trained as a
doctor, he led the Canton Rising of 1895. Because immersed
in revolutionary propaganda and organized several revolts,
President of Canton Government, 1921.

他不但忘記了中山先生是中國國民黨的總理，簡直連中山先生業已去世，他都不知道。這固然是他們自己太疏忽了，然中國在此地，有使館，有黨部，對於這樣重大的錯誤，如何不去嚴重的要他們更正。他們如果知道這是錯誤，當然很願意更正，或更很感謝我們的指示。又某大都會，一個著名影戲館，演侮辱中國的影片，有人告訴駐在此地的公使，請他向所在國政府抗議，這位公使，不敢多事，卻託人介紹，將影戲院老闆，請到使館吃飯，求他給一個面子，不要再演。這位老闆，因血本攸關，一頓飯終敵不了他金錢的

重要，對公使所請，竟置不睬。諸如此類，所以人家認定，中國是一個無抵抗的國家，可以儘情侮辱，遇到描寫中國人的時候，總是「辮子」、「鴉片槍」、「小腳」。中國人的度量真大，若是遇到其餘的國家，早不知國際交涉要鬧到怎樣緊張了。我在柏林時，正是德國禁止演奏美國影片《西戰場平靜無事》的時候，這個影片，本來沒有侮辱德人的地方，卻因為他有影響德人愛國心之可能，卒被禁止。同時德國有一套影片，在捷克演奏，因為有侮辱捷克的嫌疑，被捷克禁止。且因此，捷克政府禁止一切德國影片入口，激烈分子，並將巴拉圭許多德國商店搗毀，作為那套影片的報答。兩國政府，為此事大起交涉。又我在倫敦時，《泰晤士報》有一篇柏林通信，說：「德國將與波蘭重開邊境問題的交涉，波蘭人或許會接受談判」，第二天駐英的波蘭使館，就寫了一封很嚴厲的信，給《泰晤士報》，說波蘭政府，絕沒有接受德國請求談判的可能，你們的駐德記者，有什麼證據或理由，可作這種全然違反波蘭全體人民意思的判斷。《泰晤士報》，只好鄭重將原函發出，並更正自己的記載。像這樣的例子，舉不勝舉。中國積極的，既不能宣傳自己的好處，消極的又不能更正人家的反宣傳。固然，只要國家強盛，政治修明，人家自會另眼相待，但像這樣的聽人辱罵，也未免太不成一個國家吧。

含有自大意味的「國家主義」，誠容易產生許多流弊，我們不應當去提倡，但一個民族，他不能沒有生存自衛的能力。眼前國際的環境，尚不容我們將「民族」或「國家」的界限，獨自消滅。中山先生所說：我們應當由民族主義，走到世界主義，卻不能先把民族主義丟了，去講世界主義，正是這個意思。所謂生存自衛，並非專指軍備的強大。凡一國政治，經濟，及一切文化，都能有

獨立向上的精神，不受他國任何的侵略，這種國家，就是具有生存自衛的能力。北歐的幾個國家，如瑞典、挪威、丹麥，他們並沒有強大的軍備，再如介乎法德兩大強國的比利時，雖有若干的陸軍，但海軍全等於零。然而這些國家，政治修明，產業發達，一切文化，幾可與任何強國，並駕齊驅，這就是他們能力的表現。我們應怎樣增進我們民族的能力？第一，國內絕不容再有內戰，第二，應確實樹立國家的統一。國內的「和平」和「統一」，在歐洲已是幾十年前，或百年前的名詞，如嘉富爾之於義大利，俾士麥之於德意志。然在中國，却還不失為眼前唯一的生路。因為不能實現國內的「和平」和「統一」，則任何建設，都是幻鏡泡影，無從著手。這幾月來，「和平」「統一」雖已經有了雛形，不過，他的基礎，究竟還沒有十分鞏固。和平恢復了，應怎樣保障國內永久的和平？統一告成了，應怎樣保障國家永久的統一？這兩大問題，真值得我們上下協力，來求一徹底良好的解決。

有人說：「裁兵」，就可以得到永久的和平與統一，這幾乎大家都認為天經地義了。最近，制定《約法》，就是「和平」「統一」永久的保障，也似乎已成了不可否認的理論。誠然，裁兵與頒佈《約法》，都可以促進和平與統一，但據我的見解，卻覺得根本問題，還不在此。我所認為根本的解決，第一，如何使地獄生活的最大多數國民，都能跳出地獄，過近代人們的生活，換一句話說，就是如何使人民有飯吃，並相當享受近代文明的恩惠。第二，如何使各級社會富有政治思想的領袖人物，——所謂知識階級——在政治上能找著一條正當的、和平的「鬥爭」途徑。關於前者，我將留在「從經濟方面」那一段裏面解說，現在，專闡明第二項的理由。

　　全民政治，固然為現代政治上最高的原則，無可否認，但在現今的世界，是否真有這樣東西的存在，卻很可懷疑。號稱全民政治的先進國，如英吉利、北美合眾國、法蘭西。實際上，這三個國家內，政府的許多行動，最大多數國民，還不和我們一樣，望著他們，在那裏做夢嗎？再徹底一點說，所謂「政治」，依過去幾千年歷史的經驗，根本就是一部分最少數人，在那裏視為私有。君主專制時代，老實不客氣是「家天下」。到了所謂民主國家，雖然換了招牌，不是一家的天下，卻也不過是最少數人的天下，《憲法》上「主權屬於全體國民」的一句話，終久是說說而已。政府的權力越大，人民的自由越少，換一句話說，就是人民天賦的權利，被剝奪的越多。但是人類的知識還沒有進化到我們理想的境地，既然現代的政治組織，必須維持，那麼，我們就不能不希望那些操縱政治的最少數人，能夠通力合作，不自相鬥爭，去增加最多數人的痛苦。這些最少數人是誰？統而言之，即所謂知識階級。中華民國二十年來，繼續不斷的內戰，表面上雖由軍人主持，實際上，那一次不是有長衫同志的鼓勵。換一句話說，中國的政治就是握在最少數人所謂「知識階級」的手中。在北京政府時期，對壘作戰的，無論是直系，皖系，當局的無論是曹錕，是段祺瑞。我們若去分析那一幕一幕的大小人物，張王李趙，此進彼出，總不外那一批舊人。即至今日，我們在北京做過十幾年新聞記者的人，來到陌生的南京，無論走進那一個機關，大大小小，總可以碰見許多面熟的人們。我記得民國十七年，某外報，曾有一篇滑稽的評論，說：「中國民族，還未脫遊牧時期，專揀有水草的地方走，現在南京有『水草』了，所以北京的人們，『一隊一隊的會移植到南京來』。」這些未脫遊牧時期的人們，雖然

不是知識階級的全體，總可算所謂知識階級的一部。

　　人是政治的動物，這一句話雖不精確，但知識愈發達，政治興味愈濃厚，則大抵近於事實，所謂政治興味，並非專指做官，凡是特別對政治感覺興味的，都包括在內。他們是社會上各種事業的領袖，只有他們，注意政治的隆替，和政權的轉變，他們的言論，態度，很足以影響一個政府的存亡。他們在政治上總形成兩個對壘的階級，一方面是執政者，一方面是批評者。最大多數國民，以他們的意見為意見。特別是教育落後產業落後的中國，最大多數的國民，連自己姓名尚不認識，每日只有早飯沒晚飯，救死扶傷之不暇，那裡還有功夫，去問政治，真是不知有漢，焉論魏晉。所以中國政治的重心，實集中在這班有政治興味的各級社會的領袖人物——所謂知識階級——。

　　二十年來的變亂相乘，主要原因，就是這班抱有政治思想的人們，沒有一條正當途徑，可以使他們去做和平的正當的政治鬥爭。並且政治上的門戶太嚴，報復的觀念太重，一經失敗，人身的通緝和財產的沒收，即聯翩而至。結果，只有勾結軍人，稱兵造反。於是中國內戰，遂循環起伏，永無結束。現在我們既要求一永遠結束內戰鞏固統一的方法，我們遍考全國過去的歷史，和現在的狀況，再反證中國環境，以為要達到這個目的，除卻經濟問題，在後面另有說明外，政治方面，只有兩條路可走——即召集一永久的國民代議機關，使能容納各級社會的領袖人物；和擴大地方的自治權限，使全國各地，得有平均發展的機會。

　　現今的代議制度，是全民政治口號下唯一產物。他的流弊，幾乎已為全世界所公認。民國初元，中國國會內，扔了一次墨盒，我們就大驚小怪，到現在還沒有忘記。其實，議場內的吵嘴打架，

早就是代議制度下的家常便飯，在現今那一國國會內，差不多都難避免。英國是代議制的老祖宗，並且是世界公認的紳士國，我在倫敦時，曾到眾議院旁聽幾次。那裏是議會！簡直像中國幾十年前三家村塾一樣，聚許多頑童在那裏黑壓壓鬧做一團。去年春間，一個工黨議員，竟將他們議會內神聖不可侵犯的議長禮杖，搶下來奪門而逃。英國如此，比英國更幼稚，並且小黨林立，如法德各國，那種胡鬧的情形，當然更不待說。上月日本議會的醜態百出，尤其明證。而議員輕視職責，缺席之多，往往尤非我們意料所及。今年一月，我到華盛頓兩院去旁聽，那時正辯論救荒問題，我數數參眾兩院的席次，空的座位，約在三分之一以上。代議制度之為世詬病，真是無可諱飾。然而數遍了全世界的政治學者，假使他們是主張德謨克拉西的卻除了代議制度，另外找不到一個替代的東西。這個理由很簡單，因為德謨克拉西，是以國家主權，在人民全體為原則，除了土地極小的國家，全體人民，絕無法來直接參預中央大政，代議制度，就有存在的必要。中國也是打德謨克拉西招牌的國家之一，依照中山先生的《建國大綱》，「每縣地方自治政府成立之後。得選舉國民代表一員，以組織代表會，參預中央政事。」這種代表會，無論將來的名義叫做什麼，既不是四萬萬國民全體出席，當然也就是代議制度的一種。

中國的代議制度也試過好幾次了。安福國會，和賄選議員，這兩個名詞，印在國民的腦中，異常深刻。但平心而論，這不過將世界上幾千百個非難代議制度的例證，再添上兩個，並不是中國的特產。我們若認為代議制度，特別不宜於中國，或者，因為有這兩個先例，就主張中國從此不能再有議會，這種見解，却未

免陷於謬誤。前面說過，世界上都知道代議制的流弊，無奈尋不出替代的東西，所以現在還不能廢除代議制。老實說：世界上的制度，總是利弊互見，代議制度的流弊，固然太多，究竟也是任何制度所不可避免的現象。就中國的政治地位設想，如果我們不用代議制，那麼，只有兩條路可走，不是真命天子出世——或變相的皇帝，——就是請四萬萬人來直接參預中央大政。

現在中國，需要內戰的消弭，和國家的統一，如此迫切。先決問題，就必須引導各級社會有政治熱望的領袖人物，在一定的軌道內，去作正當的、和平的政治鬥爭。召集國會，是政治鬥爭正當的和平的唯一途徑。誠然，國會召集以後，會場內吵嘴打架種種不良的現象，勢必不免。不過請先問我們的國民，還是希望穿長衫的先生們，去挑撥軍閥作甲乙丙丁的地盤混戰好？還是讓他們在議會中分門別戶，自家去摔墨盒的好？政治上見解的不一致，凡是穿長衫先生們，總難免除，我們的家庭，要免除小孩們頑皮吵鬧，就只有送他們到學校去，他們並不是一到學校，頑皮吵鬧的習慣，就會消滅，但學校自會有許多方法——木馬和積積的遊戲——引他們到正當途徑，比在家裏，自家兄弟，頭破血流，總合算得多。我覺得要中國得到永久的和平與統一，則恢復代議制度，實為急務，也就是這個意思。至於有了議會，議會內有了各級社會的代表人物，就可以怎樣替全體國民，增進多少福利，那尚是第二問題。固然我們可以這樣去責望他們，但只要他們，絕沒有人，想要再去挑撥武人打仗，我們就已受賜不淺了。

槍在武人手裏，卻沒有所謂知識階級中人，去挑撥離間，他們也一樣可以打仗，不先去直接解決武人本身，卻只去求所謂知識階級的安置，殊不免捨本求末，這種疑問，凡讀了我這篇感想

的人，總很易發生。武人本身問題的解決，本極重要，但據我的見解，武人問題的發生，是受政治和一切環境影響，假使政治和一切環境，都已改善，武人問題，當然自會消滅。二十年來，政治的重心，專在武力，只有武力，可以取得政權，武人本身，既自恃其武力，而所謂知識階級者，亦復羣集於武人旗幟之下，知識階級，欲利用武人之武力，武人則復利用知識階級之智慧與實業，互相狼狽，遂成此長期的循環內戰。假使政治重心，不在武力，武力不能為奪取政權之工具，無論武人非武人，凡抱有政治慾望者，均須移轉其目標，於另一方面，易疆場槍砲之爭，為口舌文字之爭，武人專政，自不致再會發生。並且中國國民因世界潮流，及各方環境之改善，封建式之武人，自將失其存在。況現在之所謂武人，其知識已大有進步，一方面政治鬥爭，已有正當的軌道，一方面羣眾力量，又足以裁制武人的專擅。而今後武人，又絕非以前封建式北洋系軍閥可比，他們如果對政治上，有何種見解，也自會向正當軌道去做。在短期的國民會議閉會以後，依某種方法，迅速召集一種正式的代議機關，使政治鬥爭，有正當軌道可尋。這是我認為消滅內戰鞏固統一第一個最有效力的方法。

其次，要講到「擴大地方」這一個問題了。我們因為要集中國家的力量，固然需要統一，但同時也不能不注意地方的發展。擴大地方政府的權限，絕沒有妨礙國家統一的意義，一般人往往誤認，擴大地方的權限，就是破壞國家的統一。美國各州政府的權力，可算是極大了，然而美國中央政府的權力如何？英國的國家組織，其自治殖民地之權限姑不論，即英倫三島，其地方政府，權限亦極大，然英國仍不失為統一的帝國，況中國之所謂擴大地方政府權限，尚絕非欲模倣英之所謂帝國聯邦，美之所謂聯邦制。

不過將一般國家所應賦予地方政府之權限，一一劃出，不再如高
唱所謂「絕對的中央集權者」，橫加包攬而已。中山先生之「不
偏重中央集權與地方分權」，也正是這個意思。專制時代，要行
使絕對的中央集權，在滿清政府下，一個芝麻大佐貳的小官，也
得到「北京」去引見，知縣以上，更不待說。無論任何官吏的任
免，在手續上都要經過中央的准許，凡運動各省的差缺，或保留
固有的地位，就不得不以中央為唯一捷徑。民國以來，北京政府
仍沿襲這種制度。因為有了中央，就可以任命省長、廳長，和許
多優差肥缺，所以從前的軍閥，就不能不搶中央，因為在省長、
廳長和許多優差肥缺之下，尚有許多次一等的優差肥缺，想鑽營
這些地位的人，也就不能不跑到中央來找門路，求推荐。於是所
謂中央也者，就形成了那些一切官吏的交易所、運動場。北洋軍
閥所渴望的中央集權，其目的不過如此。我真不解，到了現在的
國民政府，為什麼許多極不相干的地方官吏，他們的任免，仍必
須經過一次國務會議（即從前行政會議）形式上的通過，下一次
國民政府形式上的命令。如果大家認為這種任免，因為在實際上，
只要地方政府如何呈請，在中央決無留難，既於地方政府，無何
種不便，所以儘可襲用成法，不必加以變更。但我的意思，則與
此適得其反。我以為這些地方官吏的任免，假使中央真有嚴格的
准駁，在某種意義上，或許還有相當的理由。現在卻明明知道是
奉行故事何苦要犧牲中央政府許多可寶貴時間？中央政府每一個
部署，用上整千整百的職員，他們每天就在那裏做這些「等因准
此」、「舍卻照准」的勾當，如果騰出這些時間，做一點別的事情，
豈不很好？大家總覺得不如此，不能算是統一，將統一與這些地
方上瑣屑的小事混在一起真正可笑。更有一般人，認為二十年來

軍閥的專橫，都是省區太大的緣故，如果將省區縮小，軍閥的力量，即可因之減少，這更是不揣其本而齊其末的笑話。以我們現有的省區，尚且一個軍閥，可以統轄好幾省。假使我們沒有本領，將那些軍閥消滅，那麼，今天將某省縮小了，分為三省五省，明天還得馬上添一道命令派某人統制某某三省或五省一切事務，徒然添許多名詞上的麻煩，鬧得人頭昏腦暈，毫無結果。前幾年有一位國府委員，主張縮小省區，他曾舉四川做例子，說四川有好幾個軍閥，都有做省政府主席的資格，但四川只有一個省政府主席，所以四川就年年打仗，如果將四川分成幾省，這些有做主席資格的軍閥，都可以如願以償。四川就從此太平了。我當時曾寫一篇文章駁他。說：中國的軍閥並沒有一個機關，或一個人，能將他們定出額數，現在四川有五個軍閥，分成五個省，可以使他們如願以償，但軍閥總是由小而大，由合而分，假使五個以外，明天又添了五個，那麼，就必須分成十省，恐怕國民政府，從此只好專做分省的工作了。不料這種分省的提議，最近又震動一時。今年一月，我經過華盛頓，伍梯雲先生，曾順便和我談到這個縮小省區的問題。他是主張縮小省區的，固然他的理由，和數年前那位國府委員的理由不同，然而欲藉此以縮小軍閥割據的權力，則仍不失為重要動機之一。我當時說：中國現有的省區，在經濟、交通、和各種自然的關係上應該有一番改正，這是毫無否認的餘地，並且有從速實行的必要。不過改正的意義，不必一定是縮小。法國的省區，現在正感覺太小的不便，許多學者主張將全國併為十大區域。美國各洲，大小不一，最大的比最小的，幾乎超過好幾倍，然而從來沒有人說，美國的中央，對小洲好治，對大洲不好治。可見行政上的區劃，只要於經濟、交通、和種種自然的關

係，能夠適宜，大一點，並無若何不好。若說：現有省區必須一律縮小而目的又在裁制軍閥，那實在絕對不必。因為像這樣的縮小，最大效果，不過替招牌店，南紙店多添幾筆生意——因為省的名稱加多並且更改了，招牌和公用信，必須要另做印——而已。我認為這種方法決不能消除軍閥，從前北京政府也鬧過這一類的把戲，將將軍變成督軍，將督軍變成督理，將督理變成督辦，以為這是限制軍權的一種方法。實際上督辦和督軍，真是二五與一十。舉國屬望的國民政府，當然不應該再去模仿。不過我們主張的擴大地方，與省區大小，並無關係，我的意義，是注重在擴大地方政府自治的權限。

為什麼要「擴大地方」的權限？中國幾千年來，沿襲專制時代之舊制，地方權限，縮小了幾等於無。所以一切有聰明才力的人，都不能不集中到首都去，所謂「爭名於朝」，本是幾千年來，做政治運動者的金科玉律。一個邊遠省分的優秀子弟，好容易由他的省或縣，或他的父老鄉長，設法送他到國內或國外著名大學去讀書，等到畢業，無論他的故鄉，怎樣希望他回去，十之八九，是「寧可在中央討飯，不願回家鄉做官」，所以中央的人才愈擁擠，地方的人才愈缺乏。中國一切政治、經濟、教育，都是頭重腳輕，成畸形的發展，也就是這種形勢所造成。因為大家認定，政治及一切的重心，專在中央，只有中央，可以做政治及一切運動的根據地。所以政府在「北京」，北京的旅館飯店，就會擠得水洩不通，一到南京，那怕當了大衣，也情願一天花三塊錢，去飽餵旅館的蚊蝨，去飽吃秦淮河的泉水。我始終覺得中國政治的糾紛，不必去高談什麼學理，我們只要知道他主要的病源，去對症下藥。中國政治的病源，就是有政治熱衷的人，找不著出

路，中央和地方，分配得太不均勻。一個正式的國民代表機關的召集，他的效用，不僅替有政府思想者，找了一條正當政治鬥爭的途徑，因為要想當選，根據孫先生國民代表會的組織就不能不先回各人的故鄉，做一點教育經濟，或社會公益事業，博得一鄉的好譽，做他被選的根據。那種「寧可在中央討飯」的思想，當然可得到相當的變遷。同時地方權限，如果擴大，一切地方政府的官吏，真能由當地人民直接選舉，直接罷免，許多地方事業，由地方自行選舉，中央不過立於指導監督的地位。地方政府的權限大，事業多，那些有聰明才力的人，一定願意回本地去，做些實際有益的工作。中央地方的人才，都能有適當的分配，一切事業，自然會同時平均的進展。所以擴大地方政府的權限，我認為也是促進「統一」「和平」的一個方法。

政治方面的問題，說起來決非此小小篇幅所能盡。各國政治的安定，當然有他許多的原因。不過，他們最大的原因，——或許也是一個國家要避免內戰的最低的條件——，就是他們能夠用選舉票，去代替討伐令，用口舌代替槍砲，用自治制度，去消弭各地方分離或獨立的運動。我們固然不能忘卻了他們有教育和一切經濟方面的背景，然而這些最低條件，我們總應該首先辦到。不然，我們天天講「和平」「統一」，那些政治上失意的人們，卻還被逼到無路可走，非挑撥軍閥，作甲乙丙丁的聯環戰爭，不能發洩他政治上的熱望。又中央和地方的權限，及一切建設事業，不能有適當的分配，縱使首都能像巴黎、倫敦那樣興盛，而甘肅、新疆，還在那裏過十九世紀的生活，違背了離心力向心力互相控制的原則。那麼我們越要和平，越有內亂，越要統一，越易分裂。中國要想在國際上，爭到自存自衛的地位，豈不是緣木求魚嗎？

二、從經濟方面

現在要談到經濟問題了。孫先生以「民生」為一切社會問題的中心，「經濟」就是「民生」的最主要部分，在此世界中，如經濟問題，今後不得一妥善解決，則無論政治、社會、任何問題，均將治絲愈紛，永無解決的希望。我前面所說，政治上兩條途徑，——召集國民代議機關，和擴大地方政府的自治權限——那不過國家由亂入治的最初程序，至根本上，要想將一個國家弄好，唯一的要件，還是在經濟方面，無論國家的、或社會的，均需要一通盤安定的計劃。不然，表面上，縱或苟安一時，實則國家的基礎，正如建在一堆散沙，或爛泥的上面，隨時有倒坍分崩的可能。

經濟問題之無法解決，在今日豈僅中國，從歐洲數到美洲，幾乎沒有一國，不在那裏疾首蹙額，鬧經濟恐慌的苦痛。失業人數之有增無減，就是經濟恐慌愈趨嚴重最顯著的表現。在我出國一年中，直至現在，正是世界經濟最恐慌的時期，也就是失業問題最嚴重的時期。世界上三個最大的工業國——英、美、德——目前卻成了三個最大的失業國。集他們所有政治家，經濟學家的

性別	完全失業	暫時停工	臨時短工	總計
男	1,245,469	325,757	101,058	1,672,284
女	363,632	163,486	2,466	529,584
男童工	47,157	9,725	278	57,160
女童工	37,788	10,118	28	47,934
總計	1,694,046	509,086	103,830	2,306,962

聰明才力，從不能想出一個完善穩妥的救濟方策。而失業潮流，正淘湧澎湃，向工業國家的深溝峻壘儘量沖刷。這三個失業國的失業人數，究有多少。他們雖然都有正式統計報告，但比較精確可靠的，要首推英國。據英首相麥克唐納宣稱，假使美國及其他若干國家的失業人數，都用英國的方法來統計，恐怕比所報告的，都要高過好幾倍。這話雖未必盡然，但英國失業統計的完善，確遠在他國之上。英國的失業統計，在去年十二月我將離倫敦時，十二月八日工部大臣所公布的如左：

美國失業人數達四百餘萬，《世界日報》1930 年 12 月 5 日 3 版

依此統計，較前一週（即十二月一日）失業人數增加一，三二三．較前一年（即一九二九年十二月九日）增加九九七，四五八（一九二九年十二月九日失業總數為一百三十萬九千五百零四人），速度之高，殊可驚駭。其所以將暫時停工，及臨時短工，劃出於完全失業之外，因暫時停工大半係工廠停閉，尚可望不久恢復，臨時短工，則並無長期雇約，時間至促，雖目前並非失業，實際上仍與失業等。其分類甚為精細。這樣統計，大概每週可公布一次。因英國有《失業保險法》，及失業登記所，所以政府的報告，同實際上失業的數目，大體總相去不遠。至美國失業的數目，在一九二九股票風潮未發生前，社會上並不注意，至最近一年間，他們才漸感到本國失業的形勢，比世界上任何國家為嚴重。去年二月四日，美勞工部長達維斯（Davis）宣稱：全美國有失業工人三百萬。這是美國正式宣布失業數目的第一次。而他的戶籍調查，卻還只承認全國有二百五十萬零八千一百五十一個失業者。依一九三〇戶籍調查結果，全國

人口一二二，〇九三，四五五，失業者僅占百分之二。此種調查，引起國內許多的攻擊，說他太缺乏確實性。四月間。全美勞工聯合會會長葛林（William Green）調查失業總數，為三百七十萬，因失業而損失之工資，自一九三〇年一月至三月，共十萬萬美金。自四月以後，失業數目，繼長增高，至去年十一月，政府方面，始承認，失業總數，已達三百五十萬。最近據《路透社》報告，實際上，確有六百萬。諸如此類的報告，無論出自何方，他的數字，總決不及英國的精確。以他的人口及產業過剩，種種情形，同英國比較，若照英國的統計方法，大約最少總應在六百萬以上。德國失業，現約四百萬，沙脫博士（Dr. Hjalmal Schacht）去年在某處演說，認德國失業狀況，雖甚惡劣，然其程度並不比英太壞。因英國有人口四千四百萬，失業總數，約二百三十萬，德國有人口六千三百萬，失業總數，約四百萬，英約占全人口百分之五，德則百分之六。最近報載，德國當局宣稱，德國每五人中，有失業一人，這恐是因賠款問題，具有一種對外宣傳的作用，以我的推測，大約不甚可靠。根據以上各種的統計，即此英美德三國失業的工人，已在一千萬以上。西方社會和家庭的組織，和我們不同，失業的人，不能靠父母或朋友的供養，或借貸，只有靠政府的救濟。一千萬以上的失業工人當然非平常「賑災」、「救貧」所能了事，所以這三個大工業國的政府，對此問題，正苦思焦慮，無法應付。這種失業數字的增高，就是現有經濟制度搖動的確證，也就是一種政治制度崩潰的先驅。假使世界上的政治家，或學者，不能將此問題，籌一完善的解決，則最近期間內，世界的變化，將遞演至若何程度，恐真要不堪設想啊！

　　既然這三個大工業國的失業人數，如此繼續不斷的增加，究

竟在這三個大工業國內，失業者生活狀況，悲慘到何種程度？以我所見，似乎比較起來，英國最好，德國次之，美國最壞。他失業的數目，算最多，失業者的境遇，也就最苦。因為在英國，有《失業保險法》，平日就所得工資，提出若干，交存政府，為保險金，一經失業，政府即可立予救濟。同時因為《救貧法》，及各種的救助，一個失業工人，最低限度的「溫飽」問題，總可安然無慮。德國對於失業的救濟，雖尚不及英國完備，但失業保險，與英國同。這種失業保險，現在雖引起了一部份人的反對，認如此救濟，適足以獎勵失業，養成人類的惰性，因為工人在失業後所得的國家補助，有時並不比他作工時所得的工資少。然在實際上，英德兩國的失業保險，確維持了不少失業工人的生活。我們在英德兩國，關於「失業恐慌」的印象，決不比在美國的深刻，固然有種種不同的原因，但美國沒有失業保險，當然總是主要原因之一。當我由漢堡渡大西洋到紐約，在紐約的第一晚，我就得了一個最深刻的「失業印象」，為我在歐洲的任何國家中，所從未遇到。一般人都知道，紐約是世界上第一個熱鬧城市，百老匯路，更是紐約市第一條熱鬧大街，百老匯路的中心是「泰晤士房子」（Times Building）就和我們上海大馬路，先施公司附近相似。照這樣推算，「泰晤士房子」，當然是世界第一熱鬧所在。在此附近，車水馬龍，真是說不盡的繁華。我到紐約第一晚，和程滄波先生同去「泰晤士房子」附近一家影戲館看影戲。這家影戲館的門外，既是世界上第一個熱鬧區域。他門內一切佈置，富麗堂皇，不但使我們東方「劉姥姥」望而咋舌，就是震動歐洲的巴黎國家戲院（L' opera），除卻歷史上、美術上的價值外，似乎也要退避三舍。我們由旅館步行到影戲館，在將進門時，看見「泰晤

全球失業人口達一千五百萬，《世界日報》1931年12月7日3版

士房子」下面，百老匯大馬路上，有一條很長的行列，許多人站在那裏。我們揣想，不是什麼政治上示威運動，或就是馬路上汽車軋死了人。及至我們看完了影戲，已是兩小時後，走出戲院，不料馬路上那一條長的行列，比先時更長更密。此時正一月中旬，天氣極冷，大風不住的向人們身上吹去，那行列中的大多數，似乎都沒穿大衣。我們的好奇心動，就走上前去，剛到他們行列的旁邊，在那行列中的一個人，看見我手上夾著半枝煙捲，他即喊我：「中國的紳士，你可否將你手上的煙頭賞給我？」

我當時欣然承諾，並藉此機會去問他：為什麼站在此地？據他的告訴，才知道就是美國最近流行名詞之一，所謂「麵包行列」（bread line）。那些佇立不去的人們，即失業工人。因為美國沒有失業保險的制度，失業工人，大半要靠慈善機關的救濟。每晚有慈善機關，將大批汽車裝載麵包，在各處散放，他們就正在等候那種汽車的光臨。我明白以後，再約略估計，這條「麵包行列」，最少總不下兩千人。據說紐約每晚，像這樣等候麵包的，總有好幾十起。去年八月，紐約[1]的失業工人，即有二十三萬五千（尚係政府報告，實際上決不止此）。紐約市議會會長馬奇（Joseph Mekee）曾致函市長，請撥市款五十五萬美金，雇用失業工人，修治本市公共遊覽場所，以救濟冬季失業。但像這樣的方法，終是杯水車薪，無濟於事。而自去年八月，至今年一月，半年間，紐約失業的人數，實際上又加上一兩倍。要想得一普遍有效的救

---

[1] 原文為美國，但 1931 年 3 月 26 日連載時登出「重要刊誤」，更正為紐約。

濟，確極困難。我們在此，不但看見了這樣悲慘的「麵包行列」，而就我們旅居紐約的最短期間中，每晚出去，總要犧牲了幾個「戴母」（Dime）去應付那些糾纏不清的外國伸手將軍。

不僅紐約如此，在美國各工商大埠，幾乎都有此同樣現象，如芝加哥、舊金山，失業人數，雖較紐約略少，失業者悲慘的境遇，則完全沒有差別。我在舊金山時，晚間到馬路上散步，稍僻靜一點的地方，兩旁的人行道上，往往可以看見，好些失業工人，橫一個，直一個，躺在那裏，幕天席地，做臨時的旅館。因為失業的人數，如此增多，他們受了飢寒的逼迫，強悍一點的，自然有一部份，不免要流為盜匪。芝加哥搶案之多，即帝國主義者共管的上海租界，恐還要相形見絀。他本是美盜匪集中的所在，由來已久，我們還不能認定，就是最近失業增多的結果。不過前幾年的案件，決沒有現在那樣的豐富新奇。然其他各處，從前盜匪很少，現在卻也慢慢的繁殖起來，而每次破案，被捕獲者，大半總供出，他是失業的工人。這或許不能再說他不是受失業的影響！今年一月，我坐火車，由華盛頓到舊金山，在這次車的前一天，同一公司的火車，在半路上，被許多強盜，擁入車內，打死一個臥車（pullman）內客人，將車內旅客的金錢，搜刮一空，在車上歷三小時之久，始揚長而去。這個劫車巨案，直到我離開美國，尚未聽見破獲。十年前，我們中國出了一次臨城劫車案，外國人（美國人當然也是一份子）就鬧得風雲變色，想借題發揮，來一齣鐵路共管。不料轉眼之間，那樣闊綽的一等強國，國內也會有如此的搶案，並且已不止一次。他們若回想到從前鐵路共管的主張，不知要作何感想？美國國內維持秩序之能力，現在已有捉襟見肘的徵象。在華盛頓時，有幾位美國朋友，他們聽說我要去芝

加哥、舊金山，都很誠懇，而嚴重的告訴我說，在這兩個地方，務須特別謹慎，如有現金，切不可帶在身畔。夜間外出，最好須多邀幾個同伴。十時之後，即速歸寓，偏僻的地方，尤不可單身遊逛。這些話，固然小心過分，但美國公眾安寧，沒有十分可靠的保障，於此當可概見。芝加哥有幾個區域，是盜匪出沒的淵藪，晚間如有人走進這種區域，警察往往禁阻，以免發生危險。凡此種種，都是美國最近的真實狀況。我在太平洋舟中，遇見一個老年的美國牧師，我同他談到這類情形，據他說：「這種現象，從前幾乎沒有，近兩年來，才愈鬧愈利害，他的原因，完全由於世界經濟的衰落，失業者找不着出路，遂不得不挺而走險。」同時，我又覺到美國商業衰頹的程度，也多少出我意料。最大的百貨商店，他的營業收入，大概總比從前，減少到二分之一以上。許多較小的商店沒有法子，只好暗地下競爭減價，所以「不二價」的招牌，在美國，現已快到打成粉碎的地步。我在國內，常聽到許多從外國回來的朋友，說：英美商店，價值劃一，不像我國的要價還價。不料我在舊金山，同一個朋友，到幾家百貨商店去買幾件東西。我要買一個手提箱，我的朋友買一套化粧器具。他們的貨品上面，都標出定價。我們在頭一家沒有買妥，走到隔壁一家較小的店鋪。他標出的定價，與頭一家同樣，我們打算不買了，那位櫃台上的先生，就站起來招待我們，問我們為什麼看看就不要了。我們告訴他，是因為價錢太貴的緣故。他馬上就問：「你的意思可以出多少」，我順口照他的定價，打了一個對折，以為他一定不肯賣。那知他居然來同我們大講其生意經，由八折，七折，結果照六折賣給我們。在我們付過價錢以後，我笑著問他：「你們的定價也如此不可靠嗎？」他很慚愧的回答，說：「實不

相瞞，這是最近一年來才有的事情，如果我們一定要照定價出售，恐怕關門的，更要多了。」後來我到日本，東京市上的出租汽車，租價本每次一元，好多年來，就係如此。現在他汽車外面，還是寫着賃銀一元，實際上都已減成五角。日本的汽車汽油，也和我們一樣，要從外國運來，依近來平均的匯兌價值計算，日金五角，約合我國幣一元，日本生活程度，比我們高好幾倍。上海各汽車公司，因營業蕭條之故，出租價目，有未能照金價增高後的定價收費的（金價未突漲前，上海出租汽車，每次收費一元，金價突漲後，同行公議，定為一元五角）。於是有許多小公司，不能繼續做此跌價的競爭，倒閉了不少。那麼，日本的出租汽車，那樣對折的賤賃，當然更要吃虧。我們回映到美國商店之不能堅守「不二價」的信條，自然確有他不得已的苦衷。我們正不必譏笑他們商業道德的墜落。不過我們根據以上許多事實、可以得一結論：在此世界經濟恐慌的潮流中，受禍最烈的，確是擁金最多，資本，機械，最發達的北美合眾國。

世界經濟恐慌的原因，各國學者，雖有許多不同的見解，但歸納起來，大體總相去不遠。而去年十一月，拉門德（Thomas W. Lamont）所推斷的六個原因，比較上，最稱精要。他列舉世界經濟衰落，由於：（一）生產過剩；（二）有幾國，故意將物價抬高；（三）銀價慘跌，影響所及，使佔全世界人口四分之一的中國及印度，購買力大為低減；（四）有幾國，競爭收集現金；（五）世界一部份國家政治不安定，如中國、印度及南美各國；（六）投機心理，過分發達，美國尤甚。世界經濟衰落的真正原因，固然決不止此，然就其所舉，總已窺得大半。而美總統胡佛。去年十二月一日給國會的一封信，他列舉世界經濟衰落原因，與拉氏

也約略相同。他說，世界經濟衰落，尤其美國，第一個原因，就是投機事業，有過量的發達。許多人拋棄正當的建設事業，將他們的資本、精力來轉移到投機方面。其次，世界上主要物品的產額，如麥、橡皮、咖啡、糖、銅、銀、鋅、棉和其他若干原料，近幾年來都超過任何經濟興旺時期的需要。因為這種主要物品的供過於求，價值低落，在生產這種物品的國家內，就發生經濟恐慌，同時減退了他們自己對於工業品的購買力，因此，影響到工業國的出口貿易。工業國的製造品，本來也生產過剩，有此互相影響的結果，才造成現今世界經濟空前的衰落。失業問題也就無法解決。再則，亞洲政治的騷動（按此當指中國印度），南美革命風潮的瀰漫，和少數歐洲國家的政局，未臻安定（按此常指西班牙葡萄牙），都足以妨礙經濟的發展。而蘇俄農產的大賤賣，和我們自己旱災的嚴重，也都不失為造成衰落的原因之一。胡佛氏這一封信，本是向國會要求，由國庫撥給五萬萬二千萬美金，作救濟失業的費用。當我過華盛頓時，國會正討論這個問題。胡佛氏對於經濟衰落的解釋，與拉門德所舉，並無重大出入。不過他們却同樣漏去一個最主要的原因，——就是在這幾個最主要的大工業國內，他們的生產機械，現在已到了極端過分的發達。

我們固然不能否認科學進步的價值，但同時也不能不承認，在現今制度下，有他相當的流弊。產業革命以後，一方面，許多人在那裏崇拜科學萬能，一方面，也不是絕沒有人。在那裏暗中咒詛，說科學的發達，徒然增加了多數人的痛苦。不過，無論如何，這種科學進步的怒潮，是無法阻止的。我們正不必像清末的頑固大臣，要將造好了的淞滬路，硬買過來，把鐵軌拆下，拋到海裏去。然在這種科學猛進的時代，我們究應如何，去改革現在

政治、社會，和一切生產的制度，來適應這種潮流。使我們人類最大多數，的確只享受科學的恩惠，不會再發現他絲毫的罪惡（科學的本身當然不會產生罪惡的）。同時我們應如何引導科學，多向人類最有「實際幸福」的路上去，如醫學的繼續發明，即其一例。不要再將所有心力，專集中在「替資本家作工具的生產機械」上。而一個國家，在他的國家政策上，對於生產機械的利用，最主要的，應顧到供給與需要的平衡，不能抱定一「出品愈多用人愈省」的方針，來儘量採用科學上最新的機械，為少數資本家謀利益。這是我對於未來的經濟制度的一個根本概念，也可說，是我對於解決世界經濟恐慌的一個根本概念。確定了這個前提，那麼，我可以將「機械發達為世界經濟恐慌之最大原因」的理由，來詳細說明，而美國的經濟恐慌，所以比世界上任何國家為嚴重，他的原因也可以從此看出。

機械的進步，到現在，真是一日千里，「人工產子」雖然還沒有成功，但真有許多學者，在那裏埋頭研究。所以不但幾百年或幾千年後的世界，我們無從預料。就是幾年或幾十年後的世界，將變化到怎樣地步，也決非今日的我們，所可推斷。因為機械方面，幾乎每日有新的發明和進步，而人工的需要，就一天比一天減少。不僅管理機械的人，數量上只有低落，並且有些東西，簡直不再需要人力，可完全用機械代替，就極普通的，舉幾個例證。旅館裏電梯，其上下本需人管理，現在除大的旅館，還用人工管理，做一種闊綽的飾品外，一般旅館，卻大半不需要管理的人了。要到那一層樓，用手一按，那電梯自會送到，再一按，自會回到原來的地位。報紙、紙烟、可可糖，到處有自動的販賣機，只須就你所需要的種類，投下應付的價錢，他自會送到你面前。像這

樣的自動機，滿地皆是，不需要半個賣報人，或店堂夥計，在那裏計值付貨。近年來，更擴展到一般飯館。食堂裏有許多機器，直通廚房，你要吃牛尾湯，投下他標出的價錢，牛尾湯馬上就到了桌上。其他火腿蛋、牛排、豬排，皆可如法泡製，不再要什麼堂倌，端進端出，有時忙起來，喊破喉嚨，還看不見一個人影。歐美各國，對這種機械，已認做極平凡普通，司空見慣，絕沒有半點稀奇。此外當然還有更複雜新巧的，我也無須細舉。我們乍然看見這種機器，自感覺非常便利，在消費方面，已然如此。資本者方面，一個最少可用十年八年的自動機，只須一次買進，就可以少用許多工人。不僅省去許多按月必付的工資，還絕不會再有什麼，要求加薪，改良待遇，和罷工鬧事的種種麻煩。大家試想，誰不願如此辦去？但我們若再反省，我們現在可以坐旅館電梯自由上下，從前那些日夜分班，替旅客開電梯的侍者，試問到那裏去了？我們現在可以在自動機前面，隨時買報、買紙烟、買可可糖，還可用自動機叫大菜。試問從前那些叫賣報紙的大人小孩，和坐在櫃台上或站在桌子旁邊招待主顧的夥計堂倌，又到那裏去了。不用說，受機械進步的淘汰，如果不能覓得別的工作，只好在失業工人的數字上，又加添一筆。從前的產業革命，不過把許多完全用粗笨「體力」的東西，改用了機械，現在却漸漸要侵入用「智力」的範圍。這是就代替人工一方面說。至於一切的生產機械，他一天一天，都在那裏，有驚人的進步，他改進的目的，就是如何能增加生產減少人力。去年用十個人管理的機器，今年只需要五個，過幾年，或許一個人可管理五個機器。去年的機器，一點鐘出品一千磅，今年一點鐘，可以加倍，再過幾年，或許一千磅只須一分鐘。去年七月三十日，我在倫敦，倫敦《泰

晤士報》，有一個華盛頓專電，說美國的機器，進步極快，最近有一套造汽車的新機器，費了好幾年工夫，才配製完好。他佔有三英畝地方的大小，每天可以造出八千六百輛汽車，但總計需要的工人，只有一百二十個。以一百二十個人，造八千六百輛汽車，每個人一天可以造成七十多輛。他生產力的強大，和人工需要的減退，真是駭人聽聞。在如此情形之下，資本主義，尚還在那裏大張兇燄，他們只知道儘量生產，結果，是生產過剩，只知道減少人工，結果，是失業增多。然他們還不肯壓低售價，眼前的汽車，並不比從前便宜。所以我說：世界經濟空前的大恐慌，固然如拉門德及胡佛所說，有種種原因，而生產機械儘量進步，卻實是最大原因之一。

　　許多種類的機器，在此世界中，差不多都要首推美國，說他最新式，最精美。像上面所舉造汽車的機器，即其一例。德意志本是科學機器，最稱發達的國家，西門子工廠的聲譽，在中國，更是婦孺皆知。柏林總廠，最歡迎外國人參觀，尤其中國人，不特將汽車開到參觀者住所，接送不收分文，有時參觀終了，還要請客人白吃一頓大菜。他的規模宏大，自不待說，可惜我們不是科學家、工程師，除卻看見許多巨獸般機器，和黑沉沉輪盤，不住的搖轉外，實在沒有法子，可以判別出他的好壞。但據他廠內的一個職員告訴我，他說：「我們德國科學的進步，和機械的發達，你們貴國，想很能信任。不過我現在可以老實告訴你。我們的出品，在此世界中，固然還可稱第一等，然我們現在所用的機器，卻有些已嫌稍舊。你如果要看最新式的機器，恐怕還要到美國去。因為美國的機器，幾乎時時在那裏推陳出新。這種最新式機器，並不是我們不會造，我們的圖案、模型，或許還要比他們新若干

倍。但我們不敢把舊機器全換成新機器。此中原因，本很簡單。就是新機器特點，本只在生產增多，人工減少。我們現在，生產過剩，失業日增，已是無法解決，若再全改新機器，經濟的恐慌，當然比現在更要擴大。所以我們只好犧牲一部份的利益，來忍痛繼續使用較舊的機器。」他這番話，雖是無意說出，我聽了，卻立時感到，美國經濟恐慌，所以在世界居第一，大部份也就因為他機器的發達，在世界是第一。這位職員的談話，很可做一有力的證明。

我可以再將法國經濟安定的情形，反映美國，來解釋我上面所下的判斷。在此世界中，經濟狀況，目前最稱安定，而失業極少，幾乎沒有問題的，大家承認，要首推法國。前法國總理泰狄歐（Tardieu），對於此點，屢有演說，激勵他們的國民，說法國是現在世界中第一個天國。去年七月二十六日，他向許多工業家，發表以下講演：

> 世界上三個大工業國，現在受經濟恐慌的影響，已到了極端慘痛的地位。這三個大工業國，向有近代「產業界主人」之稱，的確有支配全世界經濟的權威，不料轉瞬之間，他們都染了同樣的重病。失業工人，已將近九百萬（按此尚係去年七月的統計）。只有法國，卻安然逃脫了這樣危險的境遇。物價安定，沒有失業問題的發生。雖國家支出，較大戰前增加多倍，如大戰前一年，歲支五十萬萬法朗，而本年（指一九三〇）預算，卻已到了七百萬萬法朗，然政府對此，尚並未遇到何種重大的困難。國民生活，仍較任何國家為便宜，穩定。這實是法國國民，一致努力的最好表現……

　　他這篇演說，或不免幾近誇大，但實際情形，卻也相去不遠。雖不能如他所說，簡直「沒有失業問題的發生」，失業的數目，卻的確微乎其微。據去年八月六日政府公布的失業統計，到七月二十六日止，登記請領失業救濟金的，只有八百五十六人，男的六百五十五，女的二百零一。自去年一月至七月，平均計算，每月的失業人數，是一千二百四十七。在一九二九，平均每月八百三十六。自大戰終了以來，最多的時期，是一九二七的二月，被政府救濟的工人，有八萬九百四十一。是年平均的數目，為每月三萬三千五百四十六，這是打破了法國失業的空前記錄。在去年政府公布上述報告時，一九三〇年七個月的平均數，僅佔一九二七年平均數百分之四弱，其程度相差，當然不可以道里計。不特如此，他一方面，雖還有這一張極少數失業工人的統計，一方面全國廠主徵募工人，去年僅七月二十一至二十六日一週內，所需總額，即達一萬四千七百三十九人，超過了失業總數的好幾倍。那些失業者，不過是期待較優的地位，或暫願休息，並不是絕對的尋不著工做。又別的國家，正在那裏想盡方法，限制外國工人入口，在法國，則外國工人，幾年來只有繼續不斷的加增，一九二七，在法外工，為六四，〇〇〇，一九二八，為九七，七二四，一九二九，為一七九，三二一，去年的數目尚沒有公布，大概總不會如何減少。他們大半是義大利和波蘭人。像這樣的情形，固然都是根據政府的官報，然無論如何，總是歐美任何大國所不能有的興盛。他為什麼可以逃出世界經濟的災難？他收集的黃金，居世界第二位，即最近一月前（二月二十三日）尚在倫敦購進了值五十萬英鎊的金條，他的富庶幾乎要追到美國，他的失業人數，却不及美國萬分之二。這是什麼原故？我現在可

以介紹一個美國政府派往法國調查經濟情形的一個委員的報告，來詳細說明。

美國政府，派往法國考察鋼鐵工業的委員，他們的調查報告，於今年一月，在法[2]美兩國同時發表。美國報紙，對此項報告，頗多批評，大抵均認調查詳確，判斷精當。他不但說明了「法國鋼鐵業，為什麼還能維持？」並且，對於法國一般的經濟狀況，其所以能逃出世界經濟恐慌的原因，也解釋得非常明白。除卻過於專門性質的，無介紹必要外，現在專將他解釋法國沒有感受經濟恐慌的一部份，摘譯如左：

> 法國鋼鐵業，因近年世界市場衰落，其產額雖較前削減，然工廠本身，並無停閉，或裁減工人等情事。此中原因，通常多認為由於法國工資低廉，廠主在可能範圍內，儘可維持原狀。實則據考察團之意見，最主要原因，尚在彼等目前，大多數仍採用較舊之機器（原文為 Antiqnated Machinery），此不僅鋼鐵業為然，其他工業，亦大抵如此。法國礦場及各種工廠，自世界市場凋敝以來，大抵已多年不另行添購，或改用任何最新發明之機器。他們每年的盈餘，可以不消耗在這添購或改用新機器上面，所以他們能夠，積蓄很多的金錢，預備在緊急時，或虧蝕時，作維持事業，或救濟工人之用。這種舊機器，在我們美國工程師的眼光，必定很肯定的說：若再不換，不知什麼時候，就會要跌成粉碎，然事實上，他一樣的工作很美滿。在美國，當此市況不振的時後，大家一面拼命換新機器，一面又在那裡，恨生產過剩，無處出售，要想法裁減工人，以

---

[2] 原文為德法兩國，但 1931 年 3 月 31 日連載時登出「刊誤」，更正為法美。

便生產適合市場的需要。但在法國，則決無此種苦悶的情況。因為這些舊機器，他生產的能力，正恰合目前市場的需要，他絕不會有增多生產的危險，──也是他自己力量所不可能。有人說：美國新機器，用一個人管理，在法國舊機器，就必需三個人，這真太不經濟了。然我們應該知道，三個平常的工人，可以管理一部舊機器，但管理構造複雜，原理深奧的新機器，則決非平常只用體力的工人，所能勝任。除卻法國工資，根本比美國低廉外，即在美國，三個平常工人的工資，有時似乎還要比一個有專門技能的工人薪俸高。究竟誰是合算，恐怕還是疑問，何況因為使用舊機器之故，工人的需要加增，失業問題，就自然不會像我們那樣嚴重，甚至就不會發生。

除此以外，還有根本上，法國所以繁榮的原因，就是法國國民性，和他們生活的方式，有和別國不同的地方。一個替櫃台、鋤頭或機器，做了二十年奴隸的「勞動者」，他一天只有美金一元或二元的收入，他粗衣糲食，節省他的金錢，他全家只住一間小屋，把昨天吃剩的殘菜，留做今天的鮮湯，他忘記了電影、汽車、新的衣料，和一切近代奢侈品。等到他積成了二千或三千美金時，他就可以到鄉下，去買一所很小的園地，蓋上三間，──有時或加上一間狗棚──別墅，這就是他最終的目的，他退老以後，就可以在這個別墅裡，養花灌樹，逍遙自在，終其天年。這是法國勞動階級傳統的生活方式，也可說「勤儉」，是他國民性的表現。像這樣傳統的生活方式，到現在還大部分保留著。

尤其令我們驚羨的，就是在這個國家（指法國）內，一個人偶然失業，如果他有父母兄弟，或姑表親戚，他很可以到他們的家裏，做他們一個臨時的客人，在相當期間內，他是不會感到失業的痛苦。

以上是他們繁榮的根本原因。至於一部份手工業的保存；公共事業發達，國家可雇用很多的工人。又他是一個農業國，同時還有許多殖民地。凡此種種，也不失為他繁榮原由的一部份……。

我們聽了德國西門子廠職員那一番話，再續了上面美國調查團的這篇報告，對於世界經濟恐慌的原因，我們至少可以認定，除卻前面列舉拉門德、胡佛所推定者外，機器越發達，經濟恐慌越嚴重，失業人數越增多，已是無可否認的事實。拿法國和美國對照，尤其明顯。不過，這不是機器本身的罪惡，是利用機器者的罪惡。中國根本上，現在是幾乎沒有機器的國家，新舊的問題，在中國尚談不到。不過我覺得，中國未來經濟建設的途徑，我們實在應參酌世界大勢，適合本國需要。不是一昧可以震於一時新奇，來任意抄襲的。我們當然應歡迎世界上最進步的機器，但我們先應該確定我們的經濟制度，和建設程序。以下是我對於「制度」「程序」所貢獻的一點意見。

中國應取的經濟制度，在國民黨統治之下，民生主義，已指示得非常明白。平均地權，節制資本，這是對於資本主義的一種預防。孫先生說：「中國不應該單節制私人資本，還是要發達國家資本。」又說：「如果不用國家的力量來經營，任由中國私人或者外國商人來經營，將來的結果，也不過是私人的資本發達，也要生出大富階段的不平均。」就這兩段話看來，可見民生主義

的經濟政策，是注重在發達國家資本。本來最近世界經濟的趨勢，許多事業，都漸由私人資本，移轉到國家經營。不過歐美的資本主義，根深蒂固，和平的移轉，是非常困難。中國目前，的確還談不到什麼「資本主義」，趁此大資產階級未發生以前，正應該趕快設法，一方限制私人資本的膨脹，一方促進國家資本的發達，這才是民生主義的真諦，才確能適應中國的環境。不過，現在的各種產業，幾乎無一不急待開發。固然，政治安定，是發展產業第一個先決條件，但即使政治完全安定，若全靠國家資本，去開發一切產業，恐怕事實上，諸多困難。並且就過去國營事業的經驗，在最短期間，中國要想大規模的發展國營事業，亦很難博取國民的信仰，和巨大的效驗。所以，在相當時期內，私人資本，還有容許的必要。只須國家先有一完密的計劃，使私人資本，不致將來像歐美那樣，勃發到不可收拾，那麼，私人資本，是不會有害的。

　　資本，就是機器，孫先生在《實業計劃》上，已經明白的告訴我們。在產業革命以後。機器實成了經濟上最主要的東西，而我前面歷舉世界經濟恐慌的原因，結論歸到機器過分的發達，也正是這個道理。我現在可以來討論，應如何利用機器，使他儘量發達，卻不會發生生產過剩，和失業增多的危險。因為機器的進步，在資本主義下，固然是生產過剩，工人被裁，但在非資本主義下，則正可利用機器的進步，不必將工人的數量減少，而可將工作的時間減少。我覺得在一個主張社會主義的國家，他為防止私人資本，過分發達，及生產過剩，工人失業等不幸事件發生起見，他一方面應調節生產和消費的數量，使其不過剩或不足，一方面最有效的方法，即是由國家製定一種法律，凡是一個工場，

在他成立時，應報明他每日，或每月的生產量。在政府核定了他的生產量以後，假定每月生產一百噸，用一百人，每日工作八小時，可以完成。後來忽加增資本，要換用新機器，新機器的生產力，若比原有的增加一倍，那麼，用原有工人，只須工作四小時，就可達到原定的產量，在這種情形之下，政府應限令資方，將工人工作時間，減為每日四小時。政府若不能照此立法，則資方購入新機器之後，如不增加生產，照原有的生產量，就勢必裁減工人。如不裁減工人，仍繼續不斷的八小時工作，就勢必增加生產。前者的結果是「失業」，後者的結果是「過剩」。這是資本主義國家，機器發達必然的現象，我們當然不應該再蹈覆轍。但機器的日新月異，本是人類文明進步的一種表現，我們不能因為他受了資本主義的污辱，就去因噎廢食，說機器應該打倒。不特不當打倒，實在還應該儘量提倡。所最當注意的，就是怎樣才可利用他的特長，防止他的弊害。資本主義的國家，他們要用機器去搶工人的飯碗，那不是人類幸福，簡直是人類的災害。若照我上面所說，機器愈進步，工人工作的時間愈可減少，將來的人類，不必將大部份時間，消耗在「為生活而工作」，卻可利用那些節省下的時間，去努力謀人類文明的創造。機器的發達，就自然成了人類的福星。立在社會主義基礎上的國家，不應當如此麼？

我們只要將機器對於人類的效用，引上了正軌，那麼儘可讓機器拼命的發達，那些詛咒「科學進步，是增加人們苦痛的」，也可以心平氣和，來一樣享受科學的恩惠了。孫先生所說：「機器就是資本」，我們現在既糾正了機器的弊害，同時，就等於糾正了資本的弊害。私人資本，國家若果能照這樣的途徑去控制他，也不是沒有存在的價值。不過我前面所提議限制生產的辦法，或

許有人要說：在人口繁殖的原則上，必定要發生衝突。因為人口
的繁殖，是與日俱進，物質需要，和人口增多，是恰成正比。假
定國家定一法律，限制工廠的生產額，則物質方面的供給，將不
足人口繁殖的需要。其實，這種懷疑，與我提議之產額限制，不
但不衝突，還可互相印證。原來我所提議的，是國家對於生產消
費，先必有一精確的統計，使其互相調節，不致有不足或過剩的
現象。欲使這種統計，十分可靠，則私人工廠之最高生產額，須
先經政府核准，當然為一最重要的前提。假使資本方面，認為有
增加生產必要，而政府也認為確實時，他正可添招工人，加開班
次。譬如新機器的工人是四小時工作，每天就可分作六班，再招
五班工人，夜以繼日的去使用那些最新最快的機器。無論人口增
加到怎樣迅速，機器的生產和進步，總可以供給人類的需要。照
上述辦法，不特沒有生產不足的危險，並且增加了工人的消納。
歐美各國，那些提倡產業合理化的，雖然現在也有人主張減少工
作時間，來代替裁減工人，不過廠主方面，決不肯只減少工作時
間，不減少工人工資。所以就工人方面的利益說，機器發達，一
方面社會生活程度，只一天比一天高，一方面自己的收入，反一
天比一天低，這當然還是苦痛，與失業相去不遠。資本主義的國
家，是無法完全實現我前面的提議，只有社會主義的國家，可以
去立法，強制執行。孫先生解釋民生主義，就是社會主義。傾向
社會主義者，對於資本的限制，有重抽直接稅，改良工人待遇等
等，民生主義上，都已說得很詳細。但我覺得調節生產消費，將
機器進步，與工作時間，做成反比，糾正資本家利用機器，裁減
工人，增加生產的弊害，更是根本的辦法。若說：中國目前，尚
沒有生產過剩，和機器過新的問題，我們用不着這樣杞人憂天，

綢繆太早,那麼,孫先生的民生主義,為什麼要「節制資本」?

中國雖然沒有歐美那樣當可敵國的大資本家,但這是中國產業,發達太遲的原故。假使中國政治安定,國營事業,尚不能收巨大的功效,私人資本,又不能有一切實有效的限制,那麼,他一定會奔突馳放,一日千里。拿中國的土地人口,來同歐美比較,像煤油大王那樣的資本家,正可以車載斗量。而那些中國的未來資本家,對於公眾的利益,恐怕要不及煤油大王萬分之一。因為歐美的資本家,他除了自身享受以外,大部份金錢,總還是願意流用到公益方面去,像煤油大王之提倡醫學,就是一個大家皆知的例證。其實,歐美的大資本家,幾乎沒有一個不是要想作一件於社會公眾有益的事情,去消納他巨量的金錢。所以,歐美的一般社會,還有人在那裏贊揚資本主義的好處。若在中國,有了那樣許多萬萬金錢的資本家,恐怕他早要入外國籍、掛洋旗,在外國銀行存款,在租界或大連築別墅。即不然,他的金錢,也要留給他的子孫,不管他的子孫,將怎樣狂嫖爛賭,蕩盡他的遺產,他總不會成千累萬的,將產業送給公眾。像盛宣懷那樣的人,真是中國大部份資產階級的模範。近來雖有幾個捐錢做公益事業的,那真是鳳毛麟角,百不獲一。猶不止此,中國未來的大資本家,對於工人的狠毒,一定比歐美還要加上若干倍,拿一般民間談虎色變的所謂「閻王帳」,和首都房主,最近利用住屋的供不應求,對於房客或無端加租,或迫令遷讓。需索壓迫,無所不至。就可想見,所以最新最好的機器,一旦落在這般資產階級的手裏,他們將怎樣來壟斷市場,剝削勞工,真將要不堪設想。近來有幾位從外國回來的工商廠主,他們看見歐美那樣節省人工的新機器,和代替人工的各種自動機,都沒有不五體投地,神魂顛倒,想盡

量來應用在自己的廠裏。幸而他們現今，還沒有歐美那樣大資本家的魄力，不能馬上實行，不然，被裁失業的工人，在中國又不知增添多少。照這樣的情形來推測，民生主義的平均地權、節制資本，在中國決不是綢繆過早，而我前所提議的方法，在未來的經濟制度上，或許也有切實考量的必要。是否是杞人憂天，且讓講「經濟建設」的先生們，去自由批評吧！

其次，要講到經濟建設的「程序」。在一個改造的新國家，當他的軍事時期終了，政治方面，能得到安定保障時。他首先應該注意的事，當然就是經濟的建設。經濟建設的兩大步驟，第一，是確定經濟制度，第二，就要製定這個制度施行的程序。蘇俄的經濟建設，就是一個最顯著的例證。中國在國民黨統治之下，他的經濟制度，是民生主義。同時還有一部很偉大的《實業計劃》，做一切經濟建設的根據。只有經濟建設的程序，到現今尚未規定。正和一部法典，尚缺少施行日期，或施行細則一樣。所謂「程序」，就是將《實業計劃》上所規劃的，去分別先後，劃期進行。因為《實業計劃》，僅是指示了一切經濟的建設方案，他包括了所有的經濟建設。這種偉大的計劃，即使中國立刻得到一筆巨大的資本，也決不是在同一時期內，可以一併舉行的。所以奉行這種遺教的現政府，就應該去衡量情勢，分別國家需要的緩急。以若者為第一期，應該最早完成，以若者為第二、第三期，可以俟第一期完成之後，再行興辦。中國的產業，比歐美的確要差上百年，如果我們拿歐美的眼光，來看中國，幾乎沒有一樣，不是應該馬上去開發改進。即就交通一方面說，我們看見了人家蛛網密佈的鐵道，就覺到我們應趕快興築鐵路，看見了人家環繞全球的海運，就覺到我們應趕快發展航業，看見了人家的航空、無線電、播音

機、電傳寫真等等，也無一不有同樣的感想。注意鐵路的說「鐵路救國」，注意航空的說「航空救國」，不特交通如此，即推及於一切事業，均無不然。人人都認為他自己注意的東西可以救國，提倡國術的，還也在那裏極力宣傳，「打拳可以救國」。實在說，拿中國同歐美比較，真是無事不應該趕快努力，也可以說，無事不可以救國。不過，一個國家的力量，若某一時期，集中在某一點，他的成功，是比較容易，若同時向許多方面用同一的力量去發展，就恐怕要務廣而荒，百事無成。這幾年來，現政府對於經濟方面的建設，未嘗不在那裏十分努力，然成效甚微，固然是「人才」「經費」均極缺乏，然沒有一個通盤籌劃的建設程序，使本來極感缺乏的「人才」「經費」，更分散得幾等於零，這實在是一個最主要的原因。

譬如就交通方面說，既然各人都認為他所主管，或注意的事情，是刻不容緩，是救國急圖，於是甲拼命要錢修鐵路，乙拼命要錢辦航空、海運，丙丁又拼命要錢，辦大規模無線電，或播音台。當然這許多東西，都是一個近代文明國家所必備，但是，試問軍事初定，公私困窮的現在，國家是否即有能力，對於近代文明國家所需要的東西，同時並進，趕到他們那樣的完備。這個答案，一定是：決不可能。那麼我們何不先決定一個程序，我們若認為，鐵路於中國現在情形，是最緊要中的最緊要，我們就把鐵路定入建設程序交通部份的第一期，將所有「人才」「經費」，都用來修路，其餘的且待第二期、第三期再說。我並不是說，「不在第一期的東西，在第一期的時間內，就可以將他完全拋棄」，不過只將他放在「次要」的地位，已有者，「維持現狀」，未有者，進行稍緩而已。假使能這樣定出一個程序，按現在環境需要的先

後輕重，分出期限，去依期建設，他的效果，一定總會比那些，「瞎子摸魚，沒頭亂摸」的好。

我可舉一個交通方面最顯著的例，來證明上面所說，非出無稽。最近兩年來，無線電和有線電間，曾發生一度激烈的競爭。後經種種交涉，主管的機關，終於統一。然據我所知，自從有了無線電以後，在國家，雖然增加了一筆無線電收入，而同時，有線電收入，卻減去幾乎過半，直到現在，兩種電報的收入，比從前有線電全部收入，相差不遠，反徒然增加了許多營業方面的支出——因為無線電方面，需要大批的職員電生。如上所述，國家既沒有若何巨大的利益，然假使添了無線電，就可以增加人民通信的便利，亦尚可說，然實際上，現在此兩種電報的功用，又大抵優劣互見，並沒有若何特別便利的發現。中國的有線電，本太腐敗，一封電報。往往還比一封信慢，但他的主要原因，總是機器腐舊，或機器的力量太小。假使政府將興辦無線電的經費，去整理有線電，恐怕它的效果，總會比新辦無線電的好。況且中國軍事機關，本來已有了若干短波電台，就是不再設商用電台，中國也不是完全沒有無線電的國家。現在無線電，既然限於財力，不能儘量發展，電台幾乎每晚都要攔壓，或臨時退還人家的電報，說所收電報，在當時，已超過他電台的力量。而且機器也時常損壞。至有線電方面，仍還大部分在那裏照舊使用許多朽壞弱小的機器。無論有線無線。總之，我們花錢打電報的人，仍然免不了「信比電快」的危險。這就是沒有「建設程序」的結果。若我們建設程序上，規定了第一期整理有線電，第二期再擴充無線電，像上面所說的那些弊害，當然就不會發生吧！

還有一個例，也可說屬於交通方面的，就是全國的航空建設。

航空為近代最新的交通利器，世界上主要國家，正在那裏拼命的力求發展。不過就中國的現狀說，是否目前是十分急需，卻覺得很是疑問。由上海到南京，和由南京到北平，本來已有了京滬，和京平兩條鐵路。這兩條鐵路，在設備方面說，機車、客貨車、枕木，大部份不是過分缺少，就是過分朽壞，都應該用巨額資金，去設法改進。即如京平一線，在十年前，北平到南京的特別快車，本最多只要三十小時，就可到達，但現在則總需四十小時以上。所以比從前要遲慢四分之一的原因，就是許多路軌的枕木，已朽爛不堪，路局僅能略加抽換，卻沒有資金可以去全部換成新的。京平如此，此外各路，亦多有同樣現象。而平漢路黃河鐵橋的失修，更是全國皆知的事實。又各路機車，在中途隨時損壞，幾乎成了每次行車必有的公例。再如最稱繁盛的京滬路，有許多客車，都破爛不堪，我好幾次，在特別快車的頭等車上，遇着天雨，將滿身淋得透濕。諸如此類的情況，真是舉不勝舉。假使國家稍有能力，要整理或發展全國的交通，無論如何，總應該首先將上述種種，加以革新。若再有能力，京滬平津的添修雙軌，也似乎算得一件比較重要的事。然現在一方面，枕木的腐爛不管，機車的出毛病不管，客貨車的缺乏和破漏不管，黃河鐵橋的搖搖欲墜不管。為什麼不管？他的答覆極簡單，就是「政府沒有錢」。但另一方面，則正在那裏，大唱其擴充全國航空的大計劃。築了許多飛機場，設了許多航空站。最近上海到北平，又快有飛機可坐了。試問這些錢又是那裏來的？固然這筆錢是向外國人借的，但何以不借錢先行整理鐵路呢？上海到南京，若果枕木機車，都十分完好，照歐美日本的鐵路速率，特別快車最少總可比現在的時間縮短三分之一。沿京滬一帶的平民，照目前中國的農村經濟，和勞

工生活，他們就有時想多花幾角錢，坐特別快車的三等，尚且為其能力所不許，情願去坐時間加倍有四等票的特別慢車。當然比火車價錢加好多倍的飛機，決不能分惠到這班平民。再說京平路上一個老百姓拿二十塊錢去坐特別快車的三等，尚幾乎要榨出他的血汗，那還能花一百五十元去坐飛機？那麼，現在中國的航空營業，除却極少數資產階級外，與最大多數的國民，是決不會發生絲毫關係的。而這些極少數的資產階級，在時間上說，他們似乎也很少有乘坐飛機的必要，只有在發生緊急事故時，一部份政府官吏，或須乘坐飛機，然航空署的飛機，正未嘗不可在這種時機，供政府的使用，又那裏用得著，要另創一航空公司，去留用大批款項做這個公司的一切設備？

我並不是反對國家來興辦航空，不過我認為在中國整個國家的需要上，現在似乎比航空重要而緊急的，還有不少。即使我們現在要舉辦航空，我覺得，應該先在沒有鐵路的地方辦起，他的目的，似乎郵遞比搭客還重要。固然現在的航空線，是要推及到西北、西南的邊界，然就目前已通航的路線說，誠不免有「奢侈」或「不急要」的建設的嫌疑。

關於這個問題，我還想補充一下，因為讀者或許要發生一種強有力的疑問：航空是近代文明國家的必需品，且在未來的軍事效用上，必居於最主要地位，無論那一個國家都應該盡力提倡，為什麼卻說，中國可以列為次要？這話當然很有道理不過我應該說明的，歐美國家的提倡航空，實在是國內其餘的交通利器，如鐵路輪船，都已發達到無可發達，因此，可以用他國家的力量，再進一步，來向這一方面著手。正和一個人有了飯吃，自然可以再吃肉麼。中國根本連飯都沒有吃，卻那裏能叫他先儘量去拿肉

麼當飯？這種道理是很淺顯易見的。至於航空在軍事的價值，天
經地義，當然沒有人可以否認。不過，像中國現在的能力，去提
倡航空，無論軍用商用，說這就是一種國防上的準備，卻未免有
點滑稽。因為提倡航空，決不是購用人家幾個飛機，僱傭或自有
幾個等於汽車夫的駕駛師，就可了事。必須自己的科學研究，和
其他幾種主要的工業，已到了充分發達的地位，才可以同人競爭。
他們的航空事業，所以能像現在那樣的一日千里，除卻許多科學
家，在那裏埋頭研究，許多工程師，在那裏精心製造，許多飛行
家，在那裏冒險實驗外，他原有的汽車工廠，槍砲廠都隨時可以
改製飛機。而民用飛機，也隨時有改作軍用的可能。若在中國，
任何基本的工業，現今都一點沒有。就要想同人家競爭航空，當
然是絕不可能。那麼，我認為航空建設，比較上可列在較緩，似
乎確有我相當的論據。

統上所言，中國在一個軍事初定的今日，談到經濟建設，真
是千頭萬緒。我覺得中國目前最急要的事，莫過於定出一個像蘇
俄那樣的五年計劃──當然我們計劃的背景，是與他立於相反
的地位。根據孫先生的民生主義，確定了國民黨的經濟政策，根
據孫先生的《實業計劃》，分別他的先後緩急，先製出一個三年
或五年的建設程序。至究竟什麼應該「先」「急」，什麼應該「後」
「緩」，這是要集合許多專門家去討論，決不是一個人的知識能
力所能決定，也不是這篇短文所能說明。不過我覺得最重要的原
則，就是第一期的經濟建設，應該先開發最基本重要的礦產和工
業。他的目的，是要適應最大多數國民的需要。

關於經濟方面的話，已說得很多了，我現在可以總括起來，
做一個全篇提要：

現在世界最大的問題，是經濟恐慌，恐慌的結果，使各主要的工業國，失業人數，猛烈的增加。經濟恐慌的最大原因，是機器過於發達。但機器發達，是人類文明進步的表現。我們一方面要挽救世界經濟的衰落，一方面還要繼續獎勵機器的演進，要得一兩全辦法，只有一方面將許多事業，收歸國營，一方面限制資本家對於機器的利用，——使機器的生產愈快，人們工作的時間愈可減少。

中國在國民黨統治之下，民生主義，就是一方面將許多事業，收歸國營，一方面仍容許私有資本的存在，平均地權，節制資本，就是民生主義的精義。限制機器，當然也是節制資本的一種。中國國民黨，既有了民生主義，做他經濟政策的根據。又有偉大的《實業計劃》，做他建設的方案。目前所缺乏的，就是應分別先後緩急，來趕快製一個經濟建設的程序。這就是我對於經濟方面的一點感想。（本節完，全文未完）

【著者附白】「不知不覺的，已寫了好幾萬字，犧牲了許多重要的地位，來登載這篇「不足觀也」的東西，真對讀者十分歉愧。現在我想藉草長鶯飛的時期，到京外休息幾天，還有關於教育和新聞專業等，且待回京後再續吧！」

先考行狀

舍我

原載：1931 年 9 月 4、5 日，北平《世界日報》
1931 年 9 月 6、9～12 日，南京《民生報》

　　先考諱璧，字心白，清咸豐十年八月二十四日生。其先籍江西吉安，宋末遷湖南湘鄉，遂家焉，距今蓋數十世矣。湖南民風素肫摯，吾邑尤甚，居民什九力田自給，仕宦有顯聲於時者蓋寡。自太平天國之役，曾國藩以湘軍轉戰東南，湘子弟棄耕來從者數十萬眾，而吾邑豪傑之士，起自田間，立大功官至封圻者，乃多至不可勝數。　先大父春池公，亦以此棄故業，佐國藩弟國荃幕，歷官江浙，此為吾家百餘年來有仕宦之始。顧　先大父性廉正，俸祿不支所出，則斥產以足之，寖假產盡，　先大父尋於清光緒二十二年卒。易簀之日，室無寸儲。自　先大父卒以迄寢等之成立，　先考幾無日不為衣食所役，窮厄顛沛，殆非文字言語所能形似。　先考居常語燾等曰，使汝　大父不欲立功名於時，則吾及汝輩，固可耕耨自存，不如今日有飢寒駿奔之苦。然汝　大父以廉宦傾家，苟天相善人，吾必信汝輩異日之能有自立，此尤善於貪吏遺厚產以禍子孫也。燾等常謹識此言，彌自刻勵。先考居先大父喪三年，服闋，環堵蕭然。時　母氏歐陽夫人已先二十年來歸，育希謨、燾、希周、平、及女二，希謨及女一早夭，尚餘子女四，繞膝索食，　先考常累日旁皇，計所以謀生者。以戚友助，入京納貲，得從九品銜，掣分安徽。三十二年，始得署舒城縣典史。位卑祿薄，月俸銀二兩九錢，合縣署津助，僅勉支口腹。

成心白先生訃聞，《世界日報》1931年9月7日1版

雖亦能非法致貲財，顧　先考恪直。有　大父風，安貧守分，以得免饑寒為已足。清典史，即今之典獄，秩雖微而負責綦重。　先考每中夜起，環獄巡看。平時遇囚至有恩，除一切虐遇苛刑。且時入獄，講受書史，勉以悛改。三十四年，有梟盜數人，新逮獄，將立決。盜桀驚，夜半突破獄出。　先考聞警馳捕，抱兩囚，臥地血鬥，　先考負重傷，囚終未得脫。其餘舊囚，感　先考恩，獄雖破，多坐守不去。清制，司獄之責，縣令為有獄官，典史為典獄官，獄囚以武力破獄出者，有獄責重，由穴隙或逾垣逃者，典獄責重。時縣令某，值秋漕歲旺，預計可贏數萬金，若驟以反獄上聞，漕未畢，必褫官，乃商之　先考，欲匿實而以越獄聞。如此，則縣令可末減，許　先考八千金。並介親信語

　　先考：為典史十年，八千金尚不可致，今一旦有此，即免官亦溫飽無虞矣。　先考以飾詞納賄，有虧士行，堅不可。據實陳大吏，縣令劾革去。　先考因捕囚功，僅撤任。然窮困益甚，每不能舉炊，馴至衣被日用所需，亦胥付典質。

　　適清末，舉新政，廣開學校。　先考年近五十，慨然曰，吾雖老，然尚欲讀書以致用也，先後入安徽官立法政學校，及高等警官學校，苦攻法律政治之學，不以頭白自餒。既卒業，得歷任宿縣鳳台縣警務長，任職勤勉，夙夜匪懈。時皖撫朱家寶，聞其

能，欲擢任之，曾數度召見，垂詢甚殷。宣統三年，補桐城縣練潭巡檢，未蒞任而清鼎革。　先考倉卒自安徽鳳台縣警務長任所，馳歸省垣。民國初建，萬流競進，青年當要路，凡無功於革命，或特有巨援者，自不易廁列仕途，以是　先考遇益窘。幸　先考長文學，又曾入學校讀新籍，簿書告令，最所嫻習。因得數參縣幕，任縣承審，或縣典獄，斷續相間，以下吏勉維生活者，約八年。時燾、希周、平，及女劍霞，次第成立，顧均以家貧失學，平最幼，　先考最所鍾愛。當　先考官舒城，平甫八歲。常示平曰：汝兩兄已長，讀書不易求進，然吾殊不忍再使汝不讀書也。顧無力延師，　先考乃親自訓讀，事冗，常外出，則授平檢字書，令自讀群籍，有不識者，依字檢尋，　先考歸，再就正之。　先考知舊籍無裨實用，則更購各種小學新籍，如格致、史地、算術之類令平誦習。十歲　先考自舒城解官歸省垣，令平就旅皖第四公學讀不一年，自初小高小，拔升至中學。顧家愈貧，境愈困。書值百錢者亦不能致，須昏夜借寫。不能具校服，有操演或集會，均擯不得與。又積欠學金過鉅，則不許與試。卒至輟學。民國元年，平年十四，燾、希周均奔走四方。平亦艱苦求自立。時南北和議未定，國人憤清廷反覆，多主戰。黨人韓衍，以大義勗皖青年，組青年軍，韓為軍監，勢甚盛。平亦慷慨請入伍。顧太幼弱，習野戰，身長逾步槍僅寸耳。統一告成，韓遇刺，青年軍解散。寥落無所依，乃浪遊國中，遍為各種非所好尚之職役。　先考見平喜讀報，好議論，一夕，詢平所志，以欲終身操記者業對，先考甚喜。始試撰文投各報。癸丑之役，坐黨籍，為皖督倪嗣沖購捕，間關走遼瀋，任報社校對編撰者約一年。四年赴滬，任上海《民國日報》及他報編撰者又二年。然　先考每有訓示，輒無

不以平年少失學為慮。

　　七年，以亡友某君介，之北平，上北平《益世報》編撰。報館夜作而日息，則就讀於北京大學。以書告　先考，大悅。時薪給較前裕，差能自支，而　先考亦垂老，因鑒乞　先考休退，半以所入供菽水。民國八年，　先考始不再勞役於外。十年，平卒業。十三年，出所積金二百，就北平創《世界晚報》。不期年大起。十四年，更增創《世界日報》。並迎養　先考及　母氏歐陽夫人於北平寓次。當是時，軍閥柄國，變亂相尋，兩報以指陳時政，無忌憚，迭為當局者禁閉，然愈禁閉，而兩報聲勢愈張。十五年，張宗昌既捕殺北平新聞界先進邵飄萍、林白水。更於殺白水次夕，遣緹卒數十，捕平。已宣示死刑矣，以故國務總理孫慕韓先生急救得免。在獄之日，惟日以震驚　先考及　母氏為慮。及出獄，見　先考夷然，心大安。　先考徐語平：吾先人雖無大功德，然吾不信及吾之身，將見汝有非命之慘。且直言縱可買禍，然士君子讀書所應爾也。不然，又何貴汝司言職耶？當繫獄時，平追念十餘年中之憂危恐怖，輒思一旦得釋，必棄此他圖，及聞　先考訓，夙志益堅。然張氏終以不能得平為憾。時國民革命軍已據武漢，順流東向，乃南走滬，抵滬而南京已克，乃更與同志創《民生報》於新都。　先考及　母氏歐陽夫人仍留平。其間因南北相持，不及承色養者約二年。迨統一底定，輒往返於新舊兩京之間。時希周遘疾先卒，女劍霞已嫁，侍甘旨者，僅燾及平。　先考年雖就衰，然見平創業稍成，及家人集侍，意頗歡恰。精神健旺，不殊四五十許人。常獨步遊街市，每飯盡三盂。燾等方竊喜　先考天賦深厚，期頤可享，初不意慘變之來，有非燾等始料可及也。民國十九年，平出國，詣歐美，將研考報業，備異日革進所營各

報，預定歸期甚促。及抵英倫，愛其讀書環境良好，欲變計久居。且就讀英京倫敦大學。時與上海《時事新報》主撰程中行先生偕。倫敦氣候，冬最劣，日霧而夜雨，一夕平與程先生擁爐坐，北風嗚咽如泣，急雨襲戶，遠懷故國，不勝遊子萬里之感。程先生忽語平，吾輩此際，已感愴痛，然高堂白髮，倚閭而望者，其哀傷恐尤百倍於吾輩此時也。當吾出國，吾父執吾手泣，恐不得再相見，吾每一念及，輒為泫然。平遽驚起曰：父母在，不遠遊，吾輩未來之歲月方長，而侍父母之日則已短，吾輩忍為一己不可必得之學業，以遠侍去日苦多之父母歟？

先是，程先生與平，迭接故舊書，以事促歸，均婉謝。至此，乃決治裝以今年春歸。自美國舊金山，至日本東京，舟中遇日本九州大學教授宮崎彪之助，恂恂儒者，與程先生及平至相得。互約抵日後，當導遊日本各名勝。及抵東京，已商定遊覽日程矣。忽宮崎深夜排戶入，色慘白，語程先生及平曰：吾有父，已卒於吾舟過檀香山之日，余奔喪急，不及侍兩君遊矣。遂倉皇掩涕去。程先生及平，均為黯然。既哀宮崎所遇之酷，而程先生及平，自歐涉美，經數萬里，水陸歷兩月，以轉徙倉卒，與國中音問隔絕。聞宮崎事，不勝惴懼。舟抵滬，兩家親屬來迎，均首訊父母安否？曰安，乃大喜。又孰知一轉瞬間，平竟獨蹈宮崎之覆，而為無父之兒耶。平既歸國，抵新都，奉　先考諭，謂健旺如昔，倘南中有事，不妨稍留。乃未幾，突接燬電，謂父病速歸，比馳抵北平，則病已就減。　先考見平歸，甚喜，詢海外異聞，輒為軒笑。每晨夕與家人同席食。讀日晚兩報，一切如平日，易簀前一日，猶含笑語平：汝業報垂念載，士當忠其所職，信其所守，望汝異日勿棄此而他騖也。自十四年，　先考奉養留平，寒暑六更易，每

當政局遞嬗之際，則以此見勉。故雖國民政府定都南京，平或為大義公益所迫，或感於師友愛好之殷，偶為所業以外之役事，然終不忍一日離去，固由天性習好，而感於 先考訓戒者實泰半也。燾等正私喜 先考康復可待，乃翌晚而症驟變，僅三小時，即棄燾等而長逝。嗚呼痛哉！

先考以民國二十年六月二十四日卒，年七十二。子燾、平、女劍霞，及婿、媳、孫男女等均侍側。燾等謹遵慈命，以同月二十八日，移靈北平宣武門外長椿寺。將俟時局稍定，道路無阻，再扶櫬歸葬於湖南湘鄉祖塋，蓋遺命，欲與先人之靈長相依望也。夫 先考以遜清末秩，無大勳勞於國家。子孫庸碌，又不能拾青紫以煊赫當世。則為其後者，欲其不與草木同化，蓋亦難矣。顧所貴垂不朽者，非所以榮死者，抑亦昭示來世耳。使其人之至德篤行，有足矜式，雖引車賣漿，可傳也。文學隱逸，山林耆舊之士，所得與帝王卿相，同見稱於古之史官者，惟此而已。 先考至性過人，生平無敗德，垂死猶不解狹邪博塞為何事。官雖卑，未嘗一日溺所職，境雖厄，未嘗一日喪所守。其所以教迪子孫者，皆中國數千年精神所寄倚，殆亦 中山先生所謂忠孝仁愛信義和平已耳。而忠其所職，信其所守兩語，尤 先考生平所反覆垂示。吾家自宋末移湘鄉，子孫世以力田為業，家給人足，無逸蕩失業之人，更無一不肖子弟，流為盜賊者。自曾國藩以湘軍中興滿清，立大功。吾家棄祖業，取仕宦。或從兵戎者，乃漸眾。流風所扇，今燾等同族兄弟百餘人，從兵役者逾三分之一，餘亦競集都市，多朝夕易所業。土地盡蕪，產易主，而流離飢寒，至不得已為不忍言之敗行者，固比比然也。是知 先考忠職信守之訓，不僅所以寧一家，今日之舉國洶洶，人無恒業，使能盡如 先考之言，

國富庶而社會輯安，其擾攘或不至此。謹略次其生平言行，以俟
世之博文君子焉。

　　季子平泣述。

成彭案昨辯論終結

法院定七月五日宣判金城銀行借款事
法院已查明係六月二日所借
在新屋建成後已數月距偵查開庭前僅二日

原載：1934 年 6 月 30 日，南京《民生報》，第 3、4 版

　　轟動全國之彭成訟案，昨日上午十時二十分，第二次公開審理，十二時半退庭。推事宣告辯論終結，定下月五日上午十二時宣判。昨開庭時，彭學沛仍未到。法院對此案，事先曾分別向金城銀行等，調查彭借款真相，不料調查結果，彭所借七千元，並非建屋以前所借，係在外間非議沸騰，彭向成起訴以後，始於六月二日，向銀行支取，蓋是時，彭新屋已早建成數月矣。關於此點，成昨在庭上，指摘極為詳盡。

　　法官宣告辯論終結後，成以連日過於忙碌，出庭在某處午膳，即乘車與友人赴鎮江遊覽，大約宣判以前，當可返京。

　　關於昨日開審情形，昨晚各通信社，各有詳細報告，惟內容各略有出入，茲擇報告最長之《時時社》稿，照錄如左：

【時時社】成彭訟案，昨日上午十時二十分開庭，十二時半退庭，在酷熱中經被告作最後陳述後，法官宣告辯論終結，定下

彭學沛控成舍我

▲法院昨開偵查庭

行政院政務處長彭學沛，因民生報先後刊登「某院處長辭職眞相」及「停刊經過如此敬請全國國民公判」兩稿，認爲妨害名譽。在江寧地方法院控告該報社長成舍我，法院方面，已於昨日下午二時由檢察處開偵查庭訊問，彭成二人均到庭候訊，歷二小時，始行退庭云。（時時社）

彭學沛控告成舍我，《世界日報》1934年6月5日3版

月五日宣判，茲分紀昨日法院情形於後：

旁聽人破紀錄

昨日到法院旁聽者，人數之多，為歷來所未見。記者到法院時，見門前停有汽車十餘輛，均係旁聽人所乘坐。刑一庭旁聽席上，八時即告人滿，後至者已無旁聽證可領，均與法警情商，前往聽審。甚至審判官台上，亦站有百餘人之多。靠右地板，因不勝載重，竟踏斷兩三塊。法官背後，沿牆站立者，亦頗不少。

庭上秩序甚佳

社會對此案既極注意，昨日旁聽者又多係智識份子，如大學教授、政府職員、新聞記者、法律家，以及中大、中政校法律學生，尤佔多數，雖肩摩踵接，擁擠不堪，而秩序極佳。成陳述至緊要關鍵時，聽者眉飛色舞，竟有因情不自禁而喝好鼓掌者。幸一經制止，即立復原狀。

有人贈扇與成

首都日來盛熱，街頭雖有微風，中午時室內溫度，固仍在百度以上。昨日庭內擠滿數百人，前後窗外憑欄觀聽者又有數百人，幾座肉屏風，致庭內溫度，愈見增高，滿眼所見，皆是扇子搖擺。

經過兩小時以上，旁聽者聚精會神無一人中途退出者。成陳述以後，汗出如瀋，當有一不識者，自動將所有摺扇贈成，退庭後，成遍覓此人不得，亦可見同情者之熱烈也。

彭學沛未到庭

日前法院掣出傳票，令彭學沛出庭對質，眾以彭既在京，又未患病，昨必出庭無疑。故一部旁聽人眾，頗欲一瞻彭之風采，並願聽其如何自白。詎彭昨日竟未出庭，僅委託一名朱啟超者代理，朱所供述，寥寥數語，旁聽者不禁大失所望。

到庭者姓名錄

昨日出庭者，審判官曾振生，檢察官鞠棟材，告訴人彭學沛之代理人朱啟超，華基建築公司協理林覺三，被告成舍我，被告辯護律師傅況麟，彭學沛未出庭之原因不明，被告原請辯護律師尤憲祖，則因病臨時向庭上請假。

傅律師提詢問

開庭後，法官先令朱啟超發言，朱方開唇，傅律師即先詢庭上：何以原告訴人彭學沛未出庭？庭上答謂：依照司法行政部一二二號解釋，可以允許原告訴人請人代理。於是朱乃供起訴意旨，並極力洗刷，彭未貪污等語。

華基協理供詞

庭上取得朱啟超口供後，復對華基協理，詢問頗詳。華基協

理供詞略稱：行政院建築，為本公司投標所得，最初五萬餘元，嗣因隨時增加建築材料，致共達十萬餘元。此外如水管及其他種種設備，另有承包人，不在此數之內，總計約十四萬元以上。當時經手簽字人，為彭及褚民誼。後來他們開會，付款時減了許多，但並無回扣。彭私宅在山西路新住宅區二段四十五號，亦係本公司承包建築，原價八千餘元，後因增加圍牆等等，加至一萬元。建築行政院所用材料，與建彭私宅所用材料，並未混在一起。

成先陳述三點

至此，成乃陳述一切。當成發言時，法官並以在金城、國貨兩銀行調查彭之借款筆錄示成。於是成乃述三點：一，此案係告訴乃論罪，彭應自行到庭；二，彭有無貪污確據，與被告犯罪與否無關；三，兩銀行調查筆錄及建築公司口供，不足為彭無貪污嫌疑之證據，且略加研究，反使此種嫌疑更為增加。

彭何故不到庭

成首對代理人問題陳述云：此案為告訴乃論之案件，與通常可以委託代理者不同，法庭傳彭對質，至見公正，而彭既為原告訴人，何以臨時規避不到？被告在南北經營新聞事業，因此案星夜而來，彭安居京中，並未患病，派人代理，果有何種理由？況彭訴被告為妨害名譽，妨害名譽罪名之成立，必須原告列舉其本身所感受者為例證。又檢察官起訴書，有涉及彭從前式微及離婚各事代理人能完全知彭一切耶？況彭既自以為無嫌疑，即應乘此時機，在尊嚴法庭之上，無數國民旁聽者之前，自行剖白。如此

規避，誠不解是何心理？法庭傳訊，如論何人，均有到庭義務，即係證人，不到亦可拘提。今法庭既認彼有到庭必要，且已發傳票，乃彼竟置之不理，是否以特別身分自居，而藐視法庭威權？抑或中有所愧，不敢與被告公庭對簿耶？

借款疑點更多

關於二三兩點，成之陳述略謂：本案審理關鍵，首在被告是否果如檢察官起訴處分書所云：犯有妨害名譽及妨害公務之罪。至於彭學沛是否確為貪污則此乃屬於檢察處偵查範圍。以前檢察官一面認彭不自防嫌，一面卻並未對彭起訴，時至今日，審判庭上，於審理被告是否犯罪時始另行對彭調查其是否確為貪污，在程序上似嫌稍晚。抑此種調查，與本案被告之是否犯罪，並無何等重大關係。蓋被告所登新聞，只說彭「有貪污嫌疑」而在五月二十九日社論中[1]，更一再聲明，嫌疑與確據不同。至被告之所以敢斷定彭有貪污嫌疑者，即因：一、彭經手行政院工程，兩次超出預算；二、同時彭與承包行政院工程之建築公司，訂立契約，自建高大洋房；三、外間對此頗多非議。現此三點，已完全證實。至有無貪污確據，則被告非檢察官、監察委員，無權調閱有關文卷，及實施偵查故被告在新聞中及社論中，始終只指其有嫌疑而止。苟前列三點，全出捏造，被告乃憑空謂其有貪污嫌疑，被告當然應負罪責。今此三點，既完全確實，依據刑律第三二六條，能證明為真實者不罰之規定，即屬誹謗，亦當然毫無罪責可言。況被告登載該項新聞，全為擁護國家利益起見並非挾嫌意圖誹謗。

---

[1] 該篇社論，即為本文集所收錄之〈南京《民生報》停刊經過〉。

審判庭只須注意前列三點是否事實，則被告之有無罪責，立時可決。假使在彭借款及建屋各項契約中，能因審判庭之調查，而發現其實為貪污，則被告指彭有貪污嫌疑，固屬更可證明毫無罪責。即使調查結果，彭果清白無疵，然前列三點既係事實，則彭當時之「不自防嫌」，其行為實足致招報紙之懷疑。被告人對該項新聞之毫不犯罪，亦仍不受絲毫影響。

被告認審判庭向金城、國貨兩銀行調查及今日傳華基建築公司到庭作證，此種程序，與被告是否犯罪無重大關係者，理由既如上述。然審判庭此種嚴明周密之表示，凡偵查庭所未行偵查者，審判庭均一一補足，被告對此，實不勝萬分敬佩。倘調查結果，彭貪污確屬有據，則依照刑訴程序，關于彭學沛部份，若庭上再能毅然移送檢察處，另案起訴，則司法獨立之尊嚴，當然更可予全國國民以確信。

現在審判庭所調查者，如頃間庭上指令被告閱看之金城銀行調查筆錄，被告匆匆一讀，不但此項筆錄，不能證明彭學沛確無貪污嫌疑，恐國人對于彭學沛懷疑之程度，將因此更加深切。今被告所願請求庭上注意者，即金城銀行付款之日期，與彭學沛造屋及起訴之日期，應作一對照。筆錄載：金城銀行經理戴自牧聲稱：彭學沛押款七千元，係於六月二日支付，抵押品即為所建之新屋。但彭之新屋，早完成於數月以前。《民生報》所載彭辭職真相，在五月二十四日。彭於六月一日，向檢察處告訴被告妨害名譽。六月四日，在偵查庭自白：「建築住宅是由金城銀行、國貸銀行借來的款有賬可查。」（見偵查筆錄）金城七千，國貸三千，是金城為數最多。既云建屋是借來款，當然先借錢，後建屋，今借款支付，反在建屋完成以後之幾個月，且不先不後，恰恰在報紙

揭登與在法庭起訴之間，而將錢借好。借好後之第二日，即在偵查庭揚言，建屋之款，全係向銀行貸借而來，一事之巧合，抑何至此？建屋通例，付款時日，與工程進行之程度，須為正比例。訂約時先付若干，以後工程每告一段落時，即須付款若干，至工程完畢，屋主驗收以後，完全付清。彭所建新屋，據建築公司代表人聲稱，除地皮外，建築費僅八千餘元，後又因增築圍牆，加千餘元，合計尚不足萬元。今乃有七千元之款，於工程完畢後若干月，始由彭借妥付給。即使彭屋建築，確即此款，但該建築公司，何以竟如此不照普通慣例。先為建屋後始收款。且在報紙已揭登有貪污嫌疑以後，彭始借妥？此中疑問，殊難索解。若謂建築公司，自願以此種特惠給予彭學沛，則無論特惠之內容，是否尚較此超過。彭學沛本身，實已顯犯《刑法》第一三六條瀆職罪，「公務員對於主管或監督之事務，直接或間接圖利者」之規定。否則被告試問該建築公司代表人，是否建築一八千元之屋，無論何人，可只先付一千元？其餘七千，待工程完畢後若干月再付，建築公司代表人：能承受此種交易否？如不能承受，則其顯然為一種對彭學沛有利之特惠，當然不成問題。

抑被告尤有不能不請庭上注意者，彭學沛經手行政院工程，同時與該建築公司，訂立契約，自造私宅，其有觸犯《刑法》一三六條圖利自己之嫌疑，已如前述，而同時彭之行為，又顯然與《官吏服務規程》違背。規程第十六條載：「官吏對於左列各項，與其職務有關係者，不能私相借貸，訂立私人間互惠契約，或享受不當利得：一、承辦本機關或所屬機關工程者，二、經管本機關或所屬事業來往款項之銀行錢莊。」今彭一面經手行政院工程，一面與同一公司訂約自行造屋，向金城銀行等所借之款，姑無論

款作何用，但聞該銀行等亦曾與行政院有款項往來，彭以主管長官，何竟向其借貸？由此一紙金城銀行調查筆錄，不但不能證明彭學沛絕不貪污，而其貪污嫌疑，反更令愛彭如被告者，無法代其解釋，此誠被告所認為異常遺憾者也。

至於華基建築公司代表人之陳述，被告固不敢斷其有意偽證。但假欲證明彭是否貪污，華基公司不但無作證人之資格，且亦當為本案中重要嫌疑者之一。因彭若果貪污，則彭為受賄者，而公司乃行賄者，受賄行賄，固為犯罪，然則欲憑華基公司代表人之一言，而即可證明彭確無圖利自己之犯行，此又安可憑信？故若欲徹底明瞭本案真情，則最好應另案偵查，搜尋一切有關此案之物證，若單訊問華基公司，即使彼曾行賄於彭，彼亦決無遽自輕易承認之理也。

被告前已聲明，彭學沛之是否確為貪污，與被告之是否犯罪，無直接重大關係，即使彭確為清白無疵，然前此之「不自防嫌」又誰實為之？孰令致之？何況即此銀行借款一事，已發現支付日期等等如許重大疑點，則被告前此謂其有貪污嫌疑，尚能謂為憑空誹謗耶？

朱起超無話說

朱起超在成陳述之後，即謂：成尚未詢我關於彭之一切，又安知我不知彭之一切？成俟法官發言後，即答朱云，代理人既不知我將詢彼何種問題，又安知即能代彭解答我所詢問之一切。譬如與此案有關之彭學沛式微，以及彭與其妻吵架離婚等事，以及彭前妻蕭淑懿登報說彭以前如何貧困，此只彭同床共枕人知之，他人安能代答？代理人足以代答乎？朱至此乃瞠然莫對。

檢察官之諭告

　　檢察官在各人陳述之後，即起立論告，略云：自衛自辯，要有對象，被告所發表之文字，並無對象：且被告文中所謂「我們並沒有說」一段，文字上雖稱沒有說，事實上實已說了，請審判官依照起訴書所述，宣告被告犯罪。檢察官論告後，成及其辯護律師傅況麟，均作法律上的反駁。

成續陳述二點

　　法官令成辯答，成謂：一切辯訴，兩次庭訊，及前遞之辯訴狀，已極詳明，不必贅陳。惟所須鄭重聲述者：一、說人嫌疑，何能犯罪？譬如最近徐慧娟一案，各報載黃包車夫為殺人嫌疑犯，是案在法庭未宣判前，此黃包車夫，豈非尚在嫌疑之中？若援彭案之例，檢察官亦可代此黃包車夫起訴，恐法庭中將不勝其煩矣。我等主持新聞事業者，亦惟有日日準備應訴。若謂「貪污嫌疑」四字亦不能說，被告辦報何益？亦只好披髮入山，不再執筆矣（成言至此時，旁聽者均鼓掌）。二、列舉反證，如「我們並沒有說」，乃辯論上一種方法，此何能有罪？譬如甲路過街頭，突被乙擊其耳光，詢甲何以說其做賊？甲本未言乙為賊，當應聲辯謂：「我並沒有說你做賊」。假如依檢察官適問論告，此甲當亦犯罪矣，天下有此種道理乎？

傅況麟辯護詞

　　被告辯護律師傅況麟，起立辯護云：按檢察官起訴處分書依《刑法》第三百二十五條第二項，及同法第一百四十六條第二項，

認定被告人有妨害名譽與妨害公務之罪責，實有未當，但凡所謂「意圖」，其所圖之意，必有淵源。今之被告人，確無妨害他人之意圖，茲就被告採訪該項新聞之日起，至檢察官提起公訴之日止，所經事變，被告均以守法之行為，作合法之自衛。例如：1. 被告本報館代表輿論之天職採訪有關公益之新聞，合法者一；2. 遵照第四屆中央執行委員會第八十九次常務會議，通過之《修正重要都市新聞檢查辦法》，將新聞送交首都新聞檢查所檢查，合法者二；3. 遵照「首都新聞檢查所」所批之「緩登」命令，緩至兩日後，始行登出，合法者三；4. 遵照行政院命令，停刊三日，合法者四；5. 復刊第一日，根據《刑法》第三二七條第三項之規定，對於可受公評之事，而為適當之評論，合法者五；6. 同時因自衛自辯，為保護合法之利益，可依《刑法》第三二七條，第一項之規定，以善意發表言論，合法者六；7. 對於彭學沛僅謂「有貪污嫌疑」尚不及原起訴書「固屬不自妨嫌」之肯定，是希其有「有則改之無則加勉」之善意規勸，合法者七。被告之行為如此合法，完全為一守法之人，一片善意，有日共鑒。再就被告將新聞底稿，送交檢查之日起，至檢察官提起公訴之日止，其所受不合之待遇，所在皆是，例如：1. 首都新聞檢查所，違背《修正重要都市新聞檢查辦法》第五條之規定，為職權以外之檢查，不合法者一；2. 首都新聞檢查所，違背《修正重要都市新聞檢查辦法》第六條之規定，率為「緩登」之處分，不合法者二；3. 是項新聞，完全與行政院無涉，彭學沛僅行政院職員之一，個人不能代表整個行政院，而行政院偏袒彭學沛，竟濫行職權，非法罰令停刊，不合法者三；4. 《修正重要都市新聞檢查辦法》第九條「各報社通訊社如有違犯各該檢查所之各項規定或命令者應由各該所報告當地政府機關

依照《出版法》處分之」之規定，行政院無直接處分之權，今行政院竟以「密令」處分，勒令停刊三日，不合法者四；5. 彭學沛濫施職權，破壞中央執行委員會常務會議通過之《檢查新聞辦法》，假行政院威權，箝制輿論，不合法者五；6. 檢察官起訴案，認定彭學沛「固屬不自防嫌」，是事實既已明瞭，而適用法律，乃與事實不符，此不合法者六；7. 檢察官起訴書，違背司法行政部，訓字第八三二號，「不得就未經證明之事實全憑推測或諉為心證據行判決」之通令，僅以「忿懟之詞，躍躍紙上譏訕之苟，處處逼人」等空洞之語提起公訴，不合法者七（關於妨害名譽部份）。《民生報》所載，「貪污嫌疑」，既如上述，當不及起訴書「固屬不自防嫌」之肯定。起訴書於「固屬不自防嫌」之後，復謂，「但非議之者，則以程度之淺深而有負責之不同」。是檢察官已認定彭學沛有足以非議之處。又謂：「設家人父子，箴規炯誠，借為車鑑，固無不可」。是檢察官認定彭學沛貪污嫌疑，已至無可防嫌，而應借為車鑑，不過「若於友朋酬酢，資為談助，則嫌於口德有歸」而已。至「如更以為事足傳述，而故意散布於眾」云云，衹不許傳述而已。若果認為《民生報》「貪污嫌疑」四字，為犯妨害彭學沛名譽，試問檢察官起訴書，是否亦有妨害彭學沛名譽之嫌。況《民生報》所載，「貪污嫌疑」四字，寓有善意規勸彭學沛「有則改之無則加勉」之意，足證成舍我並無若《刑法》第三百二十五條「意圖散布於眾而指摘或傳述足以損毀他人名譽之事者」之「意圖」，乃係根據《刑法》第三百二十六條，「犯人對於所誹謗之事能證明其為真實者不罰」之規定，被告所傳述彭學沛「貪污嫌疑」之事，已能證明其為真實，而與起訴處分書「不自防嫌」之論斷，亦全相符，檢察官既認定彭學沛「不

自防嫌」則其貪污之嫌，當為檢察官偵查確切，而所謂「妨害名譽」之罪責，固難構成，今竟引用與原起訴書所列事實相反之法條入人於罪，未免有違十九年非字第三號判例「事實當更明瞭不能遽以適用法律」之意。致所載理由，與所引法條，自相矛盾。若依《刑法》第三百九十條之規定，則起訴處分書，適用法條不當，為違背法令，此種違背法令之處分書，實不足採（關於妨害公務部份）。《刑法》第一四六條載：「於公務員依法執行職務，當場侮辱或對於其依法執行之職務，公然侮辱者」，其第二項「對於公署公然侮辱者亦同」，是公務員或公署，必依法執行職務時，方足構成本條罪刑之條件。今行政院處分之密令，並不合法，已如上述。又查上字第二十號判例「按妨害公務罪之成立，必具備一定之條件：一、對於官吏有強暴脅迫或詐術之行為；二、當官吏執行職務時；三、知其為官吏執務而有妨害之意思。是故本罪之成立，苟非職務之執行中，換言之，即職務實行之開始以前或終了以後，俱不能為本罪之構成要件。」

　　五月二十九日《民生報》社評既無一語可認為侮辱之證據，且此項社評，已在行政院執行罰令停刊之公務終了以後，又在行政院並不「依法」執行罰令停刊職務終了以後，足證被告成舍我對上開法條之三項條件，並無一件能夠構成。再查十五年上字第六九四號判例，「認定犯罪事實應憑證據」，起訴書對於妨害公務部份，毫無證據可言。又查五年上字七〇五號判例，「理由中不能證明事實，及係違法判決」，而起訴書所引法條，不能證明事實與理由，徒以「忿懣之詞，躍躍紙上，譏訕之苟，處處逼人」數語，敷衍塞責，即係違法處分。此種違法處分，亦不足採，根據以上研究，原處分書所列犯罪事實，起訴理由，及所犯法條，

均不足採，理宜宣告被告人無罪。

成之最後聲辯

審判官一切問詢既畢，復詢成有無最後聲辯？成當答稱：一切聲辯，俱經詳述，但尚有兩點小事：一、《民生報》所登為彭處長，並未言其名字，乃檢察官起訴書謂，處長姓彭處、能有幾人，被告今早偶翻閱電話簿，簿中即有兩個彭處長公館，此外為彭處長而無電話者，恐為數尚不少，可見檢察官之一切推測，實可謂為無據。二、《民生報》所登僅及彭處長，認定此彭處長為行政院政務處長彭學沛，則亦不過行政院中一職員耳，報紙記載某一機關中之職員有貪污嫌疑，即謂其妨害公務，假使報載行政院聽差，中有做賊嫌疑者，此報亦即妨害公務乎？即由此兩點論，亦即應請法官宣判被告無罪。

七月五日宣判

審判官詢問成有無最後辯論後，即宣稱此案辯論終結，定七月五日正午十二時宣判。成等在筆錄上簽字之後，遂於數百旁聽人擁擠聲中退庭。

金城銀行報告

法院為鄭重起見，曾由承辦此案之推事曾振生，赴金城銀行調查，其調查筆錄如下：中華民國二十三年六月二十一日上午十時，推事曾振生，偕同書記官林敏績，為成舍我妨害名譽等罪一案，往中正街金城銀行調查，所報如左：六月二十一日，法院派

曾振生赴金城銀行調查，（調查筆錄）當由該行經理戴自牧君聲稱，彭學沛在本行並無存款，祇有押款七千元於本年六月二日支付，當由彭學沛書立抵押借款證據一紙存行，以新住宅區寧海路第一區第二段第四十五號地，計面積九三一五一平方尺（合一畝五分五厘二毫五絲），並上所建房屋全部為抵押品，繳存領地執照、藍圖、建築圖、勘丈單四件（此四件現在國貨銀行，據國貨銀行函知該項抵押品，俟向法院領到後再送來）。復據戴君聲稱：彭學沛抵押事，於去歲即由樓望讚介紹接洽，因主管人員更調，未奉該處准許，致遲至本年四月始行成交。並提出致樓望讚函稿為證。當經將抵押借款證據及函稿等審。無異。金城銀行南京分行經理戴自牧。中華民國二十三年六月二十一日

我們的宣言

原載：1935 年 9 月 20 日，上海《立報》，第 1 版

在整個中國和整個世界，正被不安定、不景氣的陰雲籠罩著，而我們卻在此時，來蓽路藍縷，開始我們所認為對於國家最緊要的一件工作——這就是《立報》於中華民國二十四年九月二十日出版。

我們應深切了解，並永遠記憶，《立報》，在今天，僅是一個剛剛墜地的嬰孩，他的誕生，一方面離開我們過去最沉痛的一個節日，還只兩天，一方面，眼看青面獠牙，世界最兇惡的戰神，即將光臨，災難本已是人類的家常便飯，而此年、此時、此地的中國，卻更已達到災難的尖點。我們懷抱著這個吉凶未卜的嬰孩，站在如此危險萬狀的尖點上，應如何才能打開當前的災難，這的確是一樁最不容易的事。

我們不相信什麼叫國運，我們相信，只有生息在這個團體中的全人類，共同奮鬥，無論何種災難，都自然可以度過。我們認為不僅立己立人不能分開，即立國也實已包括在立己的範圍以內。我們要想樹立一個良好的國家，我們就必先使每一個國民，都知道本身對於國家的關係。怎樣叫大家都能知道，這就是我們創辦《立報》唯一的目標，也就是我們今後最主要的使命。

在今日以前我們曾向社會宣佈過我們發刊《立報》的要旨，我們揭舉兩個口號：「報紙大眾化」、「以日銷百萬為目的」，這兩個口號，或許有人會批評我們，第一個很新奇，第二個太誇

大。但我們的認定，卻正在這種批評的反面。

第一，「報紙大眾化」，這是十九世紀以來，近百年間，世界新聞事業，最共同普遍的一個原則。從一八三三美國彭佳命創辦紐約《太陽報》，到一八九六英國北巖爵士發刊《每日郵報》，報紙大眾化的潮流，實已彌漫了全世界新聞王國的任何角落。只有我們孤立自詡的貴國，到現今，所謂「精神食糧」也者，還只在極少數的高等華人中打圈子，也只有這極少的高等華人，才可以有福享受這種高貴的食糧。佔最大多數的勞苦大眾不但不能了解報紙的使命，甚至見著新聞記者，還要莫名其妙的問：「恭喜貴行，究竟做的是什麼買賣。」我們從整個世界新聞事業的潮流說來，「大眾化」不但不新奇，而且腐之又腐。我們提出這個口號，正和民國初年，拿剪辮子、放小腳，當做新政，是同一的叫人慚愧。尚何新奇之有？

第二，「以日銷百萬為目的」，如果我們從中國的人口土地來比例計算，那只能說，這是「大眾化」報紙的一個起碼數字。我們試看，不滿五千萬人口的英倫三島，只倫敦一處，日銷兩百萬份的大眾報，就有四家。即人口不及百萬的比利時京城，僅一個《晚報》就銷四十萬。那麼，我們縱不拿全國四萬萬五千萬人口作對象，而只就所謂將近四百萬人口的大上海說，這個「日銷百萬」的數字，還能算是誇大麼？

不過我們雖然不承認「大眾化」是新奇，「百萬銷路」是誇大，但我們所標舉的「大眾化」，與資本主義國家報紙的大眾化，確實有絕對的差異。我們並不想跟在他們的後面去追逐，而是要站在他們的前面來矯正。因為最近的數十年中，報紙大眾化，已被許多資本主義者，利用做了種種的罪惡。他們錯將個人的利益，

超過了大眾的利益，所以他們的大眾化，只是使報館變成一個私人牟利的機關，而我們的大眾化，卻要準備為大眾福利而奮鬥。我們要使報館變成一個不具形式的大眾樂園，和大眾學校。我們始終認定，大眾利益，總應超過於任何個人利益之上。

慶祝上海《立報》創刊二周年漫畫，《立報》
1937 年 9 月 20 日 5 版

我們所揭舉的報紙大眾化，不僅是對於中國報業的一種新運動，並且也是對於現在世界上所謂大眾化報紙的一種新革命。不過我們特別感覺到中國報紙大眾化的需要，那就因為中國近百年間，內憂外患，紛至沓來，甚至遇到了空前國難，而最大多數國民仍若漠然無動於心。根本毛病，即在大多數國民，不能了解本身與國家的關係。何者為應享的權利，何者為應盡的責任，都模糊影響，莫名其妙。一方面政治可以聽其腐敗，領土可任人蠶食，一方面自己也不肯為國家有分毫犧牲。人人只知有己，不知有國。其所以造成這樣現象，我們敢確切斷言，最大多數國民，不能讀報，實為最主要原因中之最主要者。誠如韋爾斯氏所說「中國報紙，內容艱澀，國民能完全了解報紙中所記載者，為數極少。」且中國多數報紙，定價高、篇幅多、文字深，所載材料，又恆與最大多數國民，痛癢無關。此種報紙，固然自另有其寶貴的價值，但欲達到普及民眾之目的，則顯然十分困難。以致現有報紙，只能供少數人閱讀，

最大多數國民，無法與報紙接近，國家大事知道的機會很少，國民與國家，永遠是隔離著。在如此形勢之下，要樹立一個近代的國家，當然萬分困難。要打破這種困難，第一步，必開創一種新風氣，使全國國民，對於報紙，皆能讀、愛讀、必讀，使他們覺到讀報，真和吃飯一樣的需要、看戲一樣的有趣，然後，國家的觀念，才能打入最大多數國民的心中，國家的根基才能樹立堅固。《立報》所以揭舉大眾化的旗幟，其意義在此，其自認為最重大的使命，也在此。

不過「喚起民眾」的重大使命，決不是這樣一個剛剛墜地的嬰孩，所能負荷得起。尤其不是我們這十幾個能力薄弱的創辦人，所能保其必達的。我們僅是願意在這劃時代的中國報業的新運動中，各做一名開路的小卒。我們正期望著中國——尤其報業最發達區域的上海的先進同業，來共同努力。更期望最大多數的讀眾，在達到「立己」、「立人」和「立國」的共同目的下來給我們許多的指導。

此外關於立報營業和編輯的方針，我們還可以向讀者聲明今後的四個原則：

憑良心說話。

用真憑實據報告新聞。

除國家幣制，及社會經濟，有根本變動外，我們當永遠保持「一元錢看三個月」廉價報紙的最低價格，決不另加絲毫，以增重讀眾的負擔。

除因環境及不得已原因外，我們認定，報紙對於讀眾，乃一種無形的食糧，和無形的交通工具，應當終年為讀眾服務，無論任何節日，概不許有一天的休刊。

《世界日報》
何以要申請在臺出版

成舍我

原載：1960 年 8 月 1 日，《文星》，第 34 期，頁 4-7

　　有一張登記證，並不能就保證辦好一張報，何況此時此地，各級官署，一般社會，對文化事業，多數做法，是不加愛護，反百般磨折，「磨人為快樂之本」早已相習成風。過去四年，我為了辦一個新聞學校，已經就幾乎被磨去半條老命，如果再要辦報，豈非等於自殺？然而為什麼要這麼做，在臺灣申請出版《世界日報》？第一，我是一個享有新聞自由的中華民國國民，第二，我是一個終身從事新聞的職業報人。我認為反共最有效的武器是「紙彈」（紙彈兩字是我民國二十七年在漢口《大公報》發表〈紙彈亦可殲敵〉一文，首先使用的），我認為自由中國不應該一再被人指責為無新聞自由的地區。為履行民國三十八年共產黨封閉北平《世界日報》時，我對共黨發出終身反共的諾言；更為確證我一向強調臺灣擁有相當程度的新聞自由的說法，所以遇到政府有開放報禁的朕兆，我不能放棄機會。中華民國四十九年七月十八日，我向臺北市政府，提出了出版臺灣《世界日報》的申請。

　　要不要申請，權在我，准不准登記，權在政府，如果要政府真因為《中國日報》[1]獲得登記證，而全面開放報禁，《世界日

---

[1] 《中國日報》即為 China News，1949 年 6 月 6 日由董顯光、曾虛白、魏景蒙、鄭南渭創辦。初期以油印方式發行，為通訊稿，1960 年 7 月 1 日改為鉛印，並領證發行報紙（台北市新聞記者公會，1971：73）。

報》，也可以同樣領到一張登記證，這對我說，固然是一件喜事，另一方面，卻實在將使我感到無限惶恐。在臺灣辦報，固然有不少好的遠景，但辦報並不是等於得到額外特許，出口香蕉，進口蘋果，可以賺外匯發大財。相反地，在業務上，失敗可能性很大。我是一個已經在大陸辦過好幾份報的職業報人，雖然都未曾辦到我理想標準，但對那時讀者，總多少還留下若干印象。尤其經濟方面，能夠自給自足，不必敲竹槓，請補助。現在，再辦一份臺灣《世界日報》，辦得差強人意，對我的辦報經歷，並沒有什麼增益，若不幸而竟一敗塗地，那真將前功盡棄，是一場大的災禍。然而，我為了前述理由，我不能計算利害，朋友們笑我拚老命，假使必須再上戰場，我也就只好拚了！

在遵照《出版法》規定的申請書表格上，其「發行旨趣」一欄，我是這樣填寫的：

　　擁護反共國策，宣揚民主憲政，並繼續民國十三年北平《世界日報》發刊以來之傳統精神，主持不黨不偏之公論，刊布靈確負責之新聞。

　　與私立世界新聞專科學校特約合作，研究現代新聞學理與技術，改進中國新聞事業，並以本報供該校學生為示範實習之用。

「不黨不偏，靈確負責」，上述的發行旨趣，如果《世界日報》獲准在臺灣出版²，每一個字，我相信都必能忠實履行。這份申請書，正在等待政府依法核示。惟在申請書提出以後，不少朋友，

---

² 1960 年 7 月 1 日 *China News* 獲得報紙登記證並正式出版後，輿論界即傳聞報紙登記禁令即將解除（參考 1960 年 7 月間《聯合報》相關報導），並盛傳天主教樞機主教于斌有意將《益世報》在台復刊，成舍我也於 7 月 18 日

甚至素不相識的社會人士，都向我詢問，申請辦報的動機。恰巧《文星》主編也要我寫一文稿，為了代替個別答覆並順便追述一下北平《世界日報》被共匪查封沒收經過，我接受了《文星》請求。我的動機，正如我前面所說：（一）為實踐我對共匪所宣布終身反共的諾言，（二）為希望自由中國免於沒有新聞自由的譴責。以下是我的說明。

一、

　　民國三十八年二月二十五日，北平共匪，封閉了我的《世界日報》，《世界晚報》。被封以前，三十七年十二月，共匪圍攻北平，我因在南京出席立法院院會，幸未身陷圍城，北平淪陷，我由上海送家眷赴香港。在香港接到無數從北平發出的電報，要我趕快回平。其中大部分或用報社全體同仁名義，或用某一代我主持社務之個人名義，大意均謂共軍對《世界日報》態度甚好，現他報相繼被封，《世界日報》照常出版，盼我速回繼續主持。我對於這些電報，總共只回覆了六個字，「速停刊，我不歸」。其時在港的親共報人，都紛紛準備北上，有些人竟來勸我參加。《新民報》的陳銘德鄧季惺夫婦，一再向我說，他們不相信共產黨不容許有民營報紙存在。我將家眷安頓好，不到十天，就悄悄地離開了這個烏煙瘴氣，人鬼不分的環境，回到南京，繼續出席立法院會。害得陳銘德夫婦疑心是我搶在他們前面，先回北平去了。他竟然寫信告訴那時在臺灣的張萬里先生，說我太不夠朋友，

向台北市政府提出《世界日報》復刊申請。但兩份報紙復刊的回覆卻遲未有下文。8月26日省議員郭雨新於省政總質詢時提出，政府非法濫權無故拖延成舍我申請《世界日報》復刊事宜。

不辭而別，由香港潛回北平。這種下流的揣測，真只有像陳銘德夫婦那樣無恥小人，才會發生。在我發出「速停刊，我不歸」的電報及離開香港後不久，二月二十七日早晨，我在上海一家旅館中，被茶房叫醒了我。他送進幾份當天的上海報，說上面都登了一篇北平共匪對封閉《世界日報》的佈告。原文如下：

　　陝北昨日廣播，宣佈查封北平《世界日報》，廣播原文如下：國民黨 C.C. 份子偽立法委員成舍我主辦的北平《世界日報》，已於昨（二十五）日被中國人民解放軍北平市軍事管制委員會查封，該報雖然戴著無黨派的假面具，並在北平解放以後偽裝進步，但事實上該報自從在北平復刊以來，對於中國人民解放事業始終抱著極端仇視的態度，該報一貫地擁護□□□匪幫所發動的反革命內戰，對於人民解放軍，人民解放區和國民黨統治區人民的正義運動，極盡詆譏之能事。該報的著名主張之一，是認為目前戡亂軍事，任何人無中立之可能，因此對於反對這種反革命內戰的人民，該報忍心害理地稱為匪諜，號召人們擁護國民黨反動政府的清匪除奸運動，這個對本國人民如此兇惡的反革命報紙，對於美國帝國主義和日本侵略勢力卻百般馴順鼓催組織亞洲反共集團，迷求美國干涉中國內政，認為否則欲制止共產黨之伸展勢不可能。該報的反革命立場如此堅決，直至中國共產黨毛澤東主席在今年一月十四日提出八項和平條件時，該報尚公然予以反對，北平軍事管制委員會為了剝奪反革命份子的言論出版自由而保障人民的言論出版自由，決定將該報封閉，對於亦由成舍我主辦的北平《世界晚報》，亦同時予以封閉，此兩報恐

跡昭彰，本市人民輿論界早已一再要求人民政府禁止其繼
續出版了，在聞悉兩報被查封後，人心大快。

　　看了共匪這篇文告，我並不感覺驚奇，因為《世界日報》
之堅決反共，誠如共匪所說，其必遭共匪查封沒收，早在我意想
之中，拖延多時，始行下手，反而是出乎我意料。民國二十六年
七七事變，北平淪陷，《世界日報》遭入寇的日軍查封沒收，所
謂覆巢之下，安有完卵，這命運是無可避免的。共匪憑空將一頂
C.C. 帽子加在我的頭上，更足證明共匪對任何人，只是下流無恥，
信口誣衊。但共匪既將查封《世界日報》，看做一件大事，特別
發表文告，向全國擴大廣播，上海各報，又以全文刊登，我為糾
正共匪謊言，及表示我對共匪決不屈服起見，三月一日上海各報，
刊出了我以下一篇答覆：

　　　　從報載陝北廣播，知余辛勤手創在華北具有悠久歷史
　　之北平《世界日報》，已於本月二十五日，被北平中共軍
　　管會查封。余於去年九月底離平，十二月共軍突攻平津，
　　交通隔絕。共軍入平，留平同仁，以安全關係，未能自動
　　停刊。一月以來，平市秩序漸定，共軍控制全局，已無強
　　令原有報紙偽裝進步之必要，故全市報紙數十家，逐一被
　　封，而《世界日報》之軀殼，竟獨獲延至最後。此余對中
　　共查封《世界日報》，不特不應表示怨憤，且唯有怪其優
　　異。尤其於查封一切民營報紙中，獨對《世界日報》，不
　　惜辭費，發表長文廣播，申述若許理由，如此重視《世界
　　日報》，更令余有不勝「受寵若驚」之感。《世界日報》，
　　自民國十三年創刊，數十年間，在任何朝代下，幾無不遭

受迫害，所謂查封，先後已不下數十次，而余個人之被捕下獄，數亦相等。二十六年，北平淪陷，報社為日寇掠奪，及勝利復刊，余於署名之復刊宣言中，曾痛告國共雙方，謂共產黨若不改變政策，仍專以殺人放火，鬥爭暴動為能事，則政府用兵，無法阻止。若國民黨不能痛切覺悟，徹底改革，而仍蹈故襲常，因循泄沓，則人民反抗，勢必所至。勝利以來，《世界日報》之每一主張，即無不遵此原則出發，即在今日，對此原則，余仍未能發現應向任何朝代之槍口剌刀下，感覺懺悔，如中共認此為「無黨派的假面具」，則余亦寧願戴此面具以終生。所幸《世界日報》，過去言論，一字一句，公正良善之廣大華北人士，久有定評，初無待余之辯證。亦非任何人所能歪曲。而余於二十餘年前，一介書生，以僅有之數百元極少資金，獨立創辦此報，迨至今日，被中共查封止，能在華北民營報紙中，具有廣大規模，擁有廣大讀眾，原因何在，眾所共見。《世界日報》不特從未接受任何朝代之任何支持，與其發生任何關係，甚至國民政府統治下各地例有之低利文化貸款，亦同所謝絕。共匪所查封之《世界日報》資產中，每一機器之齒輪，每一鉛版之字粒，胥為余及數百同仁，絞腦汁，流血汗以獲得。《世界日報》，今雖暫時不能再向華北廣大讀眾，貢獻超然獨立之言論，迅速確實之新聞，但過去數十年來，華北廣大讀眾，所給予《世界日報》茲育成長之鼓勵，正可堅強余及無數新聞戰士為新聞自由繼續苦鬥之信念。回憶抗戰時期，不特余之北平《世界日報》，為敵摧毀，所有由余主辦南京、上海、香港之其他報紙，

亦先後胥遭掠奪。漢口、桂林則未及出版即告淪陷。而余
終於於勝利前夕，在重慶復刊《世界日報》。余深信天地
之大，中共能摧毀余北平《世界日報》，然無法摧毀余畢
生獻身新聞事業發揮正義抵抗暴力之意志。至中共廣播，
曾指余為國民黨 C.C. 份子，此種惡毒的造謠，不特無庸
余一詞辯正，即作此廣播，則對當前各種派系情形，及余
向不參加任何派系之鐵的事實，稍加思索，亦自必啞然失
笑。好在任何朝代，均有其製造專衙，誣衊異己之天賦特
權，「國特」「匪諜」，易地皆然，此為古今中外不易之
定律，而在今日為尤甚，余亦唯有歎息政治道德之愈益衰
落而已！

　　當我在旅館中寫這篇答覆時，曾有幾位來訪的朋友，都認為
共產黨行將席捲中國，識時務者為俊傑，何苦與其如此決絕。及
至將文稿送請各報登載，也有作此勸告的，甚至照稿刊登，頗有
難色。但《申》《新》兩大報，都以最重要的地位刊出，《申報》
總經理陳訓悆先生，且特別為我打出小樣，以便分送。《中央通
訊社》，更為我播發全國。這種反共的同仇敵愾，使我記憶猶新。
不久，邵力子從北平議和回到南京，在一次公共宴會遇見。他拉
我在一旁，很是埋怨地說：「中共對《世界日報》，本來可能不
封的，但你既不回來，又始終沒有表示，願服從中共領導，你所
用的那班伙計，又太糊塗，將許多不利中共的新聞依然刊登。我
們在北平，都看《世界日報》，封門那天，葉劍英來告訴我，說
他們並非不寬大而是無法再容忍。不過仍非絕無挽救餘地，但你
那篇答覆中共的文章，過於強硬，斷絕轉圜之路。你辛辛苦苦辦
了幾十年的事業，這樣毀了，多麼可惜！」我笑著回答他，日本

人封了《世界日報》，八年以後，《世界日報》再與北平民眾相見，我相信《世界日報》仍有與北平民眾相見的一天，封不封，有什麼關係？邵聽了面有慍色，我們就沒有再談。

「余深信天地之大，中共能摧毀余北平之《世界日報》，然無法摧毀余畢生獻身新聞事業發揮正義，抵抗暴力之意志。」這幾句答覆共匪的話，也可以說是我對共匪的忠實諾言。大陸全部淪陷，共匪在香港對不肯屈服的反共文人，實施恐怖暗殺，許多人不敢寫反共文章，即使寫也不敢署真確姓名。但王雲五、左舜生、程滄波、許孝炎一共十幾位反共朋友，推我主辦《自由人》半週刊，大家特別約定不許用筆名，以轉變當時那種藏頭露尾，反共而又懼共的不良風氣。雖然只辦了兩年，我就已離開香港，總算在那兩年，我對上述諾言並未放棄。從四十一年十一月遷居臺灣起迄今八年，一直為了臺灣停止登記新報，使我——也許還有許多與我有同樣志願，由大陸撤退來臺的反共報人——無法將上述諾言，在反共基地的臺灣，確切實現。前幾年，投共的陳銘德，曾有一次，對在臺報人，做無恥廣播，其中提到我的名字，他說：「我（陳自稱）還在辦報，我還有一座小洋房和一輛小汽車，歡迎你回來，我可以開車到車站迎接，如不嫌棄，並可在敝寓下榻。」言外之意他似乎還挪揄我，他還在辦報，而我以一個工作了四十多年的報人，反竟在臺灣不能辦報。此外共匪刊物，也有這類似的說法。雖然陳銘德的《新民報》，事實上也早已被共匪變相沒收，在共匪政權下，決無真正的民營報紙存在的可能，他在香港時所說不信共黨不許有民營報紙，他應該自己心裡明白這想法是錯了。但無論如何，反共報人，在反共基地，竟不能辦一反共報紙，這一不合理事實，在我自己，也深感難於辯解。

　　八年以來，我和許多愛護新聞自由的人們，不斷為這種不合法不合理禁令，向政府抗爭。最近由於《中國日報》之獲得登記，最少應已說明政府有放寬禁令的傾向。我毫不遲疑，依法向主管機關提出發刊臺灣《世界日報》的申請。我等待八年，履行諾言，在今天，或許這機會業已到臨了。

　　這就是我為麼要在臺灣申請出版《世界日報》的第一個理由。

二、

　　美眾院遠東小組召集人柴布勞基說，許多人批評台灣是警察國，沒有新聞自由，只有國民黨員能發報，不許私人辦新報。因此，我認為開放新報，應是消除這種批評的最有效方法之一。

　　台灣有沒有新聞自由？這個問題是常會在國外被人提及，特別當你遇到國會議員，大學教授，新聞記者，他們對此，似乎更感興趣。其實，從純正的客觀立場，我們絕不能否認，台灣卻有相當程度的新聞自由，因為新聞自由最大枷鎖——事先檢查，台灣是沒有的。但何以竟會有人將自由中國列為沒有新聞自由的國家？我想，除了政府若干愚蠢做法，訂出許多嚴厲的限制新聞自由的條文，以及禁辦新報之絕對違反新聞自由最高原則，我在民國四十三年八月四日替香港某報所寫〈檢討臺灣的新聞自由〉一文及四十四年三月十六日我在立法院所提〈人權保障與言論自由〉質詢案中，都曾詳加解說。質詢案對「言論自由」的一部分，說的尤較詳盡，現先摘錄如下：

> 　　臺灣不許辦新報和新雜誌，他的根據，不出於立法院通過，總統公布的《出版法》本身，而只是出於四十一年十一月二十九日內政部部令公布的〈出版法施行細則〉。

這一份由行政官署制定的〈施行細則〉，許多地方，多與母法的立法原則衝突，痛快的說，簡直就是違憲。所謂不許新報新雜誌出版，是根據〈施行細則〉第二十七條：「為計劃供應出版品所需之紙張及其他印刷原料，應基於節約原則，調節轄區內新聞紙雜誌之數量。」這是超越了《出版法》範圍，其責任非《出版法》本身所應負擔。

因節約紙張及印刷原料就可以禁止新的報紙雜誌出版，這真是天下奇聞。那末，同一理由，出版書籍也要紙張，也要印刷原料，何以不為了節約，也調節數量，假使真這樣做，禁止新書出版，自由中國的文化，豈不全部破產？不這樣做，又何以對出版書籍如此其寬，而對報紙雜誌卻如彼其嚴？假使問題出在「計劃供應」四字上，但政府對報紙雜誌所需紙張及印刷原料，並沒有免費白送，只有過去紙業公司由政府公營時，各報配紙，官價比黑市更便宜一點。然而政府絕無理由，認為這是一種恩惠，憑這點恩惠，就可剝奪自由中國全體人民的出版自由、言論自由、新聞自由，而禁止出版新報新雜誌。且配紙制度，就臺灣說，根本沒有必要[3]，這種制度的產生，在西方，只有暫時因海上封鎖，本國產量不足，外紙不易運到，或平時因本國產量不足需要數量太大而又有經濟危機必須節省外匯，減少外紙輸入，這才有限額配紙的辦法。英國配

---

[3] 1949 年政府為節約購紙外匯，於是施行報紙限張政策。1952 年行政院以〈新聞用紙供應辦法〉，限定報業用紙每月上限為 285 公噸，爾後在美援的協助下，1957 年宣稱台灣用紙已完全自給自足，宣布全面禁止進口新聞紙。1959 年，新聞紙產量達到 85,000 公噸，不但足供國內所需且有輸出能力（程宗明，1999：100）。

紙，並不禁辦新報及雜誌。而且上述造成配紙制度的那些
情形，臺灣都不存在。臺灣白報紙產量，每年約二萬五千
噸，以目前全省二十七家日報每月共配紙三百四十六噸計，
全年只四千一百二十五噸，僅占總產量六分之一。紙業公
司，只怕造紙造出來銷不了，絕不怕產量不夠。誠然，戰
時任何物資，都需要注意調節，有人說，臺灣報紙雜誌，
已經太多，政府限制新報新雜誌出版，並非絕無理由，殊
不知報紙雜誌，為推行民主政治的必需品，為人民的精神
食糧，和一般商品不同。別的商品，怕生產超過需要，不
得不限制生產，一國報紙雜誌，發行的數字越多，越證明
其文化發達。尤其戰時，發行越多，越可增強抗敵的宣傳
力量，增強人民的精神動員。單就報紙一項說，臺灣報紙，
不特並非太多，相反地，只是太少。現在全世界每日銷報
二億一千七百萬份，以銷數與人口作比例，英國最高，每
一千人閱報六百十五份，瑞典人口七百多萬，少於臺灣，
但他有報紙二百五十種，銷數三百五十萬，每一千人中，
閱報四百九十份。臺灣人口九百萬，多於瑞典，但我們只
有日報二十七家，銷數三十三萬六千七百零六份，每一千
人中只有閱報三十七份，與瑞典為四九零與三七之比。試
問這個數目，是太多還是太少？這真是少得可憐了！而就
我們為東亞五千年文明古國的地位說，簡直少的可恥！為
什麼內政部卻要限制新報出版？政府每年千方百計，鼓勵
人民食糧增產，為什麼對於最重要的精神食糧的增產，卻
千方百計加以束縛？如果真是本國白報紙產量不夠，海上
封鎖，外國報紙不能進口，限制新報猶有可說，現在明明

是白報紙供過於求，在此情形之下，還要以節約為藉口，新的報紙既不許出版，原有報紙也限定篇幅，最多只許日出一張半，那豈不等於叫自由中國的男女老少，在臺灣每年糧食豐收的情形下，禁止他們生兒育女，要他們束緊褲帶，每天只吃一碗飯，一樣可笑，一樣不合理？

這份質詢案，迄今五年，沒有接到行政院的答覆。

今年二月我接受國務院邀請，赴美訪問。在離開松山機場時，一位新聞界朋友問我，你這次去，關於自由中國，一定會照例遭遇到不易解答的問題，你是否已有準備？我說這是無法準備的，但我想任何問題，都不難以「言忠信，行篤敬」的原則，據實作答，只有一事，若被人問起，我卻無法開口。那就是，假如他們問我，你是職業報人，在臺灣，為什麼沒有辦報，不繼續從事新聞工作？如果我說真話，臺灣不許辦新報，無疑地，會被譴責臺灣沒有新聞自由的人，又增添一項證據。如果說，我不願再辦報，那是，對人說謊，是西方社會所最厭惡的。僅此一問，那將真算難題。果然到了美國以後，曾不斷遇到這樣尷尬場面。茲舉兩例。一次是二月二十四日我訪問眾院外交委員會遠東小組召集人柴布勞基先生（Clement Zablocki）。柴布勞基先生到過臺灣，對臺灣印象非常之好，在國會中，也確實幫過我們很多的忙。在暢談他對臺灣一切都好的觀感之後，臨行，他說，他唯一盼望臺灣注意的，就是批評臺灣為「警察國」的人，還是不少。這些批評者最大理由，是說臺灣沒有新聞自由，報紙都是國民黨辦的，私人不許辦新報之類。我當時將臺灣確有新聞自由的實據，向他說明，並指出報紙並非全是國民黨辦的，有些報館、主持人，雖為國民黨黨員，但報紙本身仍保持其獨立自由的風格。他對我的

解釋似甚滿意，我不願損害國家，也不願對人說謊，就只好略而不論，含糊了事。另一次是，明尼蘇達的《明尼亞波利斯論壇晨報》（*Minneapolis Morning Tribune*，論壇晨報與明星晚報（*Star*）同屬一個老闆，明城只有這家報，形成早晚獨佔）在三月二十三日招待我的午餐席上，他們問到我有關台灣許多問題。這次做主人的，是該兩報的八位記者，他們都到過中國，有五位到過臺灣。另一位和中國有深切的關係但未參加午餐的專欄作家，叫喬治葛倫（**George Grin**）的，也曾長談。他到過重慶，做過董顯光先生助手，這次還託我帶一張名片，問候董先生。這些人和他們所工作的兩張報紙，對臺灣都相當友好。他們的問題，我總盡量作誠實的解答（刊登在二十四日的《論壇報》），然在他們問到我在臺灣現辦的是什麼報時我只好「顧左右而言其他」了。假使臺灣沒有停止新報登記的措施，根本就不會被人看作一項臺灣沒有新聞自由的有力證據。在沒有禁令之下，辦不辦報，是聽由個人決定，那麼，這幾年可能《世界日報》早已在臺灣出版，也可能，我感於此時此地，創刊一張新報，人力、財力，都不容易，到現在不敢動手。儘管有人問到新報問題，我不妨據實以告。那又為什麼要支吾其詞？為了不使臺灣再被人認作沒有新聞自由的地區，為了我們這班以新聞為終身職業的人，可以挺起腰幹說實話，我就不得不借此機會，提出發刊臺灣《世界日報》的申請。

這是我申請出版臺灣《世界日報》的另一理由。

我八年來，心裡要說的話，現都已大致說完。如果《世界日報》此次仍不能獲得政府的准許，在臺灣出版，那我也就心安理得，終其餘年。五十年報人生活，作一結束，我可告無罪於中國的現在新聞史，在以「反共抗俄」為國策的現政府下，我也可以

告無罪於我的國家了！

　　現在，順手抄錄三年前，我兩首「六十自壽」詩，以作本文的結束。

　　　誰言脩短真前定，不籌居然到六旬，
　　　（民國十三年林君庚白以星相奇驗傾動京邑，偶於賀德霖
　　　先生宴次為余推算，謂得年難過五十，將有肺肝之疾。）
　　　垂暮天心連夕照，思歸鄉夢憶秋蓴，
　　　半生苦辣酸甜味，萬里東西南北人，
　　　壯業早隨烽火逝，王師何日靖胡塵。
　　　縱橫萬里半坵墟，痛惜中原赴劫餘，
　　　報國愧言吾有筆，安貧敢歎出無車，
　　　最難論事同新貴，只合幽居理故書，
　　　群盜未夷雙鬢白，閑搜惡草細鋤除。

註解參考書目

戈公振（1964）。《中國報學史》，台北：台灣學生書局。

方漢奇（編）（2000）。《中國新聞事業編年史》，福州：福建人民出版社。

王春南（2011）。〈王克敏〉，《中華民國史·人物傳》第六卷，頁3685-3689，北京：中華書局。

王敏（2008）。《上海報人社會生活，1872-1949》，上海：上海辭書出版社。

王檜林、朱漢國（編）（1992）。《中國報刊辭典》，太原：書海出版社。

世界日報（1931年1月28日）。〈成舍我在比國報界公會之演說〉，北平《世界日報》第3版。

世界日報（1931年3月16日）。〈京記者協會，歡迎成舍我〉，北平《世界日報》第2版。

台北市新聞記者公會（編）（1971）。《中華民國新聞年鑑》，台北：台北市新聞記者公會。

成舍我（1969）。〈成序〉，林慰君著《林白水傳》，台北：傳記文學出版社。

朱傳譽（1989a）。〈民國初年的報業〉，曾虛白（編），《中國新聞史》，頁263-315，台北：三民。

——（1989b）。〈從五四到北伐的報業〉，曾虛白（編），《中國新聞史》，頁317-350，台北：三民。

——（1989c）。〈抗戰時的報業〉，曾虛白（編），《中國新聞史》，頁403-450，台北：三民。

吳范寰（1982）。〈成舍我與北平世界日報〉，張友鸞等著《世界日報興衰史》，頁13-39，重慶：重慶出版社。

李仲明（2011）。〈傅作義〉，《中華民國史·人物傳》第二卷，頁871-878，北京：中華書局。

李楠（2005）。《晚清、民國時期上海小報研究：一種綜合的文化、文學考察》，北京：人民出版社。

周琇環（2008）。〈中英庚款會的生產建設事業——以水利與工業為例〉，《國史館研究集刊》，18：1-48。

周愚文（2008）。《英國教育史》，台北：學富文化。

宗志文（2011）。〈張恨水〉，《中華民國史‧人物傳》第八卷，頁4887-4892，北京：中華書局。

林語堂（2008）。《中國新聞輿論史》，上海：上海人民出版社。

邱濤（2011）。〈陳銘樞〉，《中華民國史‧人物傳》第一卷，頁332-339，北京：中華書局。

唐維敏譯（1995）。《錄影學》，台北：遠流。（原書 Armes, R. [1988]. *On Video*, London: Routledge.）

袁昶超（1948）。〈中國的報學教育〉，《報學雜誌》第一卷第五期，頁16-18，南京：中央日報社。

──（1957）。《中國報業小史》，香港：新聞天地社。

馬之驌（1986）。《新聞界三老兵：曾需白、成舍我、馬星野奮鬥歷程》，台北：經世書局。

張詠、李金銓（2008）。〈密蘇里新聞教育模式在現代中國的移植兼論帝國使命：美國實用主義與中國現代化〉，李金銓（編），《文人論政：民國知識份子與報刊》，頁321-350。台北：政大出版社。

喻血輪（1979）。〈北伐時期之京報〉，李瞻（編）《中國新聞史》，頁361-367，台北：學生書局。

游梓翔、吳韻儀譯（1994）。《人類傳播史》，台北：遠流。（原書 Schramm, W. [1988]. *The Story of Human Communication*, New York: Harper Collins College.）

程宗明（1999）。〈新聞紙的壟斷生產與計劃性供應，1945-1967〉，《台灣社會研究》，36：85-121。

程滄波（1948）。〈何從談起的甘苦〉，《報學雜誌》，試刊號，頁 10。

黃天鵬（1952）。〈中國新聞事業大事記：附丁未以來報界繫年錄〉，《報學》，第一卷第三期，頁 132-142，台北：台北市編輯人協會。

──（1953a）。〈五十年來中國新聞學之演進〉，《報學》，第一卷第四期，頁25-32，台北：台北市編輯人協會。

──（1953b）。〈新聞教育二十五年的回顧〉，《報學》，第一卷第五期，頁5-11，台北：台北市編輯人協會。

──（1956）。〈新聞學刊三十年〉，《報學》，第一卷第十期，頁101-103，台北：台北市編輯人協會。

黃瑚（1996）。〈國民黨政府對新聞界的專制統治〉，方漢奇（編）《中國新聞

事業通史第二卷》，頁 394-409，北京：中國人民大學出版社。

經盛鴻、朱正標（2011）。〈張厲生〉，《中華民國史·人物傳》第八卷，頁 4695-4971，北京：中華書局。

熊尚厚（2011）。〈戈公振〉，《中華民國史·人物傳》第二卷，頁 910-913，北京：中華書局。

管翼賢（1943）。〈北京報紙小史〉，《新聞學集成》第六輯，頁 279-318，北京：中華新聞學院。

劉偉森（1953）。〈新聞教育的史實與制度〉，《報學》，第一卷第五期，頁 25-32，台北：台北市編輯人協會。

劉紹唐（1989）。《民國大事日誌》，台北：傳記文學。

劉豁軒（1941）。〈中國報業的演變極其問題〉，《報學》第一卷第一期，頁 5-13，北京：燕京大學新聞學會。

鄭全備、薛謀成（2011）。〈蔡廷鍇〉，《中華民國史·人物傳》第一卷，頁 94-102，北京：中華書局。

賴光臨（1981）。《七十年中國報業史》，台北：中央日報社。

薛化元（2004a）。〈白雲梯〉，許雪姬（總策劃），《台灣歷史辭典》，頁 269，台北：文建會。

──（2004b）。〈新聞記者法〉，許雪姬（總策劃），《台灣歷史辭典》，頁 957，台北：文建會。

謝鼎新（2007）。〈民國時期（1920-1949）國人對廣播的認知〉，《媒介研究》，卷 5-2，北京：中國傳媒大學廣播電視研究中心。

魏玓、劉昌德譯（2001）。《有權無責：英國的報紙與廣電媒體》，台北：鼎文書局。（原書 Curran, J. and Seaton, J. [1997]. *Power without responsibility: The press and broadcasting in Britain*, Fifth edition. London: Routledge.）

羅文輝（1989）。〈密蘇里大學新聞學院對中華民國新聞教育及新聞事業的影響〉，《新聞學研究》，41:201-210。

瘂弦（1997）。〈副刊一百年：舊典範與新視野〉，瘂弦、陳義芝（編），《世界中文報紙副刊學綜論》，頁 i-v，台北：文建會。

Curran, J. (1980). Advertising as a patronage system. In C. Harry (ed.). *The sociology of journalism and the press*. Keele: University of Keele Sociological Review Monograph 29

Emery, M.C. & Emery, E. (1996). *The Press and American: An Interpretive History of the Mass Media*. Boston: Ally & Bacon.

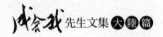

Lee, A. (1978). The structure, ownership and control of the press,1855-1914. in D. G. Boyce, J. C. and Wingate, P. (eds.). *Newspaper history from the 17th century to the present*, pp. , London: Constable.

Murdock, G. & Golding, P. (1978). The structure, ownership and control of the press,1914-1976. in D. G. Boyce, J. Curran and P. Wingate (eds.). *Newspaper history from the 17th century to the present*, pp. , London: Constable.

Thomas, J. (2005). *Popular Newspapers, the Labour Party and British Politics*. London: Routledge.

Williams, K. (1998). *Get me a Murder!: A History of Mass Communication in Britian*. Arnold.

國家圖書館出版品預行編目資料

成舍我先生文集. 大陸篇.新聞事業 / 成舍我先生文集編輯委員會
主編. -- 臺北市：世新大學舍我紀念館, 2013.10
　　面；　公分

ISBN 978-986-6060-21-2(平裝)
1.言論集

078   102018815

成舍我先生文集大陸篇・新聞事業

發 行 者	世新大學舍我紀念館
主　　編	成舍我先生文集編輯委員會
編輯委員	成嘉玲（召集人）　羅曉南　溫洽溢　周成蔭
編　　輯	黃順星
助理編輯	李蘭琪　林純楨
美術設計	董子瑈
發行地址	台北市116文山區木柵路一段17巷1號
電　　話	02-2236-8225#2402
網　　址	csw.shu.edu.tw
出版日期	2013年10月
Ｉ Ｓ Ｂ Ｎ	978-986-6060-21-2
定　　價	420元　〔如有缺頁、破損、裝幀錯誤請寄回更換〕